| 班主任专业发展丛书 |

QISHI NIANJI BANZHUREN
DAIBAN CELÜE

起始年级班主任
带班策略

赵福江 / 主编

北京市教育委员会基础教育一处
北京教育科学研究院班主任研究中心
《班主任》杂志社 / 组织编写

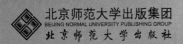

北京师范大学出版集团
BEIJING NORMAL UNIVERSITY PUBLISHING GROUP
北京师范大学出版社

图书在版编目（CIP）数据

起始年级班主任带班策略 / 赵福江主编. —北京：北京师范
大学出版社，2017.7（2020.1 重印）
（班主任专业发展丛书）
ISBN 978-7-303-21955-1

Ⅰ．①北… Ⅱ．①赵… Ⅲ．①中小学－班主任工作 Ⅳ.
①G635.16

中国版本图书馆 CIP 数据核字（2017）第 014451 号

营 销 中 心 电 话　010-57654738 57654736
北师大出版社职业教育分社网　http://zjfs.bnup.com
电 子 信 箱　zhijiao@bnupg.com

出版发行：北京师范大学出版社 www.bnup.com
　　　　　北京市西城区新街口外大街 12－3 号
　　　　　邮政编码：100088

印　　刷：北京玺诚印务有限公司
经　　销：全国新华书店
开　　本：787 mm×1092 mm　1/16
印　　张：17.75
字　　数：300 千字
版　　次：2017 年 7 月第 1 版
印　　次：2020 年 1 月第 2 次印刷
定　　价：36.00 元

策划编辑：郭兴举　　　　责任编辑：郭兴举
美术编辑：焦　丽　　　　装帧设计：焦　丽
责任校对：陈　民　　　　责任印制：陈　涛

版权所有　侵权必究
反盗版、侵权举报电话：010-58800697
北京读者服务部电话：010-58808104
外埠邮购电话：010-58808083
本书如有印装质量问题，请与印制管理部联系调换。
印制管理部电话：010-58808284

编辑委员会

主　任　耿　申

副主任　王　蕤　赵福江　魏　强

成　员　（按姓氏笔画排列）

　　　　王昱人　卞　京　冯　雪　曲怀志

　　　　刘京翠　李秀萍　陈秀娣　杨丙涛

　　　　周　芳　赵敏霞

前　言

　　《起始年级班主任带班策略》是北京市教育委员会委托项目"北京市中小学起始年级班主任培养的实践探索"的阶段性成果之一。为配合项目的研究工作，2014 年 6 月至 10 月，项目组和《班主任》杂志社共同举办了"我和我的一年级新班——中小学起始年级班主任带班策略"征文活动。活动共收到了来自北京、上海、江苏、河北、浙江等省市征文 3400 篇。这些文章以第一人称记述了广大班主任接手小学一年级、初中一年级、高中一年级起始年级的带班方法、经验、教训，展示了高超的班主任带班智慧，具有较强的借鉴性和实用性。

　　为发挥征文成果的借鉴和指导作用，项目组决定以北京市优秀论文为主遴选部分文章结集出版，以飨读者。由于编辑时间仓促，书中难免有遗憾和不足之处，敬请读者批评指正！

"北京市中小学起始年级班主任培养的实践探索"项目组
2015 年 8 月 24 日

目 录
CONTENTS

小学起始年级班主任带班策略

从认识姓名开始
——上好接新班的第一课

杜　薇　北京市东城区府学胡同小学

新学期，我接手了一个一年级新班。为了加深师生之间的印象，激发学生学习语文的兴趣，我对第一堂课进行了精心设计。

上课前，我让学生准备一张名签，要求他们把自己的姓名书写得大而醒目。

上课了，面对这些充满期待又有些紧张的眼神，我微笑着说："同学们，这节课咱们先来做个游戏，怎么样？"一听做游戏，学生们都笑了。

"游戏开始了"，我接着说，"同学们，我是咱们班的班主任，我姓杜，是杜老师。你们猜猜是哪个'dù'字？"我的话音刚落，一个学生调皮地说："是肚子的'肚'。"学生们都笑了。我笑着摇了摇头，并把肚子的"肚"写到了黑板上。另一个学生说："是温度的'度'吧。"我又摇了摇头，把温度的"度"也写在了黑板上。然后，我又在黑板上写了几个同音字——渡、镀、杜、妒、蠹。这时教室里活跃起来。"怎么这么多'dù'字呀？"于是，我逐个给学生介绍："这是肚子的'肚'、温度的'度'、渡船的'渡'、镀金的'镀'、杜鹃花的'杜'、嫉妒的'妒'、蠹虫的'蠹'。"学生们睁大了眼睛认真地听着。我接着问："以前你遇到过姓杜的朋友吗？你能猜一猜姓杜的'杜'是哪个'dù'字吗？"一个叫杜昊轩的小男孩来到黑板前，用手指了指"杜"字。通过"杜"一个姓氏，学生们认识了 7 个"dù"字，还结识了班主任和一个同学。

这时，一个勇敢的学生举起手来，大声介绍说："杜老师，我叫朱铭。我想让同学们猜猜我名字中的'míng'是哪个字。"学生们活跃起来，有的说是明天的"明"，有的说是名字的"名"，我在黑板上一一写给学生们看。朱铭连声说"不对，不对"，然后举起了他的名签，我让他带领同学们认读他的名字，记住这个铭记的"铭"字。

之后，又有一个女生站起来介绍自己："我叫吕旺，大家猜一猜是哪个'wàng'？"学生们积极地猜着，很快黑板上又出现了一排"旺"的同音字——忘、望、妄、旺。吕旺高举着她的名签，大声地解释说："我爸爸姓吕，我妈妈姓王，我是他们中间的太阳。看，是这个'旺'。"

"猜我的！""猜我的！"学生们争先恐后地介绍着自己的名字，有的还讲出了自己名字的意义。

"通过老师和同学们的介绍，我们不仅认识了老师和很多新朋友，还知道了我们以后要学习的汉字是这么有趣呀！谁有决心学好汉字，学好语文？"我适时地鼓励着孩子们。讲台下竖起了一片小手臂。

最后，我和学生们共同创作了一首儿歌："小学生爱学习，先从认识姓名起。祖国文字真丰富，学好语文有意义。"第一节课就这样结束了。

下课后，孩子们互相认读着名签，积极地结识着新的小伙伴。在快乐和谐的氛围中，新学期开始了。

打造高效课堂的五个细节

李海燕　云南省玉溪市元江县澧江一小

一年级小学生好动、注意力容易分散。要想提高课堂的学习效率和学习质量，训练学生从细节入手学习课堂常规至关重要。

细节一：当老师讲课或同学发言时，要求学生们一定要看着老师或专注倾听同学发言。

细节二：当需要学生注意黑板上的内容时，则要求学生将课本轻轻倒伏在桌子上，并端正坐姿注视黑板，用心倾听。

细节三：当抽查学生书空汉字笔顺时，应要求其他学生在保持安静的同时，看着黑板上的板书，并举起右手跟着被抽查学生一起书空。

细节四：当学生们学习疲劳、课堂气氛较为沉闷时，可适当穿插一些轻松明快、富有节奏感、朗朗上口的童谣式教学语言。如："××的/朗读/真是/美，老师/还想/听/一遍，可/以/吗?""××的/发言/真/精彩，我们/掌声/祝贺/他"等。

细节五：在组织学生"开火车"读书之前，可发口令："火车、火车就要开，哪组的火车开得好?"学生们举起小手高喊："我们组的火车开得好!"于是，可以组织下一步的学习——利用"开火车"的方式读课文。

在课堂上，随时调动每一个孩子的眼、耳、口、手等参加学习，不仅减少了学生们因控制不住自己乱动、不专心听讲的毛病，而且也避免了教师反复询问"对不对""好不好""是不是""要不要"等毫无意义的问题，从而提高了学习效率，保证了学习质量。

墙壁上的"苹果林"

徐　丽　江苏省扬州市邗江区实验小学

一年级小学生天真烂漫，爱说爱动，行为约束力差，注意力容易分散。为了帮助他们学会遵守班级纪律，养成良好的行为习惯，我另辟蹊径，巧用"苹果林"助推学生成长，效果不错。

我在正对着教室门的白墙上辟出一块地方，画了44棵苹果树，并在每棵树的下面写上一个学生的名字。一夜之间，教室的墙壁上多出了一片小树林。孩子们站在树林下像小鸟一样叽叽喳喳地议论着，舍不得离去。

我向他们解释道："这片小树林由44棵苹果树组成，每棵苹果树都有自己的主人哦，就是我们班的每个孩子。以后谁的表现好，老师就奖励他一个'红苹果'贴到自己的树上，表现不好的老师就给他贴一条'小虫子'。"我边说边拿出事先剪好的"红苹果"和"小虫子"，学生们一个个眼睛瞪得圆圆的。"谁的树上苹果最多、虫子最少，谁的苹果树就是最健康的。"听了我的这番话，学生们兴奋极了。当天，作业写得漂亮的孩子都得到了一个"红苹果"。

自从班里有了这44棵"苹果树"，孩子们的精神状态大不一样了。哪个孩子不希望自己的树上挂满"红苹果"？哪个孩子愿意自己的树上生满"小虫子"？试用一个星期后，大家约定：只要上课发言积极、学习进步、乐于助人、为班级争光……都可以奖励"红苹果"；上课不认真听讲、迟到、不讲卫生、不讲文明……都要贴"小虫子"。久而久之，孩子们在"红苹果"和

"小虫子"之间学会了选择，学会了明辨是非，学会了自我教育。上课时，背自然挺直了；写作业时，书写更认真了；回家后，坚持课外阅读的多了……

一个学期下来，有的学生得到了 40 多个"红苹果"，而得到"小虫子"最多的仅有 4 条。从每棵树上结出的第一个红苹果到现在的几十个红苹果，见证了孩子们付出的努力，记录了孩子们成长的足迹。

"四招"帮孩子适应小学生活

季静芳　江苏省张家港市实验小学

小学一年级的学生，天真烂漫，爱说爱动，自我约束力差，注意力容易分散。针对学生们的特点，为尽快帮助他们养成良好的生活和学习习惯，我做了以下尝试。

一、奖午睡

开学第一个月，学校仍然组织学生午睡。对新环境、新同学、新老师充满好奇的孩子们，由于兴奋，有的装模作样趴在桌上，睁大眼睛四处张望；有的低着头，偷偷地玩玩具；有的变着花样与老师"捉迷藏"，就是不肯入睡。怎样才能使学生安然入睡以保证下午精神饱满呢？我采用了给表现好的孩子奖励"星星"的办法。

午睡铃声一响，我说："孩子们，你们知道吗，'红五星'最喜欢和午睡的学生做好朋友。刚才，'红五星'悄悄对我说，今天凡是睡着的小朋友，醒来后就会发现它悄悄地'爬'到了你的桌上。课后我们比一比，谁得到了星星。晚上回去告诉爸爸妈妈，好吗？"天真的孩子们，很快进入了梦乡，鼾声四起，我在这甜蜜的鼾声中穿梭贴星。

二、做朋友

对于爱说爱动的一年级学生来说，一节课 40 分钟实在太长了。刚开始，教室里不时传来掉东西的声音、摇动桌椅的声音、同学之间的吵闹声……为了培养学生认真听讲的好习惯，我规定学生上课时，课桌上只摆一本书、一支笔、一块橡皮，是否放尺子视教学内容而定。上课时，我及时表扬改掉小毛病认真听讲的学生，扬起手与他们做"挥挥手"的好朋友；对自始至终都认真听讲的学生，我会走过去，与他们做"拉拉手"的好朋友。课后我还会给这些好朋友一个热情的拥抱，并鼓励他们明天与我继续做好朋友。

于是，那些做了老师好朋友的学生上课更加认真了；没有成为老师好朋友的学生，会尽量改正自己的不足，努力展示自己良好的一面。班级秩序大为改观。

三、争"冠军"

每个人都有上进心，都有得到他人表扬和承认的欲望，小学生更是如此。针对学生们对冠军的崇拜，我在学生中开展了"冠军赛"。比如："老师看出来了，孙明和张红在暗暗地比赛，张红赢了，获得了上课认真听讲的冠军。"被表扬的学生即使没有比赛的意识，由于受到了表扬，也会加倍努力地表现自己；输掉的也会及时调整自己，认真听课，争取摘得桂冠。

这样悄然进行的"冠军"争夺赛，使学生们不再浪费上课的时间。

四、学本领

随着时间的推移，学生对老师常用的一些奖励措施开始无动于衷了。于是，我变换策略，根据孩子喜欢学新本领的心理特点，对他们进行了新一轮的刺激。上课时，我故意说："小朋友们，今天老师要把自己的新本领告诉大家，但你们不能悄悄地把老师的本领学走。"听到老师不让他们学本领，孩子们的执拗劲儿上来了："我要学！""我也要学！""不行，谁学我的本领我就不与他做好朋友了。"我故意激他们。"不做好朋友我也要学！我要把你的本领都学到手！"就这样，孩子们在学本领的好奇心的驱使下，认真地上完了一堂又一堂课。

用儿童的眼光去寻找那些富有趣味性、挑战性的事物，以一颗尘封已久的纯真童心，蹲下身子与孩子同行，班主任就会从熟悉的地方生出新的"风景"，创造出一个又一个精彩的瞬间。

送给一年级"小豆包"的三份礼物

曹艳昕　北京市东城区史家胡同小学

今年开学，学校安排我担任一年级班主任。于是，我回家找出了三箱"宝贝"，用于新学期的开学工作。

第一箱"宝贝"：奖励贴纸、光盘

我的奖励贴纸分为两种。第一种，是用不干胶彩色纸打印出来的，上面印着漂亮的图案和数字。男生印蓝色数字，女生印红色数字。第一次见到"小豆包"们时，我让他们按个子高矮排好队，然后用奖励贴纸给他们贴上序号。以后无论做操、到科任教室上课、体检、郊游……只要排队就都按照这个顺序。第二天上学时，利用它排队就顺利多了。第二种，是普通的奖励贴纸，鼓励学生按照学校要求去做，随时给孩子贴在衣服上。孩子摘下后贴在自己的奖励本上，两周后，兑换奖励星星，以此激发孩子们的荣誉感，培养他们的好习惯。

光盘，是我每接一年级新班时第一天必备的礼物。

我把以前带过的班级学生作品，各种活动照片，课本剧、歌舞等视频、音频素材，刻录在一张光盘中，在师生见面的第一天播放。早上8点到8点半，孩子们陆续走进教室。初入一个陌生的环境，孩子们往往紧张无措。播放光盘能够吸引他们的注意力，让紧张的情绪被光盘中丰富多彩的学校生活冲淡。比较活泼的孩子，甚至会跟着光盘唱起歌来。有的孩子说："老师，这首诗我也会背。"我会顺势让他背一背，并让大家为他鼓掌。就这样，孩子们紧张的情绪被一扫而空。

学生们到齐后，我们会一起背背诗，唱唱歌，活跃气氛。我告诉孩子们："这些录像中的孩子都是曹老师以前教过的学生，第一天上学的时候和你们一样有些紧张、拘束，在学校生活一两年以后，就变得这么出色。老师相信，你们一定会跟他们一样出色，甚至比他们还要棒！你们愿意和曹老师一起努力，成为像哥哥姐姐们一样棒的小学生吗？"这时，孩子们会用特别洪亮的声音回答："愿意！"

光荣与梦想是老师送给"小豆包"们的第一份礼物。

第二箱"宝贝"：儿童读物

第二箱宝贝是儿童读物，如《一年级的小豌豆》《贝贝熊》《玛蒂娜》《雪孩子》《小学生救护常识》……开学第一个月的过渡期特别重要，要想让孩子爱上学，总要让他们找到"爱"的理由吧？于是，我们的课堂便从讲故事开始。

开学第一天，孩子们虽然努力地把自己当成小学生，可是到了中午就有些坚持不住了。我让孩子们趴在桌子上，说："今天是你们开学的第一天。你们知道吗？还有个小朋友，她叫小豌豆，也是第一天上学。你们想知道她第一天上学的故事吗？"前一刻还略显躁动的教室一下子安静下来，37双小眼睛顿时焕发出了光彩。于是，我开始给孩子们读《一年级的小豌豆》。在老师绘声绘色的讲述中，孩子们找到了熟悉的午睡感觉，整个教室变得安静而祥和。从此，"小豌豆"成为我们每天中午必须约见的好朋友。午休铃声响后，我说："好吧，我们趴一会儿，开始讲小豌豆的故事。"教室里的气氛会很快平静下来，孩子们在校园生活中又找到了幼儿园时熟悉的感觉。

除了老师讲述的故事书，考虑到"小豆包"们的年龄特点和知识结构，我还给孩子们准备了许多绘本。识字的孩子可以看简单的文字，不识字的孩子看绘图也能看懂个八九不离十。早晨到校后、下课休息时、自习课甚至是课堂上提前完成练习的时候，孩子们都可以挑选自己喜欢的绘本阅读。如果说"听故事"是幼儿园小朋友最喜爱的放松形式，那么，"读绘本"则是幼小过渡期小学生最擅长的学习方式。

爱上阅读，和好书做朋友，是老师送给"小豆包"们的第二份礼物。

第三箱"宝贝"：玩具

第三个"宝贝"箱里装满了各种玩具：拼图、魔尺、跳跳球、涂色卡、皮筋儿、毛根儿、撒棍儿……

一年级的"小豆包"课间打架、告状的主要原因是孩子们之间不会正常交往、不会玩合适的游戏。这时候，这些玩具就派上了大用场。

用处一：丰富孩子们的课间活动，让孩子们有事可做。

涂色卡是孩子们的最爱，小孩子爱画画，各种卡通形象能激起孩子画画的欲望。涂色是个技术活儿，能够促进孩子手部小肌肉群的发展。6岁的孩子，手部小肌肉群的控制力还不够灵活自如，却要面临书写的课业任务。枯燥乏味的练习容易让孩子失去学习的兴趣，让孩子涂色、画画儿，既丰富了他们的课间活动，又锻炼了他们的运笔能力。

毛根儿，是在一根细铁丝外面包上五颜六色的毛绒线制品，就像过年时装饰教室用的彩条儿。毛根儿特别能锻炼孩子的想象力和动手能力，几根彩条儿到了孩子手里就变成了魔法棒、手镯、眼镜、花朵、发卡……语文课上，孩子们用彩条儿变化出 b、p、m、f 等汉语拼音字母，这种变换形式，能让孩子们在动手中愉快地学习。"小豆包"们惊奇地发现：原来小学的语文课这么有意思。

特别提醒：为新入学的学生选择玩具时必须遵循安全、简单易学的原则。

用处二：培养孩子服务他人的意识。

孩子的喜好决定了他们对某种玩具有很强的占有心理。在我们班，奖励贴纸最终都要变成奖励卡上画的小星星。获得 10 个奖励贴纸可以在奖励卡上画 1 颗星星。根据四舍五入的原则，每两周结算一次。奖励卡上的小星星大有用处，孩子可以选择小物质奖励——画 1 颗星星可以到老师的奖励盒子里自行挑选一个小礼物；也可以选择大物质奖励——画 9 颗星星可以和老师或家长协商，把一种物品放到私人订制的奖励盒子里存放两周，再画 1 颗星星即可获得该物品；还可以选择精神奖励——画 15 颗星星即可向老师申请担任为期两周的班级社会角色，如小班长、玩具保管员……这个活动既激发了学生的荣誉感，又培养了学生服务他人的意识和能力。

养成好习惯，学会安排课余生活，是老师送给"小豆包"们的第三份礼物。

三份大礼已准备好，迎接"小豆包"们的将会是一个开放、开心的 9 月！

"小雁"助我排队列

刘　颖　北京市大兴区第八小学

对于刚上一年级的小学生来说，排队是个大问题。尽管我早已对学生提出要求：记住自己前面的同学，找好位置，排队时保持安静、不推挤等，可真正排起队来，学生们就把要求忘得一干二净了，不知道应该站在哪里，大声喊着或推挤着排错的同学，或是踩到了别人的脚，被踩的学生哇哇大哭。

无意中看到一个小故事——《小雁排队》，我从中受到了很大的启发。于是，我给孩子们讲述了这个故事："从前，有一群小雁，要一起到南方过冬，他们需要排好队飞行。队长说：'大家排好队！'小雁们便开始排队，可是有几只小雁找不到自己的位置，不知道自己前面的小雁是谁，其他小雁排好队飞走了，这几只找不到位置的小雁就掉队了。"

故事讲到这里，我问孩子们："这几只小雁为什么掉队了？""因为他们没有排好队。""那怎样才能排好队呢？""要记住自己前面的小雁。"我及时肯定："对呀，排队时一定要记住自己前面的人。"同时板书"记住前面的人"。

我接着讲故事："小雁们飞呀飞呀，飞累了，到地面上休息。忽然听到猎狗的叫声，大家马上准备悄悄地排好队飞走。可是有两只小雁平时习惯了一边排队一边说话，他们俩说话的声音把猎狗引了过来。猎狗张开大嘴，一下子就咬住了其中的一只，叼走了。"故事又一次暂停，我问："孩子们，这只小雁为什么会被凶恶的猎狗叼走呢？""因为他说话了，把猎狗給引来了。"我引导："是呀，你想对这只小雁说些什么吗？""排队时不能说话。""大家都不说话就好了。""你们说得真好！"我一边表扬一边板书"排队时不说话"。

故事继续着："小雁们飞过了一座高山，飞过了一条小河，他们在小河边休息了一下，又要开始飞行了。大家开始排队，新的问题又出现了，两只小雁没有调整好距离，结果挤到了一起，其中一只小雁的翅膀受伤了。受伤的小雁从空中掉了下来，摔到了地上。"我问："孩子们，从这个教训中，你知道了什么？"学生们的声音有些低沉："排队时不能挤，会受伤的。"

故事终于到了结尾："小雁们吸取了同学们提出的几点建议，终于平安地飞到了温暖的南方。"孩子们长长地出了一口气。我趁热打铁，又一次回顾了从《小雁排队》中得到的经验，孩子们大声说："排队时不说话""排队时不拥挤""要记住自己前面的同学是谁"。

于是，我接着说道："孩子们，如果你是故事中的一只小雁，你会怎样排队呢？老师要看你们的实际行动了，看看谁是会排队的小雁。现在开始排队！"一声令下，孩子们立刻从座位上站了起来，走到楼道内，睁大眼睛寻找自己前面的同学，找好位置，调整距离，动作轻轻的、慢慢的，生怕碰伤周围的同学。这次的排队又快又齐又安静。我大声宣布："大家都是会排队的小雁！"楼道内响起一片欢呼声。

一年级"同步化"管理方略

杨燕芳　江苏省苏州市吴中区东山中心小学

　　担任了多年的班主任，我咀嚼过失败的苦涩，也品尝过成功的甘甜。去年暑假，当我得知将担任一年级班主任的时候，喜忧参半。喜的是：我可以从头再来，历练一下自己；忧的是：一年级是孩子们学校生活的开始，万事开头难。我该如何着手呢？假期中，我便开始认真设计班级管理的方法策略，争取让孩子们的求学之旅有个良好的开端。

一、有备而来，书信沟通

　　开学前，我想好了与学生家长建立联系、同步管理的方法——用书信搭建沟通的桥梁。我在开学时交给每位家长一封信《并肩携手，点亮希望》。我在信中明确告诉他们应该为孩子准备什么、要注意什么，告诉他们我对学生的一些要求和学生应懂得的规矩。一个星期之后，我给家长写了第二封信《早点上路，多点精彩》，向家长汇报了一个星期以来孩子们的"学情"和"习惯"，更重要的是，告诉家长如何为孩子创造一个良好的家庭学习环境。一个月后，我给家长写了第三封信《牵手吧，给孩子一个难忘的童年》，向家长分析了我班第一次考试的情况，并介绍了班里下一阶段要开展的活动，让家长心中有数，为孩子的积极参与做好准备。期中考试之后，针对本班的具体情况，我给家长写了第四封信《重在天天不间断》，提出让孩子阅读和写日记的几点想法，及班里开展读书活动的具体安排，希望家长配合。正如苏霍姆林斯基所言："教育的效果取决于学校和家庭的教育影响的一致性。如果没有这种一致性，那么学校的教学和教育过程就会像纸做的房子一样倒塌下来。"我用一封封书信架起了沟通、尊重、信任的桥梁，也从家长的一封封回执中体味着一种简单朴素而又充满幸福与感动的教育生活。

二、设计活动，润泽心灵

作为班主任，我深知班风的重要性。为了让孩子们从一开始就喜欢读书，营造一种爱读书的班风，我在开学第一天为孩子们举行了一个简单而富有意义的入学仪式：讲故事。那天我讲的是《肚子好饿的毛毛虫》。我把孩子们比作故事中的"毛毛虫"，让他们知道，我们要吃的是各种知识，终有一天我们会像毛毛虫一样变成美丽的蝴蝶。由此，班里开展了"毛虫吃书，破茧成蝶——争做'读书小博士'"活动。我设计了绿色和红色的读书小章，学生每读完 10 个故事或儿歌，可让父母出具便条证明，以换取绿色小章；得到 10 个绿色小章，便可换取 1 个红色读书章；得到 5 个红色读书章，就可成为"读书小博士"。小博士可以把自己的照片贴在读书角，并能获得一套精美的图书。当然，这套图书是家长购买后私下给我，由我奖励给孩子的。因为有家长的支持，孩子们在潜移默化中提高了阅读兴趣，孩子们的心灵也在一个个故事中得到了润泽。更让人欣慰的是，孩子们少了一些浮躁，多了一分踏实。

读书活动整整进行了一个学期。学生们在活动中不断进步，令人欣喜。

三、"敏"字当先，春风化雨

苏霍姆林斯基说："教育，首先是关怀备至地、深思熟虑地、小心翼翼地去触及年轻的心灵。在这里，谁有耐心和细心，谁就能取得成功。"班主任要有一颗敏感的心，要有一双敏锐的眼，要有敏捷的行动。于是，我这样努力着。

我们班的孩子从学完拼音之后就开始写日记，如今已经养成了习惯。当我带着一颗敏感的心阅读孩子们的日记时，有时会从中发现自己工作上存在的问题。记得一位学生在日记中写道："我发现老师们有一个共同的特点，他们总要用一根棒子敲得桌子上的灰都飘起来了。"读到这篇日记后，我马上提醒任课老师们以后注意。

班主任工作离不开一双敏锐的眼睛，当我发现小程悄悄做好事后，就在第二天的晨会课上大声朗诵了一首改编的诗《全世界对我微笑》送给他。这样的教育产生了非同寻常的效果：文栋每天早早地来校打扫卫生包干区；耀宗和小晨组成了环保小队，在校园中捡拾白色垃圾；小熹发现洗抹布的肥皂粉没了，就主动带来。种种感动，让我越发觉得孩子们可爱，也让我更愿意为他们"绞尽脑汁"。当我看到这么多孩子坚持写日记时，我打算送给全班小朋友一份特殊的礼物，将他们的优秀日记整理成册，取名《小苗儿》。我想，当孩子们看到自己的日记被打印成册时，不知该有多高兴！

　　教育是一种心灵的唤醒，我们要唤醒学生心灵中最美好的东西，使人性发出真善美的光辉，使他们在学习的过程中享受幸福的人生。

一年级教师的"百宝袋"

邓晓燕　江苏省如皋经济技术开发区实验小学

一、每天几分钟童话故事

爱听故事是儿童的天性，一年级学生识字少，在其自主阅读能力尚未形成之前，老师每天抽出几分钟时间，绘声绘色地讲述一个童话故事，会使学生获得美妙的体验，并能点燃学生的阅读兴趣。

二、难易搭配的谜语

准备一两个难易搭配的谜语，在学生疲惫的时候亮出来，既可以锻炼学生的思维能力，又可以调节班级气氛。

三、信手拈来的简笔画

寥寥几笔，任意挥洒，骄傲的公鸡、漂亮的金鱼、傲慢的山羊便在黑板上栩栩如生地呈现出来了。一位能画上一手漂亮简笔画的老师，一定会吸引学生的目光，丰富学生的课间生活。

四、有趣的共同话题

刚入学的孩子活泼好动，安全意识不强，一年级教师需要花更多时间陪伴他们。课间，走近孩子，与他们谈谈近两天发生的趣事、热播的动画片，既拉近了师生关系，又增加了学生的安全系数。

五、快乐益智的小游戏

织花线、比大小、天下太平……准备几个简单、益智、安全系数高的小游戏，在课间与学生一起玩耍，课间追逐打闹的"活泼分子"和恶作剧就会失去"市场"。在老师的引导下，学生也会爱上高雅的游戏。

六、健康积极的运动技能

将呼啦圈舞得生风，将毽子踢得翻飞，将跳绳摇得生花，对于教师是强健体魄，对于学生是健康引导。学生快乐地舞起来、动起来，自然就会远离电子游戏、追逐打闹。

"在班里开个会"

杨丽君　北京市海淀区中关村第三小学

　　这是一年级开学后的第一节班会课。

　　铃声响起，孩子们望着黑板上的"班会"两个字，开始议论："杨老师，班会是什么课？还是您给我们上课吗？"还没等我回答，小楚大声说："班会，就是在班里开个会！"在大家的笑声中，"在班里开个会"几个醒目的大字被我写在了黑板上。

　　这时，学生又蹦出了问题："这个班级大会，谁来参加，讨论什么呢？"一双双大眼睛望着我，表现出对班级大会的期待。我又写下了在家长会上定下的目标——"相亲相爱的（1）班"。懂得爱，学会爱，是优秀做人、成功做事、幸福生活的前提。那么，到底应该怎样爱老师、爱父母、爱同学呢？

　　大会讨论第一项："我们这样爱老师！"小尧第一个举手："认真听老师讲课，就是爱老师。"小彤马上补充："上学的时候，不打闹，别让老师太累。"小宸风趣地说："让老师们小声、温柔地和我们讲话。"小阳急忙补充："大声说话对嗓子不好！"小和认真地说："大家不能太淘气，要不老师就要大声说话，很累的！"小宸的话提醒了我，我趁势表演了"小声说话"与"大声说话"。小誉温柔地说："我们要让老师开心，不要让老师着急！"天天说："老师生气，会变丑的！"小伊说："老师要是不开心，会生病的！"琳琳立即起身说："我告诉你们吧，要是人总不开心，活到40岁或50岁就死了。"这一句话，让小伦脸蛋都急红了，说："不能说'死'，有点不吉利！"大家你一言，我一语，10分钟很快就过去了。我也记录了满满一黑板。

大会讨论第二项："怎样爱父母？"按照刚才的模式，孩子们很快就讨论出了结果。"开开心心来学校，就是爱父母。"孩子们会意地点了点头。"不让妈妈担心，把知识都学会了，不丢三落四。"这句话得到了"阳光男孩""美丽公主"们的纷纷响应。

大会讨论最后一项："怎么做，才叫爱同学呢？"有的说："在楼道里走路要慢点，别撞到同学！"有的说："如果前面有人，别用手推，要等等他！"有的说："接水的时候慢点，不要拥挤！同学之间要谦让！"有的说："无论发生什么事，都不能动手打同学！""说话要文明，温柔地说，别大声嚷嚷。"还有的说："要是有的同学忘记带铅笔、橡皮，要借给他，别小气……"这句话让大家相视一笑，表示赞同。小皓昨天因为跳绳断了哭鼻子，得到了同学的安慰，心里暖暖的，他说："同伴伤心时，要主动去安慰！"小宁曾带不舒服的同学去医务室，她谈了自己的经验："如果谁不小心摔倒了，要把她扶起来，去医务室的时候慢点走。"至此，另一个黑板也写得满满的了。有的学生指挥我往高处写，把他们的名字写大点。小石着急地说："你们看，杨老师有那么高的个子吗？"在小石的提醒下，大家都安静了下来。我趁机告诫学生："都怪杨老师小时候太挑食，没长高！你们可不能挑食哦！"小家伙们点头称是。

今天的班会，颇有联合国圆桌会议的气势。大家围成一个圈，贡献智慧，交流想法，畅谈"爱"这一主题。35 个小宝贝，35 个哲学家，在一起开班会，精彩而难忘！

"折出我未来"
——以折纸为抓手建设特色班级

唐志梁　广东省佛山市东平小学
毕燕平　华南师范大学教育科学学院

为了配合学校开展的"创新班级管理，打造特色班级"活动，我在班里开展了"折出我未来"特色建设活动，取得了显著成效。

一、活动目标

"折出我未来"班级特色建设活动的目标包括四个方面：一是通过独立或合作折纸活动，使学生遵守日常行为规范，增强班级凝聚力；二是通过折纸活动，培养学生的动手操作能力、想象力和创造力；三是以折纸为载体，开辟学生与教师、同学、家长沟通交流的新途径；四是创建以折纸为主题的班级环境氛围，在潜移默化中使学生形成高雅的生活品位。

二、活动内容

我们开展了以下五种特色活动。

（一）争芳夺艳

（1）以小组为单位进行各项常规的量化比赛。先将学生分成 6 个小组，每组折出自己的折纸作品，确定组名，设一名小组长，组员要认真完成每项量化指标，包括"学习"和"行为"两个方面。其中，学习方面包括课前准备、上课表现、课间表现和作业情况；行为方面包括衣冠、教室和宿舍卫生、午餐和午休纪律、眼保健操和课间操纪律等，合计 10 项。

（2）小组比赛结果在教室后墙的第一个板块中展示。板块中有 6 枝向日葵，每枝向日葵有 10 片花瓣和 10 片叶子。每天，若小组组员没有违规记录，获得 10 分，若有违规记录，该项指标分数为 0。每获得 50 分，给该组向日葵的一片花瓣涂上颜色，最先把所有花瓣涂完的小组获胜。

（二）众星捧月

该活动分小组进行，组员代表星星，组长代表月亮。组长先掌握折纸技术，组员们向组长拜师学艺，故曰"众星捧月"。折纸主题由组长确定，以日常生活必需品为主题，以组长带组员的形式，互相学习和比拼。

（1）比赛开始前，以小组为单位，由组长带领组员学习，限时 20 分钟。

（2）为了体现比赛的公正性，每名学生准备一张没有折痕的纸，在比赛过程中保持绝对安静，以免打扰未完成任务的同学，否则扣除该组得分。

（3）分数按照完成任务的先后确定，最先完成的小组获得 6 分，第二名 5 分，依此类推。

（4）比赛结束后，学生以投票的方式评选出最佳作品，并在教室后墙第二个板块"优秀作品展示栏"中展出。

（三）星语心愿

学生把自己的心愿写在纸上，折成一定的形状，写上收信人姓名，投放到教室后墙的第三个板块"星语心愿"中，然后由组长传递到收信人手中。心愿内容可以是学生之间的相互激励、学生对老师诉说的知心话、学生之间矛盾的化解等。

（四）学富五车

"学富五车"是把折纸与教学紧密联系在一起，以提高学生对学科学习的兴趣，促使学生在学中玩、玩中学。

（1）学生从各科教材中寻找合适的题目，把题目写在折纸上并署上自己的名字，挂到第四个板块上。

（2）学生把自己喜欢的折纸作品取下来，把答案写在纸上，交给出题者为自己加分。

（3）每周统计一次每个学生的得分。

(五)群策群力

这项活动是由每个学生折出不同的部件，然后组成一个完整的折纸艺术作品。

(1)播放折纸作品视频，学生观察，巩固记忆。

(2)每个学生折出不同的部件，由擅长组合的组员把各个部件快速拼装到一起，学生互相帮助，体验团队合作。

(3)将完成的折纸作品，如旋转陀螺、烟花折纸、魔术圆环、莲花宝座等，放置在班级中的适当位置，作为艺术作品供大家欣赏。

三、活动效果

在班级特色建设过程中，绝大部分学生表现出了浓厚的兴趣，活动效果较好。

(一)改善了班风班纪

通过开展"争芳夺艳"比赛，各种量化大比拼和同学们的相互监督，使得个别学生不交作业、不认真听讲等问题明显好转。

(二)提高了学习能力

通过开展折纸活动，学生的专注力、记忆力、自学能力、解决问题的能力和学习成绩得到了迅速提高。

(三)增强了合作能力

有的学生说："真想不到，难度这么大、步骤这么复杂的折纸，只要我们同心协力、分工合作，就可以快速完成。"

(四)加强了师生、生生、家校交流

以前一些胆小、害羞的学生害怕与老师、同学及家长交流，"星语心愿"活动通过写信，让学生说出心里话，避免了面对面的紧张、拘束。

(五)提升了自信心

有些学困生在完成了难度较大的折纸作品后，受到教师的赞扬，自信心得到了提升。

让第一次见面成为美丽的邂逅

于　静　北京市第二实验小学

一年级新生第一次迈入学校大门，犹如经历了一番成长，开始了新的生活。新生进入校园时，带着新奇、欣喜，也带着一点点茫然以及对未知的恐惧。把握好第一次见面的机会，使良好的师生关系从"第一次"开始，让我们和孩子拥有一个"美丽的邂逅"，无疑有事半功倍的教育效果。

一、精心布景，创设良好环境，靠近学生

当一年级新生离开家长温暖的怀抱，走进一个陌生的环境中时，他们希望得到一些关怀，以消除自己的忐忑。考虑到孩子们的这种心理因素，为迎接学生的到来，我往往会在教室环境的布置中，渗透许多小孩子喜欢的动画元素和贴近孩子生活的自然元素。今年教室外面的墙报上，在主题"快乐的一家人"几个字间，我就使用了"喜羊羊"一家的卡通图片进行布置，让孩子走到教室前，就有一种亲近感。教室中，黑板上"我是一年级小学生了"的欢迎主题下，我画上了用绿色藤蔓和小花构建的心形图案，并细致地勾画了美丽的花边，使黑板闪现出自然的活力和亲和力。教室后方的柜子上，摆上了两盆清新的小盆栽，一盆是黄灿灿的向日葵，一盆是五彩小雏菊，我内心期盼着孩子们的笑容能像花儿一样美丽。在教室门口，我带着亲切的笑容，领着一个个满怀期盼的学生走进教室，让他们欣赏这个温馨空间，欣然接受这个备感亲切的环境。

为树立学生的小主人意识，在教室里的壁报布置上，我特意留白了一部分。在和学生互动、初步树立小学生规则意识时，我和孩子们一起在留白处贴上了小动物的图片。例如，在"坐着就学大白鹅，挺起胸膛真精神"小儿歌旁，我一边赞扬孩子们的出色表现，一边拿出"大白鹅"的图片，说："看！大白鹅看你们坐得这么有精神，赶紧跑来了，要和大家一起来比赛！谁来把它贴在小童谣旁边？"然后让学生亲自贴在壁报上，和孩子们一起布置完善了整个壁报的画面。

投其所好，充分利用儿童特点，在第一次与一年级新生见面前，精心部署、创设，构建良好氛围，从而消除孩子们的恐惧，靠近每一个学生的心灵，让孩子们从第一面就爱上这个班级。

二、细心观察，发现孩子特点，贴近学生

孩子的内心是敏感的，情感是细腻的，他们虽然没有较强的语言表达能力，却习惯于与了解自己的人亲近。第一次见面时，我对每一个学生都会进行一次初观察，从言谈的多寡、眼神的闪动、听老师说话后的反应等，发现孩子的特点，进而采用不同的方式与学生互动、交流，从陌生到一点点熟悉，慢慢贴近学生。看到活泼的孩子，我会亲切抚摸他（她）的头，低下头细心听他（她）和我交谈；看到有些畏缩的孩子，我会慢慢蹲下来，轻轻搂住孩子的肩膀，告诉他（她）现在可以坐在什么地方，做些什么；看到眼神闪躲的孩子，我会蹲在他（她）身边，问问他（她）手里拿的图书中的某一页讲的是什么，引回他（她）的视线……总之，对于不同特点的学生，我会采用不同的方式去沟通，以消除我们之间因身高、年龄、身份等产生的距离，从而贴近学生。

三、用心沟通，交流温馨话语，走近学生

和新生的沟通，要有平等的意识，要让孩子喜欢学校、喜欢班级、喜欢老师、喜欢这个集体。老师和学生的第一次交流，要有引导的作用。我在和孩子的第一次见面交谈中，用了这样的方式：

嗨！孩子们，你们好！欢迎你们来到北京市第二实验小学官园校区一年级（2）班。我姓于，跟水中游的小鱼的"鱼"是同一个音，不过可不是同一个字，我的姓氏是这样写的（板书"于"），你们可以叫我——（引导学生说出"于老师"）。对！以后见到我就可以叫我"于老师"。咱们打个招呼

吧！同学们好！（鞠躬行礼）（学生："于老师好！"）你们真有礼貌！有的小朋友还跟老师一样有礼貌地鞠躬行礼，真是个小绅士（或小淑女）！从今天开始，你们就是一年级的小学生了，于老师向大家表示祝贺（鼓掌）。今天是我们第一次见面，你们认识我了，我也想认识认识你们，行吗？谁想来介绍一下自己？（学生交流时随机提问：你喜欢什么？你最喜欢什么运动？你会唱歌吗？愿意为我们唱一首吗？你喜欢什么小动物？你最喜欢什么动画片？……根据学生的表现提出交流话题，给学生展示机会，鼓励学生大胆展示，激发交流热情，并从中找到自己和孩子共同的兴趣爱好进行交流）孩子们，我们像不像一家人在一起聊天？其实，从今天开始，我们就是一家人了。在家里，你们有爱你们的爸爸妈妈、爷爷奶奶、姥姥姥爷，在学校里，你们将拥有爱你们的老师、同学，希望你们在这个新的家庭里快乐成长，好吗？那你们愿不愿意像爱爸爸妈妈那样爱学校里的老师和同学呢？愿不愿意像爱自己的家一样爱我们美丽的学校和班级呢？你会怎么做？（学生自由谈——及时表扬肯定，激发学生在校生活的热情。最后，由学生的发言引入教育主题——校训、八字目标、一日常规等）

在这样平等互动的交流中，细腻的语言、温馨的话语，增加了我和学生之间的情感，我走近了学生们，学生们也走近了我。

第一次见面，是一个美丽的邂逅，我们需要做的是消除一年级新生的畏惧心理，努力使每一个孩子爱上学校，愿意来到这里进行学习和生活，愿意和这里的老师和同学交往，愿意在这里展开自己新的生活。

抓住第一次见面的机会，我们可以做很多很多，但是寓"爱校"于第一次见面中，深化学生对学校、班级、老师的印象，尤为重要，需要我们班主任做好充分的准备，抓住学生年龄特点，并付诸实践。

组建家委会，助力班级发展

王　维　北京市东城区分司厅小学

这已是我连续第四年当一年级班主任了。开学之后首先面对的依旧是家长和孩子们一张张既兴奋又紧张的面孔，依旧是不厌其烦的学前教育，依旧是没完没了地为家长解答各种问题……如何更好地在新的班级里开展工作，如何更有效地得到家长们的支持与配合呢？我思考着。

一、班级家委会的诞生

开学不久，学校要求每班推荐一名家长为学校家委会成员，我打开家长联系本寻找着。因为刚接班，对家长了解不多，找了半天，也没有确定好人选。我想：干脆发个飞信，让家长自愿报名，我再从中挑选一到两名。"家长您好，学校要组建家委会，如果您有精力，愿意为学校教育出力，就可以自愿报名参加我们的家委会，参与学校的管理和活动。谢谢！"飞信发出去后，很快便收到了 9 位家长的回信。我吓了一跳，没想到家长这么积极，我既激动，又为难，不知怎么办才好。

晚饭后，我思索着。突然，我想到曾有一位学生的家长跟我说，他的孩子在国外学习时，班中孩子的家长轮流到校做义工，帮助老师管理孩子，使家长能够更深入地了解老师的教育意图，更好地协助老师教育孩子。对，学校有家委会，我也组建一个班级家委会，协助我管理学生，组织班级活动，这不是很好吗？

拿定主意，我便召集所有报名的家长到校开会。会上，大家先做了自我介绍，然后选出了两名爸爸做班级家委会正副会长，7名妈妈为干事。我为大家简单介绍了班级孩子的情况，及新学期我的教育目标和一些活动的想法。然后，我们制定了工作的分工和第一学期的工作重点，帮助家长尽快熟悉学校要求，积极配合学校帮助孩子养成良好的生活学习习惯。会后，我用飞信的形式把班级家委会成员名单及建立一年级（1）班家长微信群的通知告诉了所有家长。家长如有问题，可以在微信群里询问；有意见不好意思和老师说的，也可以跟家委会的成员反映。

二、初露锋芒

学校马上要召开运动会了，家委会成员比我还着急，他们商量运动会的服装，在微信中上传照片，买样衣看质量；联系所有家长，确定孩子服装、鞋子的号码。一周后，衣服和鞋子送来了，家委会成员帮我给孩子们一个个试穿。对于孩子拿回家的服装，没有一个家长提意见，因为是他们自己商量确定的。该收服装费了，家委会的两位会计妈妈又发挥了特长。早晨孩子们陆续来到学校，我照常组织孩子们早读，服装费也悄悄地收齐了。

运动会那天，我邀请了家委会全体成员参加。他们帮我把道具运到会场，有检查服装的，有负责照相的，有负责修改传递宣传稿的。运动场上，当我们全班穿着整齐的服装走向主席台时，全场响起热烈的掌声。孩子们的脸上洋溢着幸福的笑容。

三、爱的行动

在微信群中，很多家长都反映，现在的孩子不知道爱惜东西，没有节约的意识；有的家长还反映孩子对家长不够尊重，没有感恩心。于是，我们又开始了新的活动策划。

家委会成员利用周末时间去"光爱学校""太阳村"参观考察。回来后，会长撰写了《给家长的一封信》，向家长提出活动倡议，并撰写了活动方案。在会长多次沟通后，家委会协调了车辆，制定了活动路线和两个集合地点。一个周末，我们班家长和师生70多人来到了"光爱学校"，开展手拉手献爱心活动。活动后，孩子和家长都写下了自己参与此次活动的感受，孩子和家长共同参加活动，共同受教育。回来后，我发现孩子们变了，他们更关心集体了，比如主动询问班内药箱是否该增添新药，入冬后主动送来装衣服的整理箱。

学生病了，只要在微信中说一声，当天课堂作业和记事本上的各科作业就有家长主动拍好照片发上去。对于看过的班级的杂志，学生说："老师，我们把干净的送给'光爱学校'的同学们吧。"

有了家长的参与，我的教育变得更轻松，效果也更佳。真心感谢我班家委会的家长们，你们辛苦了！

"包围圈"计划

——我和我的一年级新班

李丽君　北京市丰台区西罗园第五小学

确切地说，我要向您讲述的是我和我的第二个一年级新班的故事。

时光倒流至 2009 年的黑色秋天，是我参加工作的第一年，也是第一次教一年级，进班前，我告诉自己要做一个严厉的老师，课堂基本常规一定要在 9 月充分落实。可是这群"小猴子"却不买我的账：上课时只要我一转身，他们就说个不停，叽叽喳喳如麻雀一般，我刚批评完这边，那边又开始吵闹。判作业时，都一下子挤了过来，你推我搡，我扯着嗓门指挥，可是他们的声音比我还大，哪还听得见呢？天天声嘶力竭，可上课下课还是吵闹一片，终于有一天，疲惫的我趴在桌子上大哭了一场……磕磕绊绊地熬过了一年。因为畏惧，从此再也不敢教一年级。

2012 年我来到新学校，校长对我说让我准备当一年级班主任，我只觉得头晕，还想去买点"金嗓子喉宝"。从此，开始了我和我的第二个一年级新班的故事。

不论怎样，这些年还是积累了不少经验，我细细地回味着过往，发现自己犯的一个错误就是想让孩子们"害怕"我。尽管我提高了分贝，严厉地呵斥，可是他们却总是第一秒感觉很害怕，第二秒就忘了。所以，这次进班前，我告诉自己要做一个让孩子喜欢的老师，至少先让一部分孩子喜欢我。第一次和他们交流得非常顺利，因为我手里拿了两块儿闪亮的"大奖牌"，一块儿代表女孩子，一块儿代表男孩子。孩子们因为好奇不停地惊呼着"这么大的奖牌！""真漂亮！"我迅速地将奖牌贴到了黑板上，并慢慢地阐述游戏规则："李老师的奖牌可从来不随便送人呦！如果男孩子表现得好，老师就在男孩子这边加一颗星，女孩子表现好，就给女孩子加一颗！（如下图所示）得到最多星星的就能得到'大奖牌'。"在课堂上我只要看到某一个女生做得好，就马上奖励全体女生一颗星，男生亦是如此。这一下子就振奋了全班的士气。这就是我的第一包围圈——"男生女生圈"。

　　在我的坚持下，一个多月的磕磕绊绊总算熬了过来，学校很多老师都夸"你们班的这个小女孩儿真能干。那个小伙子真懂事"。此时此刻只有我自己知道缩小"包围圈"的时机到了。根据对他们的了解，我将全班 30 人按照个人能力的强、中、弱进行了重新组合，共分为 5 个大组，每组 6 人。每个组都由孩子们自己推选出 3 位组长，分别为学习组长、卫生组长、生活组长。因为这些孩子在男女生竞赛中积累了人气和威望，因此组长人选和我事先猜想的基本一致，于是我一下子多了 15 个"战友"，加上我自己就是 16：15，"包围圈"顺利收缩。而我的工作也因此减轻了不少：学习组长每天负责收作业，并且按组码放整齐交给老师；卫生组长负责组内每一位同学的个人卫生；生活组长负责午饭和午休的纪律；我负责总结情况和调解矛盾。平静的冬天飘着晶莹的雪花，一片一片地落下，是那样的平淡、安详。我成了一位"教语文和数学的老师"，而不再是那个"声嘶力竭的大嗓门保姆"。

　　故事到这本应结束了，我的"包围圈"计划只是想让孩子们"学规矩，不吵闹，不用老师来喊叫"。可尝到了甜头，我就想继续下去，看看能不能在教学方面得到更好的利用。新学期伊始，孩子们经过艰难的选择，终于两两一组地找到了自己的小伙伴。在课堂上，我用"你的小伙伴"来称呼他们彼此，比如一位同学因为走神没有听见老师的提问，我就会说："请你的小伙伴告诉你老师的问题好吗？"又如一位同学不会回答老师的问题，我就会说："咱们一起请教一下你的小伙伴，听听他是怎么想的。"渐渐地孩子们习惯了这种方式，当学习遇到困难的时候第一个想起的总是自己的小伙伴，看着他们在一起认真思考的画面，我总是微笑着，任由自己沉醉在这画面中。这绝不是传统的"一帮一"，确实有的组似乎两个人都很需要帮助，可是这两个"笨小孩"却不需要他人的"拯救"。我听过他们一起讨论，看过他们一起欢笑。写错了擦掉，又写错了又擦掉……着急吗？当然不会！这似乎就像两个人一起玩泥巴，你说捏得像个爸爸，我说捏得像个西瓜。他们没有别人快，但是我喜欢看着他们这样慢慢成长。

从伏案大哭那年到现在，我收获的是安心、充实与喜悦。这其中有以下几点原因：第一，我的计划从头到尾都是以鼓励、奖励为主。不仅孩子喜欢被鼓励，我们大人也是一样的不是吗？只有得到他人的宽容与鼓励，才会干劲十足。第二，我的计划是为孩子们量身定制的，我悄悄地记录下他们的优势、弱点，为每个人都做了一张秘密名片，这样我才能有针对性地对全班进行调整和分组。第三，我的计划缓解了师生之间的矛盾，我不喜欢吵闹的孩子，其实孩子也不喜欢扯着嗓门嘶吼的老师呀！正是这个计划让我们尊重彼此，爱着彼此。

这就是我的"包围圈"计划，这就是我和我的一年级新班。

搭把手，学习路上一起走

朱晓棠　北京市朝阳区光华路小学

就像寒冬腊月的暖流，是久旱甘霖的雨后。不以善小而不为，一滴水，也能映出四海五洲。搭把手，搭上一把手，人生旅途一起走……每天晚上，我都会听孙楠唱的《搭把手》这首歌，同时，北京广播电台也会讲述做道德标兵人物的先进事迹，听着听着，我经常被这些先进人物感动的潸然泪下。

我想：当刚从幼儿园走进学校的孩子们面对陌生的环境，面对陌生的老师，面对陌生的小伙伴时，他们多需要我搭把手啊！当他们面对困难一筹莫展时，他们多需要我搭把手啊！当孩子们高高兴兴准备回家，而父母亲正在为不能按时接孩子而发愁时，他们多需要我搭把手啊！

于是，我用搭把手的理念去管理班务，为学生解燃眉之急，为家长解决实际困难。我赢得了学生的拥护与爱戴，取得了家长的信任与赞扬。

搭把手的意思是在关键时刻伸手帮忙。一般是指所做的行为并不非常复杂，只是举手之劳就能解决实际困难，或者只是一个简单的举动却能解决关键的问题。

一、搭把手，让学生感到周围环境很熟悉、很安全

今年8月，我又一次迎来了新的一年级新生——一（3）班，一共21人，他们来自五湖四海，看着这些小可爱们，我高兴极了！我主动与他们每个人拥抱，表示欢迎。他们睁大

眼睛，感到很惊奇，有的悄悄对我说："老师，我有点害怕。"我笑了笑，拉着孩子的手说："你怕什么呢？"孩子看着我，不说话。我猜透了孩子的心，拿出准备好的头饰戴在头上，装作老虎的声音说："我会吃掉你！"逗得全班学生哈哈大笑。有的大声说："老师，你不是老虎，你是大花猫！我喜欢大花猫！"一句话，化解了孩子内心的紧张、担心、害怕甚至恐惧。

搭把手的一个拥抱，换来的是孩子们心灵上的安慰。搭把手的一个拥抱，孩子们感受到的是老师像妈妈一样亲近。搭把手的一个拥抱，使孩子们觉得班里的环境很安全。

二、搭把手，让学生在面对困难时更有自信

刚开学，学生上课时，不是忘了带这个，就是忘了带那个。每到这个时候，学生都会低着头，很不高兴的样子。这时，我会走近孩子，询问原因，悄悄地对孩子说："老师上一年级的时候，也忘带过。"她笑了，我也笑了。我做出拥抱的动作，她主动抱紧我，她的小手好湿呀！我拉着她的手，帮助她解决了问题，她冲我笑，我也笑了。从此，孩子们遇到了问题，都会主动找我说明情况，一起想办法解决。现在，当他们忘带什么时，都能够自己主动到临班借。遇到困难时，他们知道想办法解决了，能力提高了。我真为他们的进步感到高兴！

在孩子遇到困难需要帮助时，简单的一个拥抱给了孩子足够的信心，给了孩子足够的勇气，给了孩子解决困难的力量，让孩子敢于面对困难，主动解决困难。搭把手，让孩子的内心更强大了，更有自信了！

三、搭把手，让学生不再为放学后没人接而难过，让家长不再为不能按时接孩子而发愁

开学第二天，我按照惯例把学生送到学校门口，交给各位家长后，发现我们班的一个男孩独自站在一边，没有人接。我询问了情况，原来是家长下班时间比我们放学时间晚，所以不能按时来接孩子。我拉着孩子的手，感觉孩子的手很凉，我看着孩子，他的眼圈已经红了，眼角湿润了。我冲他笑了笑，小声说："我的宝贝呢！"他忸怩地在我身边晃悠，轻轻地搂着我，小声说："我想妈妈啦！"我抱紧他。我们边聊天边来到教室，我神秘地对他说："我会变魔术，你信吗？"他睁大眼睛，不信。我一下就给他变出了一个跳棋，他高兴极了，大声嚷："我有跳棋玩儿了！"我看着他兴奋的样子问："你说我

棒不棒?""朱老师真棒!"

接着,我们开始下跳棋,他走一步,我走一步。我和他拉家常,他也渐渐放松了很多。第一局他赢了!我故意很难过,要求他主动抱抱我,他欣然答应了。我们继续玩。

正玩着,孩子的妈妈来了。妈妈为自己没能按时来接孩子感到很抱歉。我安慰妈妈说:"没事,平时下班后,我也是整理完班务,稍微休息一下才走呢。平时就我一个人,也没个伴儿。"孩子听了,急忙说:"妈妈,明天您还这个时候来接我吧!我要陪着朱老师,省得她自己害怕!"他主动拥抱了我。我和妈妈都笑了,他也笑了!

搭把手——简单的一个拥抱,让孩子不再害怕放学,让家长能够安心工作。

搭把手——只是简单的一个拥抱,让学生与老师之间的距离近了,让学生与老师的心灵进行零距离的沟通,让学生、老师与家长融为一体,共同面对困难,一起想办法克服困难!

我耳边再一次响起了这首歌:就像寒冬腊月的暖流,是久旱甘霖的雨后。不以善小而不为,一滴水,也能映出四海五洲。搭把手,搭上一把手,人生旅途一起走……

起于细心、重于爱心、成于恒心
——我和我的一年级新班

杨　玲　北京市朝阳区日坛小学

作为一年级班主任，管理好班级，教育好学生，需要我们动脑筋、想办法，随时用各种方法与孩子们"斗智斗勇"。要想让孩子们按照规则生活学习，我觉得要做到有足够的爱心，要去理解和关心他们，细心观察他们，发现他们的喜怒哀乐，了解每个孩子，知道他们想要什么，渴望什么，害怕什么，相信什么……在整个班级管理过程中起决定性作用的当属老师的恒心，往往当我们的教育有了可人的收获时，我们没有坚持，或者松懈了，那么在教育过程中就会退回到原点，往往我们以为是方法不够好，学生不够好，家长不配合，而失去信心，实际是我们的教育还没有到位，还缺少那么一点恒心。

一、起于细心，重于爱心

才接新一年级两周，就觉得好难。孩子没有过去的踏实，没有以往的乖巧，视老师为空气，每天我都会全天候蹲守在教室里，生怕出一点纰漏。从准备文具，到桌椅摆放；从喝水、上厕所，到课间加餐；从排队做操，到写字姿势；从课上听讲纪律，到课间游戏……事无巨细，我都会耐心教导，蹲下来倾听孩子说话，和颜悦色地指出不足，轻声细语地告诉他们应该怎样做。我的爱心让孩子们喜欢我，我的细心让孩子们相信我。然而我发现这些根本无法改变他们，教育不是只靠一个赏识的眼神、一句表扬的话语、一个温柔的微笑，就会有所收获，这些不足以让我们真正地走近孩子的心灵，要真正发现孩子的内心，心锁不开，就谈不上成功的教育。

开学第一天，3个一年级平行班从操场到教学楼短短数十步路，(3)班过去了，还算整齐，两行队伍手拉手，远看是一个整体，好样的。(2)班过去了，也还可以，虽然有些人掉队，但停下来，跟上了，队伍就整齐前进了。(1)班来了，手拉着手，我拉着前面的往前走，回头看我的"兵"，东边4人，西边2人，3个人在聊天，还有5个落在后面。天！这哪是新入学的学生，这是一群小羊羔，可爱又无序呀。停下来，整理好队伍，慢点走，尽量让每一个孩子都跟上，终于耐着性子带他们进到了班里。和所有的老师一样，我也开始对孩子们进行训练，教他们站队，男一号、二号……记住自己的位置，教他们看齐，看前面一个的后脑勺，教他们走路，手拉手，看着前面的同学走，教他们儿歌。找不到队的，帮他找回来，看不直的，反复叮嘱，站得好的，进行表扬，有进步的，立即夸奖。好，没有问题了，一定能行。谁知5天下来变化一点也不明显。怎么办呢？我的头都大了。仔细观察孩子们，我发现他们动起来很专心，学起知识来大多数都很用心，他们讨厌停下来，讨厌重复没有变化。于是我反其道而行之。首先解决班里的两个特殊学生的问题，他们找不到自己的位置，总是乱插到别人的位置，每次排队老师都要把他们追回来，我就让他们站在队伍最前面，易于老师照顾，把控他们的动态。其次每天从教学楼出来到操场上操，我会先讲好怎样才是合格的小学生，应该怎样排队、走路、做操，要给班级增光添彩，树立集体荣誉感。然后排队，做到楼道排队不停留，按小组走出教室，站到自己的位置，前后左右对齐就走，一秒不留。接着是走路不磨蹭，两人拉好小手，眼睛朝前看。出了教学楼，下了楼梯要停下站好，自己前面要能站进一个同学，眼睛要看前一个同学，要是能看到再前面一个同学就肯定有问题了，肩膀要和前面同学对齐。到上操地点速度要快，行进间不停留。所有的过程要诀是：安静，快速，不停留。当然整个过程离不开表扬，不说谁好，不说谁不好，全体的事全体说。教室门口排队一总结"一是否安静，二是否快速，三是否整齐"。楼下集合二总结，操场集合三总结……还别说，一星期下来进步真快，受到所有人的好评，学生集体荣誉感倍增。

看来我们真的不能小看新时期的孩子，我们再不能用老方法去教育他们。他们再不是什么也不懂的小不点儿，再不是什么都要妈妈帮的小宝宝，他们有自己的思想，有自己办事的方法，有自己看世界的眼光，这就要求我们这些一年级教育工作者从细微处出发，真诚关心孩子，真心了解孩子。感受到孩子的心灵之语，这是教育中最快乐的一件事！

二、重于爱心，成于恒心

"不是所有的种子都能发芽，但只要播下去了，就有发芽的可能；不是所有的花朵都会结果，但只要开花了，就有结果的希望。"对于这些刚刚入学的孩子，不是一朝一夕、一两个月就能看到教育的结果的。除了科学的教育、科学的引导，我们还要有战胜困难的恒心。

新接的一年级学生，就像一群活跃的小猴子，说他们不好吧，让他们自由发言的时候很棒，给他们讲道理时也清清楚楚；说他们优秀吧，上课随便玩，上操东张西望，课下追跑打闹，时不时还打个小架。班里不仅有这样一群活泼孩子，还有自闭、多动、残疾儿童，面对这样的孩子，该怎么办呢？第一招：表扬。"看，××坐得多好，大家要向他学习。"此话一出，立刻就看到有的孩子坐好了，真的是让人喜出望外，大有收获，但没过三分钟，又回到了原型，有快钻到桌子底下去的，有乱翻书的。第二招：批评。"××你干什么呢？坐好了。再玩就把书给我。"无奈之下坐好了，没有一分钟，又恢复到了原状。第三招：幽默法。冲他嘟嘟嘴，摇摇头，皱皱眉，点点头，看，坐直了。三分钟，又回去了。示范法、静心法……所有的方法都进行了尝试，但均以失败告终。经过调查思考研究得出结论：一些习惯已经养成，在孩子身上已成定式，很难改正。解决方法：做加减法。就是养成好习惯做加法，改掉坏毛病做减法，总之以表扬为主。孩子在幼儿园听到的表扬太多，听到的批评很少，使他们有优越感。解决方法：明确指出他们哪里做得好，值得表扬，哪里做得不好，会有什么危害，晓之以理，动之以情，总之要让他们心服口服。我不可以失败，我的不作为将会影响33个家庭，坚持最后的一点信念："相信经过我的努力，会有好的效果。"我继续战斗。

我在努力，并且一直在努力。没错，既然有了解决的方法，一定会成功。看，又一周过去了，孩子们有了明显的变化，总结方法：一表扬；二讲道理；三把他们当大孩子看；四"利诱"，即使是一张小奖票；五保持神秘感，"引诱"。

三、重于爱心，爱在家长

在一年级新入学的孩子周围，还有一个群体需要我们的关爱，那就是家长。家长和孩子一样，对于孩子迈入新的学堂不知所措，不知道怎样教育孩子，不知道怎样配合班主任的工作，这就需要我们帮助家长和孩子一起完成入学教育。我特别重视第一次家长会，提出了家长与孩子同成长的主题。针对孩子成长向家长提出一些具体要求。如：学习用品的准备，良好学习环境的准备，相互沟通的准备，耐心的准备，鼓励孩子的准备，惩罚孩子的准备。

这样的要求让家长心中有数，知道自己该做什么，不能做什么，让家长能科学有效地处理好学生的突发事情，为我们今后的教学工作做好铺垫。这样也会让家长更信服我们，更配合我们的教育工作。家长的信任，会提升孩子的信任，教学工作就可事半功倍。

作为一年级的班主任，要嘴勤、腿勤、手勤，要留心观察，用心琢磨，耐心引导。在我们的工作中，没有好高骛远，只有脚踏实地；没有故步自封，只有勇往直前。相信成功在我们手中。

全家福

——减轻新生入学陌生感策略

孙凤娜　北京市海淀区七一小学

刚入学的小孩子对新学校的新同学、新老师、新环境普遍存在着一种陌生感，为了让孩子们快速适应学校环境，我经过翻阅各种书籍和请教有经验的教师，决定采用照片安抚法。

在入学家长会上，我建议家长回家为孩子准备一张"全家福"，让孩子回到学校贴到自己的小椅背上。这样在陌生的教室、陌生的人中看到自己熟悉的人，可以给孩子幼小的心灵一丝安慰与寄托。孩子们会渐渐感觉一张桌子、一把椅子不再陌生，甚至感觉这就是他们的另一个小家了。

家长们很配合我的工作。他们有的利用周末重新照了一张"全家福"，一位妈妈想用自己最漂亮的样子来陪儿子，就与自己的先生又穿了一次婚纱和儿子一起拍了一张"全家福"。还有的爷爷奶奶、哥哥姐姐都跟着一起照了。开学第一周的周一，孩子们都拿来了"全家福"，我感觉他们的小眼睛里还是藏着一丝丝胆怯，但也时不时地流露出一丝丝兴奋。

第一节课我没有让他们坐得笔直笔直地接受常规教育，而是开展了热热闹闹的贴"全家福"活动。我请了两名小助手协助我剪胶带，其他孩子则拿着他们的"全家福"坐在座位上等着我给他们贴。这时我没有给这些第一天刚入学的小孩子提任何条条框框，但是我蹲下给他们贴时，班里非常的安静。我一边给他们贴，一边不停地跟他们聊天，如："呀！你这是在哪儿照的？真美呀！""看，你来上学，有这么多人来陪你，你好幸福呀!"这时那些小孩子也会怯生生地回应我,但是这次他们的眼神里更多的是兴奋。特别是到了那个扎在爸爸怀里不敢看我的小姑娘那儿时,她带来一张特别大的照片,几乎得贴满整个椅背,我就和她开起了玩笑,小姑娘被逗笑了,她突然用手摸了摸我的脸,我停下来看着她,说:"看看王老师不是大老虎吧,也不会吃人吧,还很漂亮吧!愿不愿意叫我一声?"她羞涩地笑着,趴到我耳边叫了一声"王老师",我高兴地应了她。真是意外的收获。可以看出来这些小东西对他们椅背上的"全家福"很是爱惜,我在给他们粘贴时他们都会小心翼翼地扶着,生怕粘歪了,粘好后又左摸摸右摸摸,看个没完。用了一节课的时间,34个孩子的椅背上都有了自己的"全家福"。

第二节课上,我没让孩子一个个地进行自我介绍,而是谈起了我们都很感兴趣的"全家福"。我问他们:"看到椅背上的'全家福',你们有什么感受?"孩子们奶声奶气地说着自己的感受,一个小男孩支支吾吾地说到了两个字"幸福"。他们虽然表达的不是很清楚,但是我可以感受到他们此时是兴奋的、踏实的、幸福的。我最后说道:"孩子们,那这里就是你们的小家,里面有爸爸、妈妈等家人陪着你们,当你们在学校里遇到什么困难不想和老师或是同学说时,就可以回到自己的这个小家和爸爸妈妈说一说,可不要委屈自己。这个教室就是你们的大家,王老师就是你们的家人,有事找我来说呀!我在贴照片的时候发现很多同学的照片很有意思,你们愿不愿意互相看看呀?""愿意!""那就下座位自由地看看吧!"孩子们就热火朝天地看了起来,聊了起来。

开学第一天,我们就这样开心地度过了,我们彼此的交流是那么的默契与流畅。同时在不知不觉中完成了孩子的自我介绍和语文第一课时的表达练习,而且孩子们完成得是那么优秀,他们彼此成了好朋友,还了解了不少人家里的情况。看来"全家福"确实发挥了很大的作用。

过了一段时间,我发现他们对自己的小家无比的爱惜。那天,我看到一个小姑娘利用课间扫自己座位的地面,我一问,她认真地说:"老师您说这是我的小家,妈妈说家里要干干净净的,刚才我的小纸片掉地上弄脏了我的家,我得扫干净。"我听后表扬了她,并帮她挪了桌椅。

在这个过程中,"全家福"潜移默化地拉近了孩子与同学、老师、教室和学校的距离,同时为他们找到了一个心灵的避风港。

训练课堂常规，培养良好习惯

张淑艳　北京市平谷区东高村镇第二学区

今年我带的是新入学的一年级小学生。由于学生年龄小，入学时间短，自我约束能力差，很多孩子对学校生活还很不适应，不知道该做什么，不该做什么，应该怎样做，不应该怎样做。多年的教学实践，使我深刻地体会到：对于一年级的小学生，训练良好的课堂常规，培养良好的学习习惯，是学习知识、培养能力、发展智力的重要条件，也是教师长期而又艰巨的任务。下面就在教学中如何训练一年级小学生的课堂常规，谈谈自己的做法。

一、严格要求，耐心指导

刚入学的小学生，由于年龄小，对于小学生活感到既新奇又陌生，他们往往不知道怎么做，上课了还不知道该干什么，怎么听讲，怎么动手操作……所有的一切无不需要老师进行及时的引导、耐心的指导和反复训练。因此对于常规要求，教师要苦口婆心地反复讲，耐心细致地做好示范，同时还要反复训练，严格执行。比如课前书本、铅笔盒、学具袋的摆放，站立的姿势、举手发言的要求、读书写字的姿势等。从开学的第一天起，我就对学生在课堂上的坐、立、举、答、握笔、读书写字姿势等提出了明确的要求，严格地进行训练，而且经常督促检查，并开展小组竞赛比一比哪组同学做得最好。这样，通过反复的训练，学生就能养成良好的习惯，为以后的学习打下良好的基础。

二、诵读儿歌，规范行为

开学初，上课铃声响后，很多孩子不知道上课，有的嚷，有的叫，有的做自己的事，甚至老师来到教室后，他们还跑到老师身边说这说那，手舞足蹈。看到这种情形，我对学生提出了明确的要求，并结合课堂需要编了小儿歌："脚放平，手放好，眼睛向前看。"教给全班同学朗诵，一边说一边做动作，争取在最短的时间内集中学生的注意力。现在每当铃声响后，小干部就会带领全班同学边做边说。课上有的同学注意力不集中，老师喊一二三，学生立刻就会诵读小儿歌，并马上坐好，注意力也集中了。通过这样的训练，孩子们很快就知道上课铃声响，就要端正坐好等老师上课，并已经形成了习惯。又如在训练学生读书写字姿势时，编成小儿歌："读书写字要做到，脚放平，身板直，眼离书本一尺，胸离桌边一拳，手离笔尖一寸。"把对学生行为习惯养成的要求编成儿歌，符合小学生心理生理特点，贴近学生的生活。适时地让学生诵读，可以让他们明白什么时候该做什么，不该做什么，让学生在读中学，在学中读，不知不觉中行为就得到了规范和强化。

三、树立榜样，表扬鼓励

一年级小学生的上进心是很强的，老师的一句表扬或鼓励的话都会让他们喜形于色。因此我们老师在课堂上应多为学生树立榜样，多表扬和鼓励，比批评训斥的效果要好得多。例如，上课了，有的同学还在叫嚷说话，没有做好上课的准备，这时我会找个坐得好、不说话、书本都已准备好的同学进行表扬："看，××同学听到铃声，立刻坐端正了，他可真是个守纪律的好孩子！"短短的一句话，既满足了学生的个人荣誉感，又为其他学生树立了一个鲜活的榜样，其他学生便会马上效仿齐刷刷地坐好，秩序井然。我还充分发挥师友互助的作用，让表现好的学生当小老师，小老师时刻检查提醒自己的学友，并设立奖励机制，为表现好的师友组发五星、红旗、笑脸或者红花奖励。在这种情况下，会有好多孩子不断提醒自己身边的小伙伴，课堂纪律也不用老师再反复强调了。

四、训练倾听，坚持不懈

专心倾听是一个很重要的学习习惯，是学生主动参与学习过程、积极思考的基础，也是提高课堂学习效率的前提。在一年级课堂上，经常是老师问题一提出，学生个个举手，有把手举得高高的，有站起来的，有嗷嗷直叫的。最终被叫到回答问题的学生一脸高兴，急着发表自己的见解，没被叫到的学生则垂头丧气，不认真听同伴的发言。在小组合作学习时，大部分学生喜欢发表自己的见解，而不善于接受别人的意见。为了让学生养成认真听讲的习惯，我根据学生的年龄特点，利用故事、谜语或幽默的语言激发学生倾听的兴趣，要求学生认真听讲，不走神，不做小动作；听其他同学的发言时，要做到边听边思考他的发言是否正确，和自己的想法有什么不同，还想补充什么。但是要想一年级学生整节课都能认真听讲真的很难，所以老师必须要做到眼观六路，察言观色，做到眼中有每个孩子。例如，当你发现个别孩子走神了，可以用眼神或走到他面前轻声提醒他，也可以表扬坐得端正的，还可以运用艺术的语言组织教学。如师生对答："谁的眼睛看老师？""我的眼睛看老师。""谁的小手放得好？""我的小手放得好。"又如："成功的孩子冲老师笑笑。""小眼睛看屏幕。""你真棒，老师与你握握手。"……话语虽然简短，但孩子们心领神会。只要随时有教育，坚持不懈，良好的课堂常规就能自然养成。

实践证明，根据一年级学生的特点，严格训练课堂常规，培养良好习惯，可以有效地提高课堂教学效率，为学生迈出人生第一步打下坚实的基础。

我和我的一年级新班
——感悟一年级班集体建设

李晨光　北京市朝阳区安慧里中心小学

一个新的班集体，就像白纸上的一滴墨滴，看似简单却有极大的空间可以挖掘。那么，我们应该怎样设计这个墨滴呢？我想，这将决定这幅画是否丰富多彩。所以，在一年级新班建立之初，班集体的建设就开始了。

一、抓住第一次，给孩子传递正能量，促使学生养成好习惯

教育家叶圣陶先生曾说："什么是教育？简单地说就是养成习惯。"所以让孩子们养成习惯就是教育。教育需要从头抓起，从小抓起。万事开头难，头开好了，以后就顺了。习惯养成更是如此，必须抓好头，抓好第一次、第一天、第一周、第一月，一项一项培养孩子的良好习惯。

(一)树立遵守秩序和规则的意识

开学第一天，对于学生们的任何行为，我都会先明确学校的规定，如在楼道行走，要轻声、慢步、靠右行。然后为孩子们演示，怎样做才是正确的。最后让学生跟我一起走了几次。课间，我会在楼道巡视，没有按照规定行走的要么重新走，要么在评比中接受惩罚，而做到的学生也会受到表扬或奖励。

(二)抓好第一周的习惯养成教育

1. "儿歌"辅助

说儿歌,是一年级新生喜欢的活动。我就用儿歌代替枯燥乏味的说教,让学生在说儿歌的过程中,记住要求,以促进良好习惯的养成。为让学生记住听到上课音乐声响了,马上坐好,等待上课的要求,养成习惯,可教说儿歌:"铃声响,静伏案。"为让学生养成上课认真听讲的习惯,可教说儿歌:"上课认真听讲,老师讲话不插嘴,同学讲话不打断。"通过儿歌,寓教于乐,既符合孩子的年龄特征,又使孩子很快掌握了学校常规和课堂常规,在一周的强化训练中,使孩子们从"小园生"逐步地向"小学生"转化。

2. 慢工出细活,精心雕琢

虽然幼儿园也会对孩子提出一些行为要求,但是要求并不具体,导致孩子行为不规范。所以,抓住幼升小后全新的环境,让孩子从思想到行动有一个彻底的改变,离不开老师的悉心指导。

开学第二天,我就意识到需要排队的场合实在太多了,怎样才能让学生做到快、静、齐呢?我是这样做的。先按高矮分男女生排好两队,然后给每一位学生编一个号码,怕他们忘记,又用彩笔在他们的手心写上号码,并且告诉他们,排队时要安静,不能讲话。经过几次练习,在学校升旗和上早操时,基本上能同其他年级学生一样做到快、静,但是整齐方面确实让人头疼,不是挨得近,就是离得远,不是向左看,就是向右望。于是,我专门拿出一节课的时间,进行手把手教练。我先请一组同学的第一个站到讲台上,然后,我请其他同学观察,第二个同学——老师是怎样站到队伍里使队伍整齐的。接着我让学生发言,总结出几步骤:第一步,走到队里伸出胳膊测出一臂距离;第二步,眼睛看前面同学的后脑勺迅速调整位置;第三步,队直了,后脚跟并拢,膝盖绷直,手放裤子两侧。最后,我们一个组一个组地练习。教室里练完后,再到楼道里练习排全班的队伍。眨眼间一节课过去了,经过慢慢雕琢,孩子们的队伍可以排得很整齐了。

俗话说:"慢工出细活。"在孩子养成习惯的关键期,要舍得拿出时间,慢慢地去磨,慢慢地去琢,孩子们才会从一块石头变成璞玉。

3. 持之以恒,严格训练

孩子年龄小,自制力不强,养成一个好习惯不是一天两天的事,需要长期抓。比如,为了培养学生做好课前准备的习惯,每节课我都提前到班上检查学生课前是否按照各学科老师的要求准备好了学习用品，每一节都不放松。为了培养学生举手发言的习惯，不论问题是难是易，我都要求学生知道答案的要先举手，老师请到再说。为了培养学生及时整理书包的习惯，每天放学前我都要求学生整理一遍书包。

孩子进入一个崭新的环境，首先就是对新环境中的人、事、物进行了解，而孩子们的天性是先去了解人、事、物的底线，从而建立自己安全的堡垒。老师在明确要求后，让学生按照要求反复练习，不仅是在强化过程，更是在捍卫自己的立场。所以，持之以恒、严格训练是学生习惯养成的关键。

4. 表扬鼓励，激励行为

我班黑板的一侧有一个评比栏，鲜红的五角星上有孩子期盼的笑脸。学生的点滴成绩都是他获取五角星的基石：上课专心听讲、大胆发言，出操又静又齐，写字端正美观，吃饭不挑食等，只要表现不凡都可以从老师那儿得到一颗或几颗小星星，一个星期后，进行总结评比。

二、渗透健康积极的风气，为形成良好的班级文化打基础

从发展的角度看，一个具有良好文化氛围的班集体会越来越健康，越来越完善，在这个集体中生活的学生才会越来越幸福。

（一）树立小组合作的意识

《托马斯和他的朋友们》是小朋友们耳熟能详的动画片。托马斯和几个伙伴每天都要奔跑在各条铁路线上，他们之间虽然发生了很多不快乐的事情，但他们互相感染，互相帮助，最终，都成功地完成了胖总管的任务，成为大家喜爱的小火车。这个动画片给孩子们展示了团结、正直、宽容、乐观等好的品质。我便把托马斯等6列小火车的名字作为小组的名字。在习惯培养的重要阶段，我用不掉队的小火车激励每个小组的组员不掉队，团结互助。

于是，在一个小组内，每个组员都能为小组增添荣誉。不仅如此，结合学校开展的课程改革的活动，考虑到每班班额不小，老师包班，一年级的简单小组制还可以为建立自主合作探究的模式以及组建学习小组服务。

（二）建立奖罚分明的评比制度

1. 丰富的奖励措施，调动积极性

丰富的奖励措施，满足了现代小学生的心理需求。获胜的前三个小组的

学生可以在以下的奖励中进行选择：

坐在老师的座位上监督同学吃午饭；

做一天老师的小助手；

老师专门给自己的家长打一次表扬电话；

组织同学站队回家；

午饭时放自己带的音乐和大家分享；

一(9)班特制奖状。

2. 自主选择，享受成功的喜悦

以上奖励都是可以自主选择的，避免了统一颁发、固定的奖励模式，激发了学生的兴趣。

3. 专时专用，周周总结

评比的目的是激发学生积极上进的心理，所以评比应该具有连续性，不能让学生感觉有没有都无所谓，所以，班会的时间非常重要，不能随便被占用。开学至今的两次班会，我都以"让老师感动的一幕"为话题，点评每个小组的亮点，能覆盖绝大多数同学，肯定他们的同时再次激发他们的斗志。

(三)班级活动中发掘有潜力的小干部

小干部的选拔应该是有梯队、有目的地开展的。因此，我在小组评比和奖励中，会观察孩子们的能力，避免了凭直觉随便委以重任，当发现孩子能力有限时又临时换将，对孩子的心理感受不负责任。

三、抓住第一次，与家长达成共识、建立信任

家长是班级建设的主力军，因此，我抓住和家长的几个第一次，有层次、有目的地将我的想法和家长们进行沟通，获取彼此的了解和信任。

(一)抓住与家长的第一次相遇

由于父母十分重视孩子入学的第一天，所以报名那天，一般都会陪同孩子来到学校。我抓住时机，和每一位家长进行亲切谈话。在谈话中，我及时了解了一些孩子的信息，哪些孩子是顽皮的，哪些孩子是胆小的，哪些孩子是好学的，以后该怎样开展教育，心里就有了数。同时我也使家长们明白了以后该从哪几方面来配合学校开展家庭教育。

（二）抓住第一次的家长会

学校安排的第一次家长会只有 20 分钟，为了很好地展现我组教师的想法和风采，我特意跟主任要了半小时。家长会前，我们几个组员一起备课，将此次家长会的目标确定为认识老师，了解老师的风格，确定老师的带班思路，知道老师的一些要求。然后我们写了详细的发言稿，试图通过主次分明的内容、严谨的语言，传达我们的想法。简单的课件，突出了重点内容，受到了家长们的好评。

（三）抓住第一次的家委会会议

开学后，我迅速地捕捉着每一个孩子的特点。第二天，所有孩子的名字我能脱口而出。结合我对孩子们的了解，我在开学第一周便开始了对班级文化建设的思考。周三的下午，我便召开了第一次家长委员会会议。整个会议是严肃认真的，历时一个半小时，我重点发言的内容就是结合班级情况和学生年龄特点对展开班级建设的一些想法。具体内容包括精神层面的建设：班规班训、班级公约、班徽班歌的制定；物质层面的建设：后板报，五块阵地（收纳柜上面作为不同方面的作用），环境布置等。听了我的想法，家长们也产生了很多想法，当即对家委会的委员进行了分组，产生了会长、财务小组、文娱小组、班建小组、活动小组。其中一位家长对家委会职责进行了宣讲，对其他家长的职责也进行了明确。开学第二周，家委会各组便开始行动了。

本届一年级班级建设，是对我十多年工作的梳理和考验。千里之行始于足下，班级建设之路上，我将如同那满墙绿得苍郁的爬山虎，一步一个脚印地往上爬！

牵着蜗牛去散步

赵轶慧　北京市海淀区中关村第二小学

在孩子生命的历程中，会经历许多次转折，每一次转折都会给生命留下不同的印记。"成为一年级小学生"是孩子们人生的第一次转折，就像登山，沿路有很多美丽的风景，同时也布满荆棘，如果没有引领者，他们也许会迷失方向，中途放弃。在这个关键时期，老师和家长要携手用博爱精心构筑一条健康成长的阶梯，领着孩子们扎实地迈上每一级台阶，护送他们快乐前行。

一、悉心陪伴，帮"小蜗牛"融入新集体

进入小学之初，孩子们所面临的困难主要是学习适应困难和社会适应困难。影响社会适应的重要因素包括是否具有任务意识与完成任务的能力、是否具有规则意识与遵守规则的能力、是否具有独立意识与独立完成任务的能力、是否具有人际交往能力等。

我遵从孩子身心发展的规律，像扶着初学走路的孩子一样，一步一步悉心指导，陪伴孩子顺利成长。刚入学的孩子来到一个陌生环境，往往会出现焦虑、少语、情绪失控、不想上学等现象，这都是没有安全感的表现。我会耐心地帮助孩子，及时地表扬和鼓励他们，尽快消除他们的不安全感，使他们喜欢学校，接纳老师和同学。天浩是一个行为特殊的孩子，患有艾斯伯格综合症（自闭症）。最初，他无法与人交往，不能正常交流。我想，对于这样的孩子最有效的治疗方

式是理解、支持、同情和宽容。一次，我和学生们玩"拔萝卜"的游戏，他意外地主动要求我"拔"他，于是之后每次玩这个游戏时我总要和他多玩几次。初步的亲近和信任感建立之后，我开始向他提出一些小要求，比如上课时不下座位，不在座位上大喊大叫。渐渐地，他不下座位了，和我单独在一起时能开口说些他感兴趣的话题了，孩子的变化也让家长渐渐消除了顾虑。天浩在班级中越来越快乐，他让我和学生认识了另外一个不同的群体，与他的相处、对他的帮助让我们的心更纯净，更美好。

面对刚刚组建的班集体，面对一年级新入学的孩子，我想，营造一个美好的班级生态环境尤为重要。虽然孩子刚刚上一年级，但我还是在班级中开展了轮流写《美丽日记》的活动。刚学完汉语拼音的孩子，用简单的音节和汉字书写，用清澈的眼睛观察生活，我发现《美丽日记》的内容在慢慢地改变，由开始的只记录自己的生活，到对同学的赞美，对给予自己帮助的同学的感谢，孩子们在读写间受到感染和浸润：劼收拾书包越来越快，他告诉我，他会想办法，下午提前把书装在书包里；源成和悦文合作得特别默契，一个把纸篓倒掉，另一个就会套上新的垃圾袋；出操时，我站在子傲后面，我的动作都是向他学的；青锋课间忙着为同学发本，小小年纪能认识那么多字，真棒；爱君和雨琦为了把黑板擦干净，连蹦带跳的可努力了……

《美丽日记》已成为每天孩子们期待的早间故事，孩子们总是在不经意间变化着，让我十分感动。在班级里营造向上、向善的氛围很重要，希望我们的《美丽日记》继续，更希望孩子们的美丽继续。

二、耐心指导，帮"小蜗牛"建立规则意识

培养一年级孩子们有序做事和专时专用的能力很重要，因为能够自我管理是今后顺利完成学习任务的基础。认真倾听，善于思考，大胆表达，激发对学习的向往，乐学、爱学，这些对于孩子们来说同样是很大的挑战。

第一学期，我制订了详细的学生习惯养成计划，具体到每一天、每一个动作、每一个细节，具体实施计划如下表所示：

时间	培养目标	监控措施
第一周	1. 学会正确的坐姿 2. 学会自己准备学具，物品摆放整齐 3. 养成课下上厕所、喝水的习惯 4. 见到老师主动问好	1. 教师介绍学校有关纪律要求 2. 及时评价、小结，评选"周常规小明星"
第二周	1. 巩固第一周的四项要求 2. 养成认真听老师讲课、同学发言的习惯 3. 在楼里走路轻声、慢步、靠右行	1. 教师介绍学校有关纪律要求 2. 及时评价、小结，评选"周常规小明星"，渗透赏识教育 3. 课上教师及时提醒
第三周	1. 巩固前两周常规成果 2. 养成课上大声发言的习惯 3. 课下与小伙伴交流 4. 课下遵守纪律，不追跑打闹	1. 随堂评价 2. 让学生在班里找到一个好朋友，布置"知心园地"
第四周	巩固第一月的要求	对表现优秀的学生在语音信箱中提出表扬，发家长贺信
第二月	1. 课上做到认真倾听、大声发言、大胆提问 2. 初步养成良好的行为习惯	1. 给表现优秀的学生发喜报 2. 及时给予肯定、指正
第三月	1. "每人一岗"，为集体做好事，树立初步的集体观念 2. 养成良好的行为习惯	1. 给表现优秀的学生发喜报 2. 在班里设"集体树"，好人好事就是硕果
第四月	1. 同学间互相关心、互相帮助 2. 养成良好的行为习惯	1. 给表现优秀的学生发喜报 2. 开展赏识教育
第五月	达到合格小学生的要求	进行学期总结

目标清楚了，及时有效的反馈很重要。在学生入学的第一月，每一天我都会给予学生反馈，给做到的学生发小喜报，每周颁发小奖状，每月给予一个硕果，形成了"天天小喜报、周周小奖状、月月结硕果"的阶段培养方案，帮助学生建立秩序感，培养良好的学习和生活习惯。

三、家校携手，帮"小蜗牛"开阔视野

现在的家长大多只有一个孩子，在教育问题上有的是理想化的好高骛远，

有的是面对现实的手足无措，存在很多困惑，尤其是一年级的学生家长。以往的家校沟通比较单一，或是面对家长的家长会、单独谈话，或是面对孩子的班队会、实践活动，总是将家长和孩子割裂开。我认为家长和学生需要一种从校园走向社会的家校活动，一种在轻松愉悦的氛围下进行的家校活动，一种在自然状态下的、亲近的家校活动。

新接一年级，我面向家长开展了"家长意向调查"，家长反映了孩子对新环境的不安，以及迫切的交往需要。我和热心的家长朋友设计了"七彩蝶园"拓展活动，第一次活动时有的学生胆小一直不敢参与，有的学生半天时间和同学打了两场架，弄得家长非常难堪。低年级的学生不会和他人交往，我们将"学会合作"作为重点，连续组织了几次内容不同的亲子和拓展活动。之后，我们又开展了"天漠植树""太阳村捐赠""与革命老区建立友谊班""去聋哑学校做义工"等公益活动，培养了学生的爱心；还开展了"曹氏传统风筝""太阳能""南极知识""护齿""儿童急救知识""英文戏剧表演"等讲座。这些有意义的家校活动对学生的性格塑造起到了积极的作用。参加家委会活动，能够近距离接触家长和孩子，看到最真实的家庭教育状况，发现家长在教育上的某些问题，在轻松愉悦的氛围中我所提出的建议家长更容易接受和理解，家委会活动成了我与家长沟通交流的新平台。参观麋鹿苑，我忙前跑后地为孩子们拍照；去太阳村，我也带上了自己的孩子，抱着书籍和衣服一起捐赠；孩子们邀请我到海淀公园进行艺术节排练；看到拓展活动中家长们几次违规进入场地帮忙，我婉转地提示家长们的行为破坏了活动秩序，给孩子做了错误的示范，也使拓展的效果大打折扣；看到有的家长总觉得自己的孩子不好，对孩子的鼓励很少，我将活动中孩子收拾杂物、热心帮助同学的表现与她交流，引导她要多发现孩子的优点。

虽然我们班的家校活动开展得丰富多彩，但是我想有生命力和持久力的家校活动不应仅仅靠家长的热情来推动。我在班级中成立了家委会，但社会上对家委会大多贬多于褒，我也有不小的压力。为了让家校活动更加规范，我草拟了班级《家委会工作章程》，明确指出家委会是由热心家长自愿报名，通过全班家长认可评选出的，家委会有五位成员，分管组织策划、活动保障、信息整理工作。在家委会的带动下，越来越多的家长为班级活动献计献策。上学期，我组织家长进行家委会改选，目的是让更多的家长参与其中。每学期初，我都会指导家委会调查家长的需求，围绕学校、班级的教育主题制订一个学期的活动计划，力求每学期都有一个特色活动贯穿始终。

公开透明的程序、真心实意的工作，使家长消除了对家委会的误解，把家委会当成是家长自己的组织。家委会坚持以"献爱心，有责任心，保持公益心和平常心"为宗旨，班级内形成了"人人都是家委会成员，人人都愿出一份力"的氛围，家校活动也有了"每个学期有计划，每次活动有方案"的完整、规范的工作流程。

我和家长在一次次近距离的接触、交流和沟通中互相支持、彼此信任，我们成了教育上的伙伴，共同陪伴在孩子们身边。老师、家长、学校就像互相支撑的三个点，构成了最稳固的三角形，为学生的成长保驾护航。

在孩子第一次人生转折的关键期，班主任是领着孩子向前走的，而家长则是推着孩子向前走的，我们的方向和目标是一致的，但是用力的位置不同。班主任的工作离不开家长的支持与配合。

让好习惯伴随孩子一生

——我和我的一年级新班

王 平 北京市海淀区实验小学

"习惯"这两个字，对我们大家来说再熟悉不过了，它不仅仅影响一个人的工作、生活，而且影响他的一生。下面就谈谈一年级学生习惯的培养问题。

一、行为习惯的培养

法国学者培根曾说："习惯是人生的主宰，人们应该努力地追求好习惯。"行为习惯就像我们身上的指南针，指引着每一个人的行动。对于低年级的小学生来讲，养成良好的行为习惯尤为重要。

一年级学生刚从幼儿园进入小学，学校里的环境对他们来说是陌生的、崭新的，为了适应新环境，他们会碰到许多困难。作为老师，我们应该深入细致地了解学生，分析、研究他们的心理和个性特点，才能有的放矢地进行教育，促使他们养成良好的日常行为习惯。老师可以针对每个学生的实际情况，逐步提出不同的进步要求，采取"小步子，低起点，勤督促"的办法，让学生体会成功的喜悦，激发其进步的信心。

（一）抓住"第一次"，为养成良好行为习惯打好基础

我们深知，孩子年龄小的时候，就像一桶熔化的铁水，可以浇铸成各式各样的形状，在这个时期对孩子进行良好行

为习惯的培养就比较容易成功。入学第一天，我就对学生进行坐、立、行、排队、文明礼貌、上课仪式、课前准备等常规教育，"规范"要求一经提出就要坚定不移，始终贯彻，做到"持之以恒"，并步调一致，绝不能让学生各行其是，更不能让他们觉得你说话不算数。我还按照统一的标准时时提醒学生按要求去做，进行规范化训练，并做好他们的表率，紧紧抓住"第一次"，使他们印象深刻，这样学生就会逐渐养成好的行为习惯，同时坏的行为习惯就会自然而然地得到矫正。记得第一次午休，12点半铃响后学生们回到座位上休息，趴在桌上准备睡觉，我知道他们很想按老师的要求去做，然而很多学生睡不着。他们翻来覆去很不习惯，但比较乖的孩子却一直趴着没有说话，并使劲闭着眼睛。午休结束后，我及时总结，我没有批评多数没睡着的孩子，而是大力表扬了这几个睡觉好的孩子。我天天总结，盖红花、发奖品，渐渐的，10个、15个、20个……越来越多的孩子都能在午休时睡着了，养成了良好的午睡习惯。

(二)榜样示范是培养良好习惯的一种手段

一年级学生十分天真，常会犯一些幼稚的错误，做出幼稚的举动，如上课坐不端正、喜欢随便插话等。刚开始我常跟他们讲规范，后来我发现规范对于他们来说十分抽象，不容易理解，我就结合规范，发挥榜样作用来帮助他们理解规范，树立榜样来影响他们的思想、行为。由于低年级学生倾向于把教师的行为方式作为自己的行为典范，所以我在平时的生活、工作中保持良好心态，注意自己的一言一行，以庄重大方的仪表、和蔼可亲的仪容、彬彬有礼的语言给学生做出示范；在平时的教学工作中，我无微不至地关心每一个学生，要求学生做到的自己首先做到，认真对待学生的建议，为学生创设民主的氛围。这样，学生之间日趋和谐融洽。另外，一年级学生天真好胜、要求进步，他们渴望得到老师的表扬和肯定，所以树立榜样也有利于他们有目的、有方向地向好的行为习惯靠拢。如小朋友刚开始学扫地时，我一同参与，及时表扬爱劳动的小朋友，激发他们的劳动热情。久而久之，他们便能自觉认真地完成值日工作。平时我定期展示做得认真、正确率高的同学的作业，指定一些"小老师"帮助那些作业习惯比较差的同学。低年级儿童的模仿能力很强，教师是他们心目中的偶像，教师良好的言行对学生起着潜移默化的作用。

（三）加强小班干的培养，营造良好的竞争氛围

孔子有句名言："知之者不如好之者，好之者不如乐之者。"任何规范和要求都仅仅是促使学生良好行为习惯养成的外因，激发、培养学生进行自我教育、集体教育才是内因。低年级的孩子最崇拜老师，期望当"小老师""小干部"，因此，老师要给孩子们创造一些自我管理的机会。我在班上设立了许多小班干岗位，如卫生委员、领读员、课间文明督察员、午休管理员等，让每个学生轮流进行角色体验。这些"小干部"的设立，既培养了学生的责任心，又锻炼了学生的能力。我在班级中还引进了激励机制，如"比一比，哪一组常规最好""争当每日一星"，把常规要求落实到每个学生的行动中去。每个学生手中都有一张评比表，纪律、两操、学习用具、作业、午休，哪项表现好我就会在哪项上盖一朵小红花，哪项表现不好我就会写清原因。家长每天都会查看评比表，了解孩子一天在学校的表现并在评比表上签字。对于学生取得的每一点进步，我都及时予以表扬，树立身边的典型，在班级中营造了一种你争我赶的竞争氛围。

（四）规章制度和检查激励相结合

"没有规矩，不成方圆。"有了制度，还要有人检查督促，因为低年级学生的自控能力差，所以并不能完全自觉遵守。经过一段时间的教育训练后，就可以建立值日班长值勤制度，督促学生按要求去做。如把"班规"编成口诀，贴在校园文化墙的一角，让值日班长督促学生按"班规"的要求去做，并根据学生的行为进行加分或减分，每周评比总结一次。对做得好的学生，我在班集体中进行表扬鼓励，对做得不够好的学生加以提醒。除了"语言激励"外，我还根据低年级学生比较喜欢红花、五角星这些物质奖励的特点，在班里搞了"星星闪闪亮""小组循环红旗"等个人的和小组的竞赛活动，对示范小组、先进个人进行奖励。一枚红花、一张笑脸，对孩子们来说似乎都具有了魔力。最调皮的孩子会为了它们站队时站得笔直笔直的；吃饭慢的学生会为了它们不再打闹……其实孩子们并不是对这些小贴片怎么稀罕，而是激励机制充分调动起了他们的好胜心和荣誉感。这样，有了较为完善的检查评比制度和良好的集体舆论，老师对学生的教育训练就能落到实处。

二、学习习惯的培养

（一）读书习惯

由于小学生刚开始识字，识字量不多，往往是指认较多，或是一字一顿地读，或是唱读，因此，为了提高学生的阅读能力，加快阅读速度，以尽早进入快速浏览、阅读的轨道，必须先让学生养成指读的习惯。训练学生不唱读，而是带语调地读。有的学生捧书读时姿势不对，眼睛不是离书本过远就是太近。对此，我提醒学生："我们应怎样读书？"学生齐答："双手捧书，眼离一尺。"这样做，学生易于记忆，心领神会，有利于养成好习惯。

（二）写字习惯

学生的写字习惯是一个特别重要的问题。常见的不正确写字姿势有偏头、侧身、离太近等。针对这些情况，每当学生写字时，我都会提醒："写字必须'三个一'。"学生会齐答："眼离书本一尺，手离笔尖一寸，胸离桌边一拳，千万牢记在心间。"此时，学生会自觉地迅速纠正不正确的姿势，经过多次训练，慢慢养成了正确的写字习惯。

（三）坐姿习惯

小学生正处在身体快速发育成长的阶段，坐姿端正与否，不仅会影响学习效果，而且会影响学生身体的正常发育。要让学生保持正确坐姿并不费事，只需教师在恰当的时机按照约定呼叫："一、二、三！"学生当即会回答："坐端正！"或是教师以某种动作手势予以个别提示，既达到了目的，也不会影响教学的正常进行。

三、让学生的嘴动起来，成为能说会道者

（一）会听

如何让刚入学的孩子的嘴动起来，而且能自信负责地表达自己的观点，做到清楚连贯，不偏离话题？我认为，首先要训练孩子会听讲。

"听"是一个重要的语文学习习惯，是取得外界信息的关键，是学习的基础。没有良好的听的习惯，极有可能对孩子的学习造成障碍。特别对一年级

的小学生而言，已有知识有限，正是应该大量听记、大量输入、大量积累的阶段。事实上，要求学生在课堂上的每一分钟都全神贯注、聚精会神是不可能的。现代心理学已证实，即使是同一个人，不同时期、不同背景下，其注意力保持的时间长短及注意点分布情况也不同。教师只能想方设法利用学生的注意力特点，那种强迫学生集中注意力的做法是徒劳无效的。课堂上很多孩子好动，注意力不集中，喜欢开小差，学习效果很差。特别是一年级考试时，由于很多孩子认字不多，有的完全靠老师读题，孩子必须靠"听"来答卷，因此很可能因为听得不仔细而导致考试成绩不理想。作为一名低年级教师，更应该重视对孩子"听"的习惯的训练、培养。

1. 注重平时，以身作则

在我们的课堂上，教师的注意力往往只集中在那些正在"读、讲、说"的学生身上，而对那些正在"听"的学生却常常忽视。只有把听的任务和权利交给学生，调动每个学生"听"的积极性，才能更好地促进全体学生主动学习。

为此，课上我注意环视周围，了解学生听的情况，发现听得专注的及时表扬，发现听得不认真的及时提醒。我还常有意坐到"听众"中间和他们一起听，让他们明白：听不仅仅是老师的事，而且是师生共同的事。这样长期坚持，提醒、鼓励，学生自然就会对"听"引起重视。老师是孩子们的偶像，老师的一举一动会带给孩子潜移默化的影响。当孩子发言的时候，老师应带头倾听，决不在孩子发言的时候做其他事。在孩子发言的过程中，应留给孩子思考的时间，不打断孩子的回答。对孩子的发言，应给予适当的评价。

2. 细化要求，勤于训练

小学生的智能发展尚处于低级阶段，教育家克鲁普斯卡娅曾说："在大多数情况下，学生完全不会观察，可以这样认为，他们的眼睛不用来看，耳朵不用来听。教师的任务就是教他们学会看、学会听。"对于学生"听"的训练要注意有针对性，切入口不要太大，应从小处练起，循序渐进地分项进行才能取得良好的效果。以往，我们一直要求孩子们认真听，可到底怎样才算认真听？孩子们对此认识模糊，老师应该给孩子提出具体的、可操作的、细化的要求。

（二）会说

1. 多赏识学生，增加学生的自信心

刚入学的第一个月，为了调动学生举手发言的积极性，只要学生举手发言，我就会在评比表"发言"的那一项上给他盖上一朵小红花，学生看到自己得了小红花都非常高兴。第二个月，我对孩子们说："不但要积极发言，还要声音洪亮，并且说完整话才能盖上小红花。"就这样逐步提高了对学生发言的要求。

2. 结合阅读，训练学生说话

课文，是学生学习规范语言的依据。口语交际能力的提高，需在阅读教学中实现。因此，在教学中要尽量把时间让给学生，让学生借助读、借助说把课文语言内化成自己的语言，如描述图画、回答、朗读与背诵、编读故事、复述、表演、讨论等。不同的学习方式，会从不同的方面提高学生的口语表达能力。课堂回答也是一种常用的训练方式，教师可以要求学生想全面、答完整，还可以要求学生谈谈自己的收获、感受等；学习完课文，有些段落可让学生复述或发挥想象进行创造性仿说、续编，加深学生对课文内容的理解，训练学生的想象力、创造力，提高学生的口语表达能力。

经过近一年的训练，我们班的学生养成了良好的行为习惯和学习习惯，这为他们今后的学习打下了良好的基础。多年的班主任经验告诉我，一年级的孩子就像一张白纸，纯洁天真、可塑性强，容易受到外界的影响，只要教师加以合理、正确的引导和训练，孩子很容易形成良好的行为习惯。所以，教师必须抓住时机，循循善诱，使孩子们"好习惯，早养成，益终身"。

一分耕耘，一分收获。日复一日，年复一年，我默默耕耘，对班级持久的爱汇成优美的、激荡人心的交响曲。从幼儿园到小学，看到他们从不会写字到独立完成一篇篇工整的作业，从不敢说话到大声发言，从不懂事的孩子到遵守纪律的小学生，看着他们一天天健康成长，看着他们取得一次又一次小小的胜利，我感到无比欣慰。孩子们长大了，将要升入二年级了，每到这个时候，我的心情久久不能平静。多少次，眼前浮现出一张张天真烂漫的笑脸，多少次，耳边传来一声声稚嫩亲切的问候，多少次，因为不舍而难过，一批批的学生从我的身边离开，我与他们朝夕相处，我走进了孩子们的心灵，他们读懂了我的眼神。

有什么事业比造就人的事业更伟大？人生是花，而爱是花中的蜜，我愿用我的爱在孩子给予我的这张洁白无瑕的纸张上画出最新最美的图画！让好习惯伴随孩子的一生！

浅谈如何带好一年级新生

张红艳　北京市密云县不老屯镇中心小学

俗话说"万事开头难"，对于带好一年级的小学生，很多教师都表现出不自信，他们不知道如何让刚刚从幼儿园毕业的小朋友快速适应小学的学校生活，如何让天真无邪、无拘无束地经常在爸爸妈妈怀里撒娇的小宝贝们规规矩矩地坐在教室里积极主动地进行文化课的学习，如何让孩子自然地实现从幼儿到有一定自主能力、品学兼优、积极向上的小学生的转变。本人自 1997 年参加工作至今，有 8 年时间从事的都是小学一年级班主任工作，积累了一些成功的带班经验和方法，下面就和大家做一些简单交流。

一、加强常规教育，使学生养成良好的学习习惯、行为习惯

"好习惯成就好人生"，养成一个良好的习惯，会让学生终身受益。刚入学的小学生，对于学校的规章制度、日常行为规范、小学生守则等都一概不知，或知之甚少，所以开学初班主任必须花时间、花精力对孩子们进行常规教育，使他们养成如下良好的学习习惯：第一，课前要把下节课要用的学习用具准备好，并放在课桌的左上角；第二，上课要专心听讲，积极动脑，大胆回答问题；第三，课上不许随便说话，发言先举手，得到老师的允许再说；第四，要独立、认真、按时完成作业；第五，读书、写字姿势要正确。同时，还要养成如下良好的行为习惯：第一，课下做有意义的活动，不

追逐打闹，不打架不骂人；第二，会使用礼貌用语，如您好、请、谢谢、对不起……见到老师主动问好；第三，保护环境，不乱扔废弃物，不随地吐痰，爱护花草树木；第四，捡到东西主动交给失主或老师，不随便拿别人的东西。

好习惯不是一节课两节课、一天两天就能形成的，因此我们必须做到以下几点。

(一)多提醒，常抓不懈

学生良好的学习习惯、行为习惯的养成必须贯穿在整个教学管理过程中。因此，作为班主任的我们还要经常利用班会、晨会、课前、课下等一切可以利用的时间对学生进行强化，让每个孩子都清楚怎样做才是正确的，并对出现问题的学生进行晓之以理、动之以情、导之以行的及时教育。

(二)多表扬，促学生主动发展

"好孩子是夸出来的"，孩子的学习习惯、行为习惯的养成还需要教师不断进行激发，而适时适度的表扬则是激发学生学习、行为主观能动性的法宝。例如，有的孩子课间能主动把教室里的纸屑捡起来放到垃圾桶里，我就会当众给予表扬："××真能干，是我们班的环保小卫士。"此后每到课间，教室里就会涌现出很多这样的环保小卫士，教室里越来越整洁。再如，上课回答问题时，××不但口齿清楚声音响亮，而且还特别有条理，我就会说："瞧，××认真听讲，积极思考，不但自己明白还能清楚地讲给大家听，多会学习的孩子呀。"并走到她跟前轻轻地摸摸她的头。其他学生看了很是羡慕，个个把腰板挺得很直，眼睛也闪亮地看着老师，好想下一个得到表扬的就是自己。作为教师，我们不要吝啬自己的表扬、不要小看自己对孩子自然流露出来的爱抚，要知道，你的一句表扬、一个肯定的眼神、一个温柔的抚摸，在孩子眼里要胜过很多贵重的玩具、很多漂亮的衣服，能够激励他们克服困难，扬帆远航。

(三)精心设计教室专栏，让好习惯绽放光彩

为了让良好的学习习惯、行为习惯在孩子心里、头脑里生根发芽，我还巧妙地利用教室的专栏，力争让它们见证孩子的每一步成长、每一次进步。

第一个专栏是"好习惯伴我成长"，内容分为两个层次：第一层是每个孩

子在认真听讲、积极思考、大胆发言、认真书写方面的评价。具体评价方案是：每一方面积攒 4 颗星就能得一面小红旗，积攒两面小红旗就能得一张喜报，两张喜报换一张奖状。第二层是班里 6 个小组分别在早读声音响、课堂作业齐、物品摆放美、个人卫生棒等方面的评价。具体评价方案是：每天由班长负责记录，一周一评，哪个组哪一项星星最多，就奖一面小红旗，月末总评，哪个组小红旗最多就会被评为优秀小组，并将该小组的集体照贴在专栏上，每个组员还会被评为优秀组员发喜报一张并有权力督导其他组员。

第二个专栏是"美丽少年风采展示"，也分为两个层次：第一层展示孩子们在不同阶段的语数优秀作业、各项过关百分试卷。第二层则是孩子在班级中遵守纪律、爱护公物、热爱劳动、自主学习等的典型照片，漂亮的照片边框上标注着自主学习星、文明守纪星、热爱劳动星、积极健身星……

倾心付出换来丰硕回报，在这些专栏日渐丰满、日趋丰富的过程中，孩子们悄然发生了可喜的变化，他们慢慢适应了学校生活，慢慢融入了学习之中，慢慢形成了强大的班级凝聚力。

二、潜心钻研教材教法，努力创设学生喜欢的课堂

一年级小学生受年龄特点的制约，大部分好动，兴趣维持时间短，注意力不能长时间集中，因此为了让他们有效地进行学习，我每天晚上拿出大量时间来钻研教材教法，尽可能根据教学内容创设学生喜欢的情境，制作学生感兴趣的动态课件等让学生乐学爱学，从而提高课堂教学的实效性。

比如，在教学《人民币的认识》这一课时，我创设了学生熟悉的生活情境，我先出示了一个标有价签的毛绒玩具，问："谁能准确读出它的价钱？"学生们纷纷举手。我又问："谁能从这些人民币中选出合适的价钱进行交换？"（事前把各种面值的人民币学具张贴在黑板上）学生们个个聚精会神、仔细地观察着。此环节意在给学生提供一个根据自己生活中的经验来辨认人民币面值的过程。然后我让学生介绍不同的付钱方法，接下来我再教学生如何分辨各种面值的人民币。如此，学生的思维积极性被充分调动了起来，学习的积极性、主动性自然就达到了最高点。

再如，在教学《连加、连减》这一课时，我创设了一个"熊出没"的故事情境来贯穿始终。首先进行连加教学：

师：同学们看过动画片《熊出没》吗？这是谁？这个呢？（课件依次出

示熊大、熊二的图片)你们想不想知道熊大、熊二正在干什么呢？他们正在植树呢，你们看！(课件出示：先植了 5 棵，熊大又植了 2 棵，熊二又植了 1 棵)

　　师：谁来说一说你都看到了什么？

　　师：你看他把这幅图的意思说得多清楚呀！谁再来说一说这幅图是什么意思？

　　师：请你静静思考一下，能根据这些信息提出一个数学问题吗？

然后是连减教学：

　　师：同学们，这是谁？(出示光头强的图片)熊大、熊二辛辛苦苦栽的树呀，不料被光头强发现了，你们猜会发生什么事情？快来看看！(课件演示)

　　师：熊大、熊二一共栽了几棵树？仔细观察，你又看到了什么？谁能用自己的话来说一说这幅图是什么意思？

最后在练习教学中，我又创设了帮助小动物们解决问题的情境：

　　熊大、熊二和其他小动物们一看辛辛苦苦栽的树被光头强砍了，心里非常着急，于是便派代表找光头强谈判，光头强提了一个条件，只要它们三个每人回答一个问题，就从此不再砍树，你们愿意帮助熊大、熊二和小松鼠吗？

　　由于问题提出得有情节、有意境，能引起学生的兴趣，所以自始至终学生们都在争先恐后地发表自己的见解、努力展示自己，整个课堂气氛宽松、愉悦，学生的学习效果也达到了理想状态。

三、关爱学生，友善家长，发挥家校合力

　　作为山区寄宿小学的一年级班主任，面临着很多现实的问题，比如孩子小又要住宿，遇到感冒或者鼻炎类的病症时，家长往往怕耽误孩子学习而不愿请假带孩子去医院看病，只是给孩子带上开好的药，然后嘱咐孩子按时吃。但孩子毕竟太小，经常吃了上顿忘了下顿，造成药效跟不上，迟迟不能痊愈。于是我从关心孩子的角度出发，主动给家长打电话问孩子吃药的时间及用量，

然后按时按点提醒孩子吃药，即使有时上午第四节课是科任课我也会走很远的路再次来到教室进行提醒。孩子太小了，我觉得这时的老师必须要像妈妈一样照顾他们。当家长看到这么小的孩子在班主任老师的精心照顾下很快又能健康快乐地学习了，心里除了感激，剩下的就是全力支持、配合老师的教育教学工作了。

教育需要真诚，教育需要付出。就是这样不分分内与分外，不计较个人得失地与家长打交道，使我赢得了与家长的友好关系。在工作中我的教学成绩之所以一直很出色，和家长的大力配合与支持是绝对分不开的。

以上是我这些年带一年级新生积累的成功经验和方法，希望能够带给大家一些帮助。

我教一年级"小豆包"

庞　军　北京市第二实验小学

　　2015 年 9 月，我又一次光荣地担任了一年级的班主任。细细数来，这已经是我 22 年的教育生涯中第八次迎接一年级的"小豆包"了，其中的辛苦自不必言说，相信每一位担任过一年级班主任的老师都能够深深地体会到。但是，每当看到"小豆包"们那一张张天真的笑脸，听到他们一声声稚气的呼唤时，所有的辛苦都会烟消云散，心中充满着快乐与幸福。

　　刚上学的孩子对新环境、新生活充满好奇和期待，同时也会有不适应、紧张甚至畏惧，这些都是正常的。我们该怎样帮助这些"小豆包"尽快地适应新环境，更好地融入新集体，顺利地完成幼小衔接，迈好他们学业生涯的第一步呢？我想作为一年级班主任，首要的工作是要让每一个孩子喜欢上学，尽快建立一个温暖、团结、有凝聚力的班集体。

一、抓住细节，让学生喜欢

　　从走进校门的第一天起，就要让这些"小豆包"喜欢学校、教室，喜欢老师、同学，喜欢课程、书本……喜欢他们所面对的一切。作为一年级班主任，我们的工作要事无巨细，抓住每一个细节，迅速让孩子们爱上上学。

(一)让"第一次"吸引学生

1. 第一次见面

在开学之前，班主任都会给学生家长打电话，对学生情况进行一个初步的了解。通过与家长的简短交谈，我会简单勾勒出孩子的大致特征，为第一次见面做好准备。当第一次见面时，我会用灿烂的微笑迎接他们，摸一摸每个孩子的小脑袋，拉一拉每个孩子的小手，猜一猜每个孩子的名字，听一听每个孩子向老师问好的声音。因为我要通过每个孩子的反应来初步判断这些孩子的性格特点，是活泼好动，还是沉稳安静；是开朗热情，还是害羞腼腆……我会带他们熟悉校园和教室环境，告诉他们从今天起，这里就是我们的新"家"；我会告诉他们我就是他们的班主任，也是他们在学校里的妈妈，在学校里发生的任何事情都可以告诉我，遇到任何困难我都可以帮助他们；我会教给他们正确的坐姿、站姿及走路的姿势；我会鼓励他们认识新同桌、新朋友……

第一次的见面虽然时间很短，但是只要有计划、有目的、有意识，就一定会让这"第一次"深深地吸引住学生，让他们对所看到的、听到的、感受到的一切充满兴趣，对老师产生依赖，对新生活有了憧憬。

2. 第一次上课

在小学，班主任都是任课老师，我们完全可以用我们的专业素养和个人魅力让学生们喜欢课堂，喜欢老师。第一节语文课上，我会带领学生在奇妙的语文世界遨游，兴奋地浏览语文书，从封面到目录，从单元主题到课文内容，从丁丁冬冬到"金钥匙"，让学生对语文书有个初步的认识和了解，让学生第一次手捧语文书时，就对这门功课产生兴趣。除了认识语文书之外，我还会告诉学生学习语文就是要学习听、说、读、写，要调动自己所有的感官去听、去看、去做、去体验、去感受，才会学有所获。精美的语文书、丰富的内容，再加上老师绘声绘色的讲解、引人入胜的朗读，一下子就抓住了孩子们的心，他们在佩服老师的同时会下决心学好语文。

3. 第一次课间活动

爱玩是孩子的天性，他们会在游戏中找到许多快乐。班主任老师要有一颗童心，要和孩子们一起做游戏、一起跳绳、一起踢毽子。从第一个课间开始，班主任就要出现在操场上。我们会和学生手拉手地玩"吃毛桃""木头人"的游戏，会扮演"母鸡妈妈"带着一群"小鸡"灵巧地躲避"老鹰"的袭击，还会使劲地抢起长跳绳，教给孩子们跳"8字"的方法和技巧。这时的老师是学生的玩伴、学生的密友。尤其是当孩子们看到自己的老师优美地转着呼啦圈、娴熟地踢着毽子、快乐地挥动着球拍时，他们不仅会眼中闪烁着崇拜的目光，而且会很快和老师亲热起来。

(二)让"每一次"拉近距离

当然,仅仅有第一次还远远不够,在之后的每一次都要这样做,还要做得更加深入,更加全面。比如,看见女孩子们上完体育课后头发乱了,我会帮她们梳头;冬天上操时看见孩子的腰露在外面,我会帮他们把衣服塞进裤子里;我给他们擦鼻涕、系鞋带;我帮他们抹药、洗脏衣服……类似的事情还有很多很多。通过这些小事,我要让他们感受到我就是学校里的妈妈。每一个早晨,我会在教室里微笑着迎接他们,和他们互致问候;每一次早读,我会把《弟子规》、古诗词中某一句话的意思娓娓道来;每一节语文课上,我会把一首小诗歌、一个故事声情并茂地读给他们听;每一个课间,我会和他们一起游戏、一起活动……就是这样一个个美好的瞬间,让孩子们很快就喜欢上了学校、喜欢上了老师、喜欢上了上学。

二、建立集体,让众心凝聚

要想集体强大、优秀,首先要有凝聚力,就是所有人要"心往一处想,劲儿往一处使",这里面包括学生、老师,同样也包括家长。其次是学生在这个集体中能够感受到温暖,高兴时有人和他分享快乐,伤心时有人和他分担忧愁,40个同学就是40个兄弟姐妹,是相亲相爱的一家人。

怎样才能建立一个有凝聚力、让人感到温暖的集体呢?一年级的班主任要有一双慧眼、一份细心,把各种活动和突发事件作为教育契机,将育人进行到底。

(一)活动育人

"在活动中体验,在活动中育人"是我们学校的育人理念,也就是在学校、年级、班级开展的各种活动中培养孩子的品行、习惯,这是非常有效的一个教育手段。比如,学校有一个评选"三星班集体"的活动,以周为评比周期,对每个班方方面面的情况进行评价,然后颁发星级奖状。可以说,这样的一项评比活动对于刚刚组建的集体来说,就是一个绝好的培养学生集体荣誉感和责任感、树立良好班风的有效途径。

结合这项活动,从班级第一次获得"三星班集体"开始,我每次都会带领孩子们总结上一周的情况、每个人的表现。获得"三星班集体"时要总结,要表扬，要再接再厉；没有得到时要及时反思，大家一起讨论，找原因，想办法。在这样的过程中，集体意识逐渐建立起来，每个孩子都明白了自己是班级中的一员，自己的表现不仅仅代表自己，还代表整个集体。比如"迟到"这个现象一直是影响我们获得"三星班集体"称号的"拦路虎"，因为评比中规定只要有一个学生在一周中的任何一天早晨迟到了，那么这个集体就会被减去一颗星，就会失去"三星班集体"的奖状。我们班曾经有好几周都是因为个别学生迟到被扣去一颗星。面对这样的结果，孩子们沮丧极了。看到孩子们的失落，看到迟到现象屡禁不止，我就组织孩子们讨论："有些同学为什么会迟到？怎么做就会不迟到？"孩子们发言很踊跃，有的说"早晨不能赖床"，有的说"吃早饭要迅速"，还有的说"早出来5分钟就行"。其中有个孩子说的话让我记忆深刻。他说："早晨我也特别不愿意起床，穿衣服的时候还跟妈妈说呢：'要不是迟到会给班级扣分，我真的就不想起床了！'"我们从这天真而又令人感动的话语中看到了"集体"在这个孩子心中的分量！听到这些发言，我顺势引导："可能有些同学原来根本没有想到，因为自己的赖床、自己的磨蹭、自己晚出来一会儿就会给班级扣分，就会让所有的同学伤心，这次你们一定知道了吧？那么你不赖床了，不磨蹭了，不迟到了，就是心中有集体，心中有他人了，就是为集体争光了，我们的集体才会更加优秀。"

这样的讨论交流，这样的校规校纪，这样的评比活动，使孩子们逐渐辨别了是非，建立了规则意识，不再以自我为中心，而是开始为别人着想、为集体着想了。

（二）突发事件育人

在我们平时的教育教学工作中，总会出现很多这样、那样让人始料未及的事情。作为班主任，我们如果能够抓住这些突发事件作为教育契机，有时会收到事半功倍的教育效果。

记得去年我们班的一个小姑娘在家玩耍时不慎将面部摔伤，满脸都是青一块紫一块的，还有局部水肿。爱漂亮的小姑娘觉得自己这个样子太难看了，生怕同学们会笑话她，死活都不愿意上学。我在她没到校的那一天，向全班的孩子介绍了她的情况，还读了一篇课文《苏珊的帽子》给大家以启示，我们要一起想办法避免让她来到学校后产生自卑情绪。比如我们不要盯着她受伤的脸看，不要总追问受伤的原因，要像原来一样跟她一起玩、一起聊天等。我还动员孩子们给她做卡片，写上祝福的话，通过微信发给她。最令人感动的是，孩子们回家跟自己的爸爸妈妈也说了这件事情，家长们纷纷在微信群中表达问候，浓浓的爱在所有人的心中荡漾。这一切都让小姑娘备受感动，也鼓起了勇气，第二天就来到学校上课，而且很快就消除了顾虑，灿烂幸福的微笑遮盖了所有的伤疤。通过这件事情，孩子们学会了尊重和关心别人，学会了爱别人，而且这件事情也让班集体更有凝聚力了。

平时，我总跟孩子们说，你们就是一家人，就是兄弟姐妹，要在这个温暖的家中生活六年，度过最美好、最宝贵的小学生活，我们必须手牵手、心连心、彼此爱护、彼此关心。这样的熏陶和教育，使孩子们在体验爱的同时学会了传播爱、付出爱，使孩子们相处融洽，使班集体就像个快乐的大家庭，和谐团结、具有良好班风的班集体迅速建立起来。

总之，作为一年级的班主任，我们的任务十分重要和光荣。"感人心者，莫先乎情"。我相信，只要我们用满腔的爱去关心每一个学生、尊重每一个学生、指导每一个学生，和风细雨，定然会润物无声。

家校沟通，从"真诚"开始

——小学一年级家校沟通策略

王　静　北京市西城区师范学校附属小学

每天早晨，在学校的大门前，总会看到家长们用一种企盼的眼神目送孩子进入校园，有的家长还会趴在铁围栏前，看着孩子进入教学楼，直到通过窗户看到孩子坐在自己的位置上才恋恋不舍地离开；有的甚至会用高倍望远镜在学校附近的高楼上看孩子的表现……通过观察发现，这样的家长大多是一年级家长，尤其是在 9 月的入学初。仔细一想，不难理解家长的心情：孩子在新的环境能适应吗？他会害怕吗？不会走错了教室吧？教室里热不热？今天穿得多还是少？……

记得我家孩子上幼儿园的第一天，我的忐忑之情不亚于小学校门外的一年级家长，可当幼儿园老师用彩信发来一张孩子开心玩积木的照片时，内心顿感欣慰，担忧马上就消散了。这张小小的照片一直在我的手机中存放着，因为它给了我作为一年级班主任以启发——如何与新生家长沟通。

一、展示学校生活，消除家长顾虑

作为一年级的班主任，首先要认可热情而焦虑的家长们，其次要真正了解他们的所需。虽然知道孩子早晚要独自面对一切，但孩子人生中很多的"第一次"家长们还是不想错过。尤其是上小学这样的"人生大事"，家长们更觉得自己不能缺席了。可是学校不能时时向他们开放。于是，当家长们对孩子的学校生活不了解时，困惑就会很多，问题就会产生。了解到家长们的这种需求，我便成了孩子们成长过程中的见证者和记录者。

9月1日，我会用相机记录下孩子背着新书包，穿着新衣服，带着懵懂、好奇的眼神走进教室的那一瞬间。40多个孩子，40多种神情，都凝固在那一张张照片里，让每个家长都能看到自己孩子进入"教室"这个神圣的知识殿堂的瞬间。下午，家长们就能在班级空间里看到自己的孩子了：在讲台上介绍自己、翻看新书、参观校园、和新同学交流……很多家长写下了真挚的感言：谢谢老师帮我们捕捉了孩子成长的瞬间！老师，您让我没有缺席孩子迈出的人生第一步……

看着家长们的留言，看着一张张稚嫩的小脸，我也受到感染，从而真正成了一名拍客。第一次升国旗、第一次上操、第一次午餐、第一次课外活动、第一次体检、第一次查牙……无数的"第一次"，展示了孩子们的学校生活，让孩子们因看到自己的成长而开心，让家长们因了解孩子在校的生活而放心。

二、积极沟通交流，取得家长信任

高速发展的信息技术，为我们的家校沟通提供了很多便利，校讯通、飞信、QQ、微信都成了我与家长沟通的平台。

我们一般在7月初接到一个新班，每每此时，我总会先细细地看儿遍孩子的名字，想象他们的样子，猜测他们的性格，对他们充满无限的期待。然后，我就会编一段"肉麻"的短信发给家长，去年是这样写的："尊敬的家长您好，我是××，非常荣幸能成为一年级×班的班主任。从今天起，我就要和您一起陪同咱孩子踏上人生重要的旅程。请您相信，这路上有我的爱心、耐心、细心和真诚之心，同时我也相信，有您的信心、耐心、热心及平和之心，我们会一起努力，让咱们的孩子拥有低头奋斗的智慧、抬头看天的情怀！"这条短信展示出了我的工作态度，也反映出了我对家长和孩子的期许。短信得到了很多家长的认可，有的家长特别感慨于我对孩子的培养目标"低头奋斗的智慧、抬头看天的情怀"。

随后，我会把开学前的准备工作都细细列给家长，并放在班级公邮里，还会附上一些照片，供家长参考。我还结合自己的经验，写了《新生家长"五学"》送给家长。

"一学"——心平气和

孩子们即将成为一年级的小学生，相信您也和孩子一样：新鲜并焦虑着。我们深知您和家人都对孩子寄予了无限的希望，但初为小学生家长的您，首先要学会"平和"。因为不了解，才会感觉新鲜、焦虑，此时您与学校老师、与孩子的沟通，就成了必要的手段。相信您能善于沟通，善于排解自身和孩子的压力，让孩子快快乐乐地度过这段"令人煎熬"的日子，让他也学会"平和"。

"二学"——斗智斗勇

家长永远是孩子的家长，怎么理解这个"长"？相对孩子来说，家长的年龄"长"，身高"长"，经验"长"，最重要的是智慧"长"。说这些"长"，并不是让我们"以长欺小"，而是让您学会用自己的智慧与经验来培养孩子，您应该想办法"管住"您的孩子。很多家长抱怨："我管不了我们家孩子！"其实，这是托词。您不是管不了，而是您没有找到合适的方法。一位很有心的家长曾说："自从我家孩子出生，我就决定要和她斗智斗勇了。"这是什么话啊？孩子又不是敌人，还斗智斗勇？呵呵，其实真是这样的呢！孩子一出现问题，我们就得想办法来解决。

"三学"——不断学习

如何与您的孩子"斗智斗勇"呢？这需要您"不断学习"。孩子小的时候，我们在体力上付出的要多一些，随着孩子年龄的增长，我们家长也需要积累更多的经验，来"对付"孩子。这就需要您不断学习，从网络、书籍、其他家长那里都可以学到很多好的经验。但是，您一定要注意，每个孩子都是世界上独一无二的，教育方法要因人而异，决不可打灯笼搬石头——照办（照搬）。所有的教育方法都有其通用性，但如何使用才能让孩子受益？这就需要您根据自己孩子的实际情况，把握好教育的时机，进行灵活处理。

"四学"——坚持原则

在教育孩子的时候，一定要坚持原则。有的孩子做事情没有分寸，任意妄为，其实都源于我们没有跟他们讲好原则。对于孩子的学习、为人处事，我们要提前跟孩子讲好原则，让他明白，违背原则会有什么样的后果。从小坚持原则的孩子，会很有主见，为人处世都会很得体。

"五学"——以身作则

孩子是家长和家庭的一面镜子，从孩子身上能看出家长的素质、家庭的氛围。所以，"以身作则"是我们教育孩子最基本的一点。子曰："其身正，不令而行；其身不正，虽令不从。"如果您自己很多时候都做不好，勿怪孩子做不好。

接着，我就会开始漫长的家访工作。家访的目的就是了解家长的教育理念，了解孩子的学前教育情况，了解孩子的成长环境，提出学校的教育理念，尽量让学校和家长的理念达成一致，或有机结合，为以后的工作做好铺垫。一个暑假，我要做完班级近三分之二的家庭的家访工作，这样才能更好地建设我的新班。

现在这个班中有个孩子的名字叫心蕊，我就仔细琢磨着，她的爸爸妈妈多爱她啊，给了孩子4颗心，是哪些"心"呢？爱心、恒心、孝心、信心？在后来的家访中，我与孩子和家长聊起名字来，妈妈道出了其中的含义：老来得女的他们特别希望孩子能无忧无虑地长大，不受任何约束，永远是他们心目中可人的小花蕊。所以，从小到大，孩子几乎没有体验过幼儿园的集体生活，基本上是随家长在世界各地玩耍。听了孩子妈妈的话，对他们的教育理念有了一定的认识，我马上意识到这是一对不懂孩子的父母，他们想让孩子轻轻松松地度过童年时光，却不知错过集体生活的孩子，以后面临的挫折可能更大；他们没有给孩子任何的学前教育，就预示着孩子开学后要付出更多的努力，甚至面临自信心的丧失。所以，在随后的交谈中，我坦诚地与他们交流了我的想法：孩子的成长过程中没有困难是不可能的，家长不可能永远是孩子的保护伞，她总有一天要独立生活。而上小学就是孩子的一个全新的开始，希望家长能用平常心来看待孩子的成长，让她在困难中学会坚强。

我知道家长多年的教育理念不是一次家访就能改变的，但我很庆幸在开学前就了解了情况。这样，在以后的教育过程中，我就会慢慢引导他们改变自己的教育理念，让他们知道孩子在获得自信心的基础上才有可能无忧无虑。果不其然，孩子开学后的表现非常令人担心，因为没有集体生活的基础，动手能力、交往能力都与别的孩子有差距。于是我再次与家长沟通，指出了一些方法。家长看到自己的孩子受到了委屈，也很难受，出于无奈就接受了我的指导方法，让孩子从练习整理开始，学会做事，主动与小区同学交往，获得友谊。慢慢地，孩子变了，笑脸多了，动手能力强了，爸爸妈妈这才领悟：不是我给了她最好的，她都能适应。

在家访的过程中，我了解到各种各样的故事：独立自信的单亲妈妈，幸福安逸的四世同堂，艰难求学的励志经历，体弱多病的成长过程……走近一个个不同的家庭，感受一个个不同的孩子，油然间生出了对学生、家长、生命的一种敬畏之情，心中不停地说：每个孩子都是不同的故事，一定要好好地撰写啊！当然，家访还传播了我的教育理念，吸收了更多的信息、资源，但更多的是得到了家长们对老师的信任，这为新班的建设做好了充分的准备。

三、创造各种机会，赢得家长支持

所谓"真心换真心"，与新班家长的沟通也是这样的。因为你的一言一行他们都知道，他们理解了，就会支持你。

今年的合唱节，我们班表演改编后的《我爱我家》，还编了全体学生的动作，因为时间比较紧，一年级的孩子要想把动作做好，还真不容易。于是我找了两个做得好的学生，录像，上传到公邮，请家长督促孩子练习。当时也就是抱着试一试的心态，没想到周一上学大家一做动作，令我大吃一惊！非常整齐，连方向都没有反的。放学时，一个家长问："老师，我们孩子做得怎么样？周末我拉着他练了好几遍……"每每听到这些话，内心总是会起波澜，多么可爱的家长啊！

其实，与家长沟通只需要"真诚"二字，因为我们每天都会出现在他们面前。心存敬畏，诚心付出，收获的不仅仅是家长的理解与支持，还有作为教师的一份尊严。家校沟通，就从"真诚"开始！

爱我你就抱抱我

董凯歌　山东省临邑师范附属小学

时光如梭，在依依不舍中又送走了一批孩子。当看到孩子们成长为一个个充满智慧的少年，像一只只小鹰展开了飞翔的翅膀时，我的心中便充满了感动。今年，我又要接一年级了。每次接手新班级，尤其是新生报到的第一天，我都会觉得这是一个特别神圣的时刻，因为入学是孩子一生当中一件特别有意义的事情，也是人生的一个重要转折点；更因为这一次的见面，将是我和孩子们彼此内心留下最深印象的时刻，会对我们今后的信任和沟通起到至关重要的作用，所以我总是会提前精心设计一番。

开学前的两天，我会来到学校，把教室装扮得既温馨又整洁：桌椅擦得干干净净、摆放得整整齐齐，窗台上摆了一排漂亮的小花，墙上的班级文化也粘贴完毕。环顾四周，十分满意，就等着学生们来报到啦！

9月1日清晨，我早早地来到学校，打开教室门，拿出报到表，翘首企盼着。一会儿工夫，校园里的人就多了起来，我也开始了忙碌的工作：迎接每一位学生，帮助他们在报到手册上做标记。孩子们有的喜笑颜开、精神抖擞，有的紧张不安、皱着眉头，不管什么状态的孩子，我都一一向他们点头微笑打招呼。

眼见还差两三个学生，突然从走廊传来了一阵撕心裂肺的哭声："不——啊——我不去——啊——"我连忙放下手中的笔，快步走到走廊，只见一个穿着红裙子、扎着羊角辫的女孩，半蹲在地上，满脸是泪，被一个年轻的妈妈使劲拖拽着朝我的教室走来。我小跑过去，问："是来一年级（1）班报到的同学吗？"

"是啊，您是（1）班的老师吗？"年轻妈妈满头大汗、气喘吁吁地问。

"对，快到教室来吧！"我用手托住孩子的腋窝说。

"不，我不去，我讨厌上学，讨厌老师！"小女孩尖声说。

每次接新班，都会遇到一两个不愿意上学的孩子，可是这样明目张胆地说讨厌老师的却不多。看来这是我在新班里遇到的第一个"小刺猬"。根据我的经验，越是这样的孩子越聪明，情感越丰富，倘若能把她的心扉打开，那将是一片充满红花绿草、五彩缤纷的世界。

"老师，对不起，这孩子太不懂事了！"年轻妈妈一脸尴尬地向我道歉。

"没关系，走吧，孩子！"我拉起了孩子的小手。

"不，我不去！"小女孩噘起小嘴倔强地说。

就在我有点不知所措的时候，一条妙计浮上心头，我说道："这样吧，让我猜猜你的名字，还有你家住在哪里，包括你喜欢的颜色、爱吃的水果。如果我猜对了，你就让我抱抱你，然后和我去教室；如果我猜错了，就让妈妈带你回家！好吗？"

只见小女孩眉毛一挑，嘴角一翘，来了兴趣："好哇！说话算数？"

"当然喽！老师说话肯定算数！"我轻快地回答。

"你叫李晓轩，住在广场小区，最喜欢粉色！最爱吃芒果！对不对？"

在她半张着的小嘴和惊诧的表情中，我将她揽在了怀里，然后拉着她的小手走进了教室。她一边走还一边不停地问我："老师，你怎么知道的？你怎么知道的？""因为老师喜欢你啊！"我摸着她的小脑袋说。听了我的话，一抹红晕浮上了她的脸颊。

呵呵，可爱的孩子，你可知道，为了在开学的时候能给你们一个惊喜，老师早就利用暑假时间从幼儿园查过你们的小档案了，并且已通过照片牢牢地记住了你们每个人的名字！

报到结束了，家长们陆续离开，我在教室里开始了和孩子们的第一次见面会。刚刚还叽叽喳喳的孩子们突然离开了爸爸妈妈、爷爷奶奶，看我的眼神都有些怯怯的，像一只离开父母翅膀庇佑的小鹰，显得不知所措。

往年接新生，我都会让孩子们做自我介绍，然后讲一些班规纪律，可今天看着这些胆怯的小宝宝，我要再加上一个重要的项目。于是我温柔地对孩子们说："下面我们要进行一个小活动，名字叫'爱我你就抱抱我'！"听了我的话，孩子们面面相觑，"如果你爱老师，就请你走到讲台上来抱抱老师！现在开始！"听了我的话，孩子们有的笑了，有的害羞地低下了头。这时，几个活泼、大胆的孩子走了过来，我张开双臂一一拥抱了他们，并且在他们耳边悄悄地说："你真棒！老师喜欢你！"在这几个孩子的带领下，大家陆陆续续地走到讲台上拥抱了我。我对每个孩子都说了一句鼓励和欣赏的话，并且仔细观察了孩子们的表情，他们走过来的时候有些拘谨，眼中带着一丝防备，可走下讲台的时候，眼里却闪耀出了兴奋自豪的光芒！在我鼓励的目光中，晓轩也走到了讲台上，主动过来拥抱了我，小声在我耳边说："老师，对不起！"我高兴地在她的脸蛋上亲了一下，对她说："你真棒！你是个懂事的孩子！老师越来越喜欢你了！"

活动进行到了尾声，还有三四个孩子迟迟不敢走上讲台。见此情景，我站起身来向他们走去，热情地拥抱了他们，并对他们说："老师还有一句话是'爱你我就抱抱你'！"听了我的话，孩子们都笑出声来，胖胖的男孩岩泽说："老师，你真好！"

第一天的师生见面会在我们欢快的笑声和真诚的拥抱中结束了，放学时孩子们排着队和我高声喊着："老师，下午见！"我看着一个个背着小书包的孩子，心中激动不已，感慨万千：亲爱的孩子们，在你们懵懂的年龄里、成长的岁月中、心灵敏感的特殊时期，老师会用最深沉的母爱来拥抱你们，会用最欣赏的目光看待你们，会用最真诚的语言鼓励你们，你们未来的道路一定会充满快乐、光明！一只只可爱的小雏鹰，从今天开始，起飞喽！

我的第一拨孩子

孙　莹　北京市东城区雍和宫小学

一年级(4)班是我们家的名字。还记得新生培训时，那是我第一次见到他们，一张张稚嫩的脸庞，一双双会说话的眼睛，一声声参差不齐的"老师好"，把我的心都融化了，觉得他们太可爱了，同时我内心也在打鼓：到底能不能带好他们？我们的故事拉开了序幕。

一、初来乍到——我的担忧

我大学刚刚毕业，从来没有当过老师，更没有担任过班主任。我实习时，见过好的班级，也见过差的班级，就怕有一天把孩子们给耽误了，心理负担很大，有次还被噩梦惊醒：第一个星期，我的课没有开多少，和别的老师差了一大截；课间别的班的孩子都能排队上厕所，而我们班的学生却不能；上操的时候，我们班和别的班形成了鲜明对比，总是松松散散，不管我怎么声嘶力竭地大喊，大家就是达不到我预想的状态。当时就把自己喊醒了："这样可不行!"起床后，我就跑去向当高中老师的姐姐取经，她告诉我："高中生和一年级的小朋友还不同，高中生自理能力、习惯等都已经培养好了，主抓的是教学。而一年级的孩子小，自控力、自理能力、自律能力都差，我建议你开学初先给他们立规矩，把行为习惯培养好……"从姐姐家出来，心情好多了。在那个假期，上网、看书成了我的必修课。

二、新手上路——我的责任

终于开学了，我胸有成竹地来到学校。然而第一天我就铩羽而归，还把自己弄得筋疲力尽。之前了解的那些全都不管用，6岁的孩子，事儿还真不是一般的多："老师，我要上厕所！""老师，他打我！""老师，我肚子疼！""老师，这样对吗？"……

终于熬到周五下班了，办公室里空无一人，我坐在椅子上，心情低落到了谷底。半小时之后，一个声音出现在我的脑海："不能这样下去，会耽误孩子的！"我总结了这一周来孩子们出现的状况，比如上厕所：张某胆子小，上课时想去厕所却不敢和老师说，结果尿裤子了；李某在去厕所的路上跌倒了；快上课了，还有学生陆陆续续地去上厕所，等等。

总结过后，我尽力回想其他班主任的做法，结合自己总结的状况，摸索出了一套适合自己班级的管理制度。第一节班会主题就是"制度"。我让学生们自己完善，要有奖有惩，做得好就奖励小贴画，粘在记事本上回家给父母看，做得不好则扣除小贴画，每个月会评出得贴画最多的学生，给予更大的奖励。

三、我爱我家——我与孩子们的磨合

规矩制定好后就马上执行。根据大家的表现，我选出临时班干部，让他们帮助老师管理。这些班干部全部都是临时委任的，如果谁表现不好，就要让给其他表现好的同学。因此，每个人都是有机会当班干部的。根据上课坐姿我还编了顺口溜或是小儿歌提醒，比如上课铃声响：铃声响，请坐好，铃声停，身正腰挺手背后。写字姿势：头正、肩平、背直、腰挺、脚放平，眼离书本一尺，胸离桌面一拳，手离笔尖一寸。还有握笔姿势，等等。刚开始要求他们不厌其烦地说儿歌，自我提醒；后来我一说，他们马上就会意识到自己的不足，并立即进行调整。当上课纪律很差时，我说："一二三！"学生们就会意识到班里乱，会自觉地说"请坐好"，并把手背后。每节课选坐姿小标兵、纪律小标兵、回答问题小标兵等，并给予小贴画。针对课间问题，我的规定是：下课不能贪玩，要把下一节课要用的书摆放好，每个课间小组长都会检查。上课不可以去厕所，给一个月时间适应，如果真是闹肚子了，一定要举手和老师说。每次下课铃声一响，我就会到班里去，进班第一句话是"书本摆好了吗？谁想去厕所？打水门口排队。"我会选出站姿好的同学当临时队长，监督并管理上厕所的学生，回来之后我会让小队长报告：谁跑了，谁没有靠右行，谁大声喧哗了。执行惩罚制度，如扣除小贴画。利用每天午饭后的时间，给大家做安全教育；根据天气变化，让他们及时增减衣服；要求他们放学后一定要拉着父母的手跟老师说再见，不能跟陌生人说话，等等。

过了一段时间，我又发现了新问题——孩子们在吃午饭的时候，经常没有做到光盘行动，还有的学生二次打饭后，刚吃几口就不吃了。为此，我意识到可能和我的习惯有关系，老师是孩子的榜样，老师的一言一行都在时时刻刻影响着孩子。从那次起，我每天跟孩子们一起吃饭，每次都会吃得干干净净，并且在学生中选出"光盘小天使"给予奖励。

四、言传身教——家校合作很重要

在这期间，我感悟最深的就是家校合作很重要。我把孩子每天在校的表现在放学时与家长进行沟通；学校布置的每个任务（比如交回执），我都会以短信方式告诉家长提醒孩子，并呼吁家长，孩子在家时要做好自己那一半的工作，家校互相配合，以达到双赢的局面。

刚刚进入教师行业的我，还有许多工作需要学习，例如：如何建造一个团结的班集体？如何批评学生？怎样才能令学生虚心接受批评？如何凝造班级良好的学习氛围？……我会针对自己的不足之处继续反思。

在这里我要感谢学校给予我这么大的信任，感谢同事们毫不吝啬地给予我指点与帮助，感谢学生家长给予我工作上的支持。我相信，我的第一拨孩子能为我的这段教师之旅，扬起最好的风帆！

一年级倾听习惯培养之
"愁"与"筹"

李雪梅　北京市朝阳区安苑北里小学

　　记得那一年，我接手了一个一年级新班，可学生上课不会听讲的问题困扰了我很长时间。终于，积聚已久的情绪在一节课上爆发了。

　　那节课讲的是"认识物体和图形"。为了让学生能够充分地感知长方体、正方体、圆柱、球四种物体的基本特征，我让学生从家里带来了实物。看到学生桌子上摆放的牙膏盒、药盒、魔方、乒乓球、薯片桶……我顿感热血沸腾，对上好这节课充满了激情与期望。可事实与愿望的差距真是太大了！上课伊始，为了调动学生的学习兴趣，我让他们4人一小组用手里的"玩具"展开了一次搭积木比赛。学生玩得可高兴了。比赛结束后，我让他们把形状相同的物体摆放在一起，并说说这样摆放的理由。可能是他们的心思还停留在刚才的活动中，举手的学生寥寥无几。此时，一股无名之火在我心里燃烧起来。我按捺住心中的不快，叫一个学生回答，可是其他学生还是自顾自地陶醉在自己的世界里：有的还在摆弄带来的"玩具"；有的跟邻座的同伴交头接耳；有的看似在听讲，可是直愣愣的眼神出卖了他……为了杀一儆百，我等这个学生回答完问题后，有意叫了一个刚才没听讲的学生，问他刚才那个同学说了什么。只见他畏畏缩缩地站了起来，半天也没说出一句完整的话。随后，我又叫起了一个学生，还是答不出来。此时，我心中的怒火直冲脑门，几近吼叫地说："自己不会说，别人说了还不会听，那你上学干什么来了！"学生们立刻被我的吼叫声镇住了，再也不敢动手里的东西，乖乖地坐好了。本以为接下来的课会上得很顺利，可没想到天生好动的孩子还是会时不时地走神儿，不听别人发言。一节课下来，那叫一个郁闷！回到办公室，我跟同事们一说，他们都说："孩子都那样，别说一年级的学生了，高年级不听讲的也大有人在。"看来，这个问题已是一个共性问题。

通过一段时间的观察，我发现一年级学生由于年龄小，表现欲望强烈，大都以自我为中心，只关心自己的想法，而不顾及他人的发言。低年级的孩子并不喜欢听同学的发言，当老师提出问题后，很多孩子虽然善于思考，勇于表达自己的看法和观点，但是对于其他同学的回答往往无法专心去听。当老师讲授新课时，有的孩子常常坐不住，腿脚不停地摇晃，手里不断摆弄着铅笔、尺子等东西。有的孩子看似非常遵守课堂纪律，坐得端端正正，其实他也根本不知道老师在说什么……

新一轮基础教育课程改革倡导学生在动手实践、自主探索与合作交流等学习方式中获取有用的数学知识。让这些孩子把注意力集中到教师的引导和同伴的交流中，听懂、理解教师的话语和同伴的发言，尤为重要。同时，要学会倾听，这也是学生良好学习习惯的开始，是一个人必须具备的素质之一。

为了让学生爱听、会听，我不断地学习，在实践中摸索，积累了一些经验，觉得效果还不错。

一、学会听老师讲课

专心听讲是学生在数学课上接受信息、汲取知识、学好数学的保证。一年级学生好奇喜动，注意力不稳定、不持久，遇到新奇刺激物，总想听听、看看、动动，从而影响了正常学习。我觉得让学生学会倾听，首先要让孩子明确该怎样做。我告诉孩子们"学会倾听要五心"：一要专心。上课时，不管是听老师讲解，还是听同学发言，都要认真倾听每一句话，脑子里不许想其他的事。二要耐心。别人讲话时，不要插嘴，等别人说完，再发表自己的意见。三要细心。做到不重复他人的说法，要在他人想法的基础上，发表自己新颖的见解。四要虚心。当别人提出和自己观点不同的见解时，要虚心接受，边听边修正自己的观点。五要用心。在听取他人意见时，要有选择地接受，做到说、听、思并重，相互促进。我还教给学生"听"的歌谣："听讲的时候，耳朵要像小白兔一样竖起来认真听；听讲的时候，眼睛要像鹰一样盯住食物不放松；听讲的时候，身体要像小松树一样直挺挺。"这样的要求具体明确、生动有趣，学生们很喜欢。

要把一年级学生的注意力吸引到教师的讲课上来，这要求教师讲授生动形象，突出重点，善于提问，启发思维，能引起学生学习的兴趣。教师要运用表扬与表扬性批评，及时纠正儿童注意力不集中、随便讲话、做小动作等不良习惯。

二、学会听同学发言

新课程背景下的数学课堂，改变了以往单一的接受式的学习方式，逐渐变成了以探索、合作、交流为主的学习方式。师生、生生交流的过程就是思维碰撞的过程，时常会有火花闪现。这种火花可能是一种独具特色的解法，也可能是一个富有创意的想法，还可能是一句富有哲理的话。教师要提醒学生注意倾听同学的发言。"一个人说的时候，其他人该怎么办？""你听明白同学说的内容了吗？"使学生能尊重他人，学会倾听。

三、学会争辩

教师要教育学生上课时边听、边想、边看、边思。在数学学习活动中，强调独立自主地思考问题、分析与解决问题，不人云亦云，邯郸学步。要体现学习的多样性与独特的个性，大胆地提出疑问，并追根究底。要敢于提出与老师、同学不同的见解，充分发表自己的意见。要有根有据、有条有理、理由充足地与同学争辩问题，从而形成生生、师生互动的学习氛围。

当然，学生认真倾听的习惯不是一朝一夕就能养成的。由于一年级孩子才六七岁，对他们的培养还处在初期阶段，还有待继续研究。应延续好的做法，保持孩子已经养成的好习惯，继续想方设法地培养班级中注意力差的孩子的倾听习惯，并且和家长取得联系，让孩子在平日生活里也把倾听习惯的养成放在重要位置。

其实在课标中，真正提到认真倾听是在第二学段，我从一年级就开始着手，就是要让学生从小就养成终身受益的好习惯。做事贵在坚持，持之以恒。我想，只要我善于捕捉教育契机，适时引导，就能使学生逐步养成倾听老师讲解、倾听同学发言的良好习惯。让学生听出聪明的头脑，听出精彩的人生。

沟通，让我们的心贴得更近

殷园园　北京市西城区育翔小学

沟通，在当今这个注重团队合作的社会里尤显重要。在学校教育中，作为一年级的班主任，我们更应拓宽沟通渠道，增加教育合力。因此，我一直十分重视人与人心灵的交流，我始终相信，只要心灵相通，一切皆有可能。

一、走进每个孩子的世界，让师生之心相通

交谈，是了解孩子情况，掌握孩子心理，提高孩子认识，转变孩子思想的方式之一。作为教育者，班主任应该主动、自然、有目的地与不同的孩子交谈，把握教育契机，使教育工作处于主动地位。

(一)记事本上说当天话

一年级的"小苗苗"往往在刚入学时不能正确地评价自己一天的生活，但又十分希望得到大家的肯定。我抓住孩子们的这一年龄、心理特点，在开学之初就充分利用"家校联系本"，开展"当日话，当日说"的活动。在活动之初，我告诉孩子们"今日事，今日毕，明天还有新事情"的道理。无论是优点，还是不足，我们都要尽早发现。

当孩子们连汉语拼音都还没学完的时候，我们已经用联系本说当天话了。为了节约时间，提高效率，在开学初的家长会上，我与家长、孩子们共同商议，设计了"当日话"表格，其中包括时间，孩子们表现突出的一些行为，例如热爱劳动、

讲礼貌、团结同学、遵守上操和上课纪律、发言积极、带齐用具、书写整齐等，同时在最后一栏设置"我补充"。因为有些孩子的出色表现不在这些范围之中，就请他们自己来填写或者请老师代写。每天放学之前，我会针对孩子一天中表现突出的地方在表格中打钩，当晚孩子回家后会骄傲地说给爸爸、妈妈听。这样既培养了孩子们的语言表达能力，也让家长们看到了孩子的进步与成长，同时也提高了孩子的自信心，让孩子每天都能感受到进步给自己带来的快乐。当然，孩子们难免会有犯错的时候。为此，我又改进了"当日话"表格，加入了并列内容"我在_____方面可以做得更好"。这样，孩子会很容易接受自己的不足，他们会将今天做得不尽如人意的地方记录下来并争取尽快改正。孩子最关心的是老师是否看到自己的努力与进步，当他们的努力得到老师的肯定时，师生之心也得到了最好的沟通，老师也在最短的时间用最便捷的方式走进了每个孩子的心灵。

(二)课间十分钟说知心话

无声交流"当日话"，只是我与孩子们"交谈"的一种途径。在从事一年级班主任的工作中，我还发现，学生课间特别喜欢围着我说东谈西，这也是他们表达爱意的一种方式。我抓住这个机会，每个课间找一个孩子谈心，这样一天5个课间我可以同5个孩子聊天、谈心，一周可以同25个孩子谈心，如果再利用中午、放学做值日的时间，这样我每周就能与每个孩子至少聊天一次。当我和某个孩子说话时，会有很多孩子好奇地想围着听听，我就会说："谁抓紧时间准备好下节课的用具，去过卫生间，回来喝过水了，老师也带你一起玩儿。"起初，他们会马上去落实这三件事，但时间久了，围在我身边说话的孩子就会自觉地说："老师，课间三件事我都做完了，加我一个玩儿吧！"就这样，我通过一个又一个课间，知道了他们喜欢的卡通人物，在他们中间流行的游戏，由他们自己创作的童谣，等等。我觉得，现在不是他们想跟我聊天，而是我更想和他们聊天了。

(三)心理信箱说悄悄话

一年级的孩子虽然有着共同的心理特征，但他们又有着不同的性格特征。有些孩子直率，心里怎么想就怎么说，我可以直接了解他们的想法并与之沟通；有些孩子胆小，不敢直接说出自己的心里话；还有些孩子很有主见，但性格内向，不愿轻易吐露自己的意见，甚至是一些错误的想法。随着孩子年龄的增长，他们与家长、老师交流的信息和交流的方式开始带有选择性。为了与每个孩子能心灵相通，我在建立班集体之初就制作了一个精美的"金点子"信箱。我告诉孩子们："如果你们有什么想单独告诉殷老师，有什么委屈想向我倾诉，有什么烦恼想让我解决，有什么建设班集体的好办法等，都可以写一张纸条，放进我们班的'金点子'信箱，是否署名你说了算。"实践证明："金点子"信箱对那些胆小、内向的孩子来说，就像开辟了一条"绿色通道"。小小的心理信箱，使我能如实地了解孩子的内心世界，成为我与孩子们沟通的好助手。

二、感受每位家长的内心，让朋友之心相通

（一）放学十分钟，有话好好说

每天下午放学是我和部分家长见面的机会。我会把当天学生在学习、生活上的表现与家长们沟通。同时，对表现好的孩子当场进行表扬，家长为之高兴，孩子更是自豪不已。对于表现不佳的孩子，我会私下将当天孩子的不佳表现让家长有所了解，给孩子和家长都留有面子。家长们都说，最盼望放学时听殷老师讲话了，幽默亲切，即使是指出孩子的不足也是饱含爱意，不仅孩子们喜欢老师，我们家长把孩子放在老师这里也都放心、安心、开心。

（二）召开家长会，类型应丰富

家长会是学校与家长沟通的重要途径，班主任召开多种形式和不同内容的家长会，对于帮助家长了解学校、班级的教育教学工作，从而得到家长的大力支持与配合具有不可忽视的重要作用。由于家长会每学期只召开两次，所以每次家长会，我都会精心准备幻灯片，将班级成长的点点滴滴与家长分享，不放过任何一个孩子的优点，不错过孩子做的任何一件好事。在家长会召开的前一晚，我会在家认真彩排，针对幻灯片对其中的内容一一试讲一遍，生怕落掉一件好人好事，少说一句重要的话；然后上网给家长发帖子，内容是"家长朋友们，为了让您及早了解家长会的内容，现将明天家长会的发言幻灯片上传(明天不用再记录)，请您有时间看一看，欢迎提宝贵意见和建议。明天就要与诸位见面了，心里非常高兴，明天我会准时在班里恭候各位的到

来。明天见啦！你们的朋友：殷老师。"这样做既节省了第二天家长们的记录时间，又拉近了老师与家长的距离。教师不仅是孩子的朋友，更是家长的朋友。第二天早上，当我上网看帖子时，已经有很多家长回了帖子，大家都盼望着见面，盼望着家长会的交流。我们像是很久不见的老朋友，在班级的邮箱里诉说着对朋友的祝福和挂念，是那么亲切、舒服、自然。

(三)总结学生表现，为家长答疑解惑

在开学初，家长不了解孩子和学校的情况，经常向老师问这问那。于是，我开始思考：如何解决家长们的问题和担忧呢？我想，最好的办法就是让家长们从一个渠道全面系统地了解孩子的各种情况。那就需要老师付出更多，但我愿意尝试这个方法。

每周五，我会对本周各科的学习情况和孩子们的生活情况进行总结，并详细记录孩子们在生活和学习方面的优点和存在的问题。这些问题可能是家长们没有意识到的，经过老师的提醒，家长们可以清晰地知道在哪些方面可以帮助自己的孩子，使他做得更好；哪些方面应该放手让孩子得到锻炼，提高他的能力。例如，本周语文学习了什么新知识，难点是什么，孩子们在学习中的问题是什么；哪些孩子关心班集体了，哪些孩子帮大家印学习资料了，等等。同时，再将下周的工作计划、学习安排告知家长，小到天气寒冷学生不用穿校服，可以穿自己的暖和的衣服；大到学校下周将开展的某个教育活动，我们班要如何准备等。这样一来，家长既可以了解孩子本周的综合表现，又可以在周末对下周的学习生活进行准备，并结合自己孩子的问题进行有针对性的辅导、帮助。经过几个月的尝试，这一举措受到了家长们的一致认可，我们班的学习很快进入了正轨，班集体已见雏形。

大手和小手的约定

——记我和我的一年级(3)班

康　旭　北京市朝阳区第二实验小学远洋一方校区

　　2014 年对于我来说注定是不平凡的一年，因为在这一年的 9 月 1 日，我正式成为一名小学班主任，开启了人生一个崭新的"开端"。不得不承认，班主任工作是琐碎、繁忙的，特别是一年级的班主任，更是一个复合型角色。当孩子们需要关心爱护时，班主任应该是一位慈母，给予他们体贴和温暖；当孩子们犯错时，班主任又该是一位严师，严肃地指出他们的不足，并帮助他们改正。21 世纪的孩子见多识广、能说会道、善于表现自己，这些特点固然让人欣喜，然而他们身上所表现出来的散漫、不善与人合作、比较自私、动手能力差、依赖性强、容易以自我为中心等问题也着实让人担忧。教师既不能打击孩子们的信心和自尊心，又要有效及时地帮助他们改掉坏毛病、培养良好的行为习惯。这些说起来容易，实际做起来可真是让我这个同样是新兵蛋子的班主任发了愁。

　　如何教？教什么？开学前的暑假我为此苦恼了很久，请教师父，翻看书籍，研究低龄孩子的心理特征，上网查阅资料……自认为做足了功课的我，在开学的第一天就被孩子们来了个下马威，让我这个暴脾气的北方姑娘彻底没了脾气，"不知所措"这四个字最能代表我当时的心情。渐渐地，从跟孩子们的接触中，我似乎发现了些门道，虽然不是能够"立竿见影"的方法措施，但是"变化"在无形中悄悄地发生着……下面，我将从几个方面来浅谈我的带班感受，与大家共同学习。

一、"爱"字陪伴

作为班主任，首先是接受社会和家长的"委托"来教育他们的子女。学生对于教师来说不是唯一的，但对于每个家庭来说却是唯一的，孩子承载着家庭的命运、担负着家庭的希望，珍爱每一名学生是教师首要的素质。所以我在处理学生的事情时，都是用"爱"陪伴左右的。

爱，是教师职业道德的核心。工作中，我努力做到于细微处见真情，真诚地关心孩子，热心地帮助孩子。我深信，爱是一种传递，当教师真诚地付出爱时，收获的必定是孩子更多的爱！新入学的儿童对教师感到很陌生，为了拉近和学生的距离并让他们喜欢学校，我经常会摸摸他们的头，蹲下来亲切地和他们说说话，表扬他们打扮得漂亮、说话声音响亮，下课还常会带他们去上厕所，并提醒他们小心别摔倒，给他们削铅笔、梳小辫等。这样，孩子们很快就跟我亲热起来了。我还采用各种方法来激励孩子们的积极性，每天表现好的小朋友我会奖励他们小贴画，给他们准备一些小惊喜。虽然这些举动在成人眼里是那么微不足道，可是在孩子的心中却产生了巨大的涟漪。经常有家长和我说，自己的孩子回家以后是那么激动、兴奋，还说下次还想得到这种奖励。

二、"勤"字当先

要想成为一名优秀的班主任就要付出比别人多许多倍的努力。班主任首先要做好吃苦的准备，要未雨绸缪，每天制定好今天的目标及达标的方法。班主任的"勤"在潜移默化地影响着学生，我会告诉学生自己是怎样做的，在学生心中树立好的形象。我每天坚持早读先到、上课先到、眼操先到、午休先到；下课后，检查个别学生学习情况，随时提醒保持课桌整齐等事宜；放学后，总是把教室打扫干净后最后一个走。基础学习次次过关，课间学生玩耍时经常巡查。班主任还要勤快得出其不意，要不时地出现在班级里，这样更能发现班级的问题。开学初，班主任和学生真的要"如影随形"。

此外，我认为班主任的勤还包括勤于自身学习，所谓"活到老，学到老"。经常进行全类别的书籍阅读，积累各方面知识，不但能够让自己的课堂内容丰富多彩，还能更好地和学生拉近距离，在孩子们遇到突发事件时给予最好的处理和帮助，使学生、家长信服和敬佩，以后处理各种事情时才会得心应手。班主任还要勤于写工作反思，对于一个新人来讲，每天坚持记录班级的情况，不断从管理过程中发现好的方法、汲取教训，对于自身的成长意义重大，效果明显。

三、"细"字入手

细节决定成败。班级无小事，事事要关心。有句话说得好："抓在细微处，落在实效中。"班主任工作只有细致入微，才能使班级管理见成效。心理学研究表明，儿童对事物的认知是整体性的，能熟知轮廓，但不注重细节。特别是一年级的小朋友，他们年龄小，事事需要班主任考虑周到，细心安排并耐心指导。如午餐餐盘管理。刚入一年级的孩子还不会规矩地打饭、摆放餐盘，也无法做到不掉饭粒、不洒菜汤。我通过两天的观察，用奖励的方法激励学生："打饭能够端平餐盘，吃饭能够安静、规矩、不剩饭的同学，可以作为老师的小助手，来管理班级的餐盘"。没想到此举一下子就调动起了孩子们的积极性，他们开始安静、快速地吃饭，而且尽量践行"光盘"行动。对于负责管理餐盘的学生，我会手把手地教给他们餐盘摆放的标准是什么，怎样检查，怎样盖上餐桶盖子，怎样将空桶摆放到楼道里，并且时刻让学生们意识到为班集体服务、作为教师的小助手是一件光荣的事情，培养他们热爱劳动的好品质。

"细"还指注意班级发生的每一件事情的每一个细节。如处理学生之间的"矛盾"时，要详细了解事情发生的经过，就算一方犯错，也不能单单批评一方。俗话说"一个巴掌拍不响"，要让另一方也明白如何避免类似情况的再次发生，从而使被批评的一方不至于太难过而产生逆反心理。我会尽量避免当众批评某一位学生，即使做错了，也是不点名提醒，更多的时候采用的是"小组竞争制"或"男生女生竞争制"的方式，让学生们在增强集体荣誉感的同时改掉自身的不良行为。

四、"严"字把关

许多家长都说，现在的孩子都让大人们惯坏了，希望教师能严点，帮他们养成良好的行为习惯。所以我秉承，对学生要爱，但也要严，要做到爱中有严，严中有爱。具体表现为以下几个方面。

（一）常规严

刚入学的孩子什么都不懂，我就时时提醒他们遵守学习常规、生活常规、清洁卫生常规、课间活动常规等，及时帮他们改正，让学生们心中总是有个小警钟，照着做，记在心，使他们初步树立正确的道德观念，形成良好的学习习惯和生活习惯。

（二）训练严

班级各项常规定下来只是走出了第一步，在具体实施过程中班主任还要进行监督。我让每个学生准备了一个印章本，在第一行分别写上"学习""纪律""卫生"，每天放学前在表现好的方面贴上贴画，以资鼓励，从一年级开始锻炼孩子们全面严格要求自己。平时，我会耐心地教孩子们应该注意的事项，如教育孩子垃圾应该扔在哪儿。我遵循着"第一次提醒，第二次警告，第三次批评"的原则，不断强化孩子们的意识，培养他们的行为习惯。

经过这样的训练，孩子们能主动捡起地上的纸屑，逐步养成了良好的卫生习惯。对于平时做得好的学生我会大加表扬，"小题大做"，让学生明白该怎么做。对于犯错的孩子，如上课随便说话、故意推挤别人、伤害他人的学生，我会严肃批评，让孩子认识到自己的错误，并联系家长，帮助孩子养成良好的行为习惯。

五、"恒"字保证

"恒"即"久也"。人们常说，学贵有恒，其实教又何尝不是如此？班主任工作要持之以恒，不要抓一段时间，放松一段时间，坚持日日如此，不放松任何一个时间，不放松任何一个细节，做到"反复抓，抓反复"，讲究方法，不厌其烦。如一年级孩子注意力集中时间短，上课常常坐不端正，不能专心听讲，喜欢与同学说话，班主任要用各种方法来激励学生管住自己、约束自己。可通过开展各种竞赛活动进行评比，表扬做得好的学生个人、小组，如开展小组比赛、评选今日之星、发喜报、评比规范生等。评比获奖面要大，并每天坚持，不能因为觉得麻烦而放弃。持之以恒、滴水穿石，逐步引导学生提高对自己的约束力，培养孩子良好的行为习惯。"恒"还要体现在坚持每天与家长对接与沟通，使教育真正做到"5＋2＝7"，家长的理解与帮助是班主任开展工作的有力后盾。

六、"奖罚"创新，互守"约定"

幼儿园和小学老师奖励孩子，一般都是采用小红花、五角星、盖印章，积累到一定数量之后可以兑换小礼物，这样的奖励形式我也在沿用着，但我认为这样的方式缺乏创新性和引导性，物质奖励很大程度上也不利于孩子建立内在的驱动力。之前阅读过一篇关于西方孩子奖励的文章，感触颇深。西方国家小学教师的"奖品"并不仅限于奖状或者口头表扬，而是花样繁多。或许我们不能完全借用，但仍会受到很大的启发。比如，遵守纪律的学生可以坐到教师的位置上，体验权威感和荣誉感；率先高质量完成任务的学生，可以服务班里的其他同学，培养孩子们的责任感；加强课外阅读，选择学生在午休时间为大家讲故事，既能增加课外阅读量又可以培养孩子的表达能力和自信心等。奖励不是为了获得更多的物质，而是一种价值观的体现和塑造，更多的是以责任感、荣耀感、集体荣誉、成就感、自主选择、更多的自由来驱动孩子，帮助孩子建立内在的驱动力。我会在今后的工作中更多地去借鉴和实践。

此外，我改变了自己的"师生观"，开始学着跟学生做朋友，不时地提醒他们已不再是小孩子，而是一名真正的小学生。我跟他们开启了班级特有的"约定"模式，即当我提出要求的时候，我会跟孩子们立下"约定"，并且会告诉他们，这是专属于教师和学生的约定，一定要履行，然后向爸爸妈妈报告我们的成果。孩子们真的是乐此不疲，效果也非常明显。记得开学不久就赶上了中秋节，我跟孩子们达成了"小秘密"，要在睡前在爸爸妈妈的耳边说"祝爸爸妈妈中秋节快乐"，而且我千叮咛万嘱咐，让孩子们一定要坚持到睡前再说，把神秘程度提升到最大值，充分调动起孩子的积极性和好奇心，没想到收到了不错的效果！在当晚十点左右我联系了各位家长，大家纷纷反馈给我的是"惊讶""惊喜""感动""收到小秘密了"……在第二天我还收到了孩子们带回来的"小秘密"，顿时感到幸福指数飙升。这样的方式不仅提升了孩子们的情商，也锻炼了他们履行承诺的能力，同时，让家长、教师、孩子都能感到喜悦和幸福，真是一举多得。

教育是长期而复杂的系统工程，学生的成长不是一蹴而就的。再说，有些措施不是一下子就能解决问题的。当学生不良行为出现反复时，教师切忌大发雷霆、严厉镇压，要冷静下来寻找突破口，继续训练。没有持之以恒之心是不可能产生理想的教育效果的。

　　班主任就像妈妈，要对学生有慈母般的真爱；班主任又像爸爸，要对学生在严厉中藏着深爱。班主任工作又像一个规模宏大的工程，需要我们做实、做细、持之以恒。我们从事着太阳底下最高尚的职业，我们肩负着孩子们的未来，我们承载了太多的期望，我们一定要做有理想信念、有道德情操、有扎实学识、有仁爱之心的好教师！

　　我是一名人民教师，我骄傲！我是一名班主任，我自豪！

立足校情，细润学生心灵

——浅谈一年级的带班策略

陈小杰　北京市朝阳第二实验小学远洋一方校区

一年级作为孩子整个人生成长过程的起始年级，承担着为孩子未来生命发展奠基的神圣使命。因此，一年级的习惯养成和能力培养尤为重要。以下，我将结合学校文化，具体叙述我和我的一年级新班共同成长的经历。

一、构建班集体意识

几十个孩子，由最初的互不相识到逐渐相识相知，从只有爸爸妈妈的一个"小家"来到了拥有几十个人的"大家"，这是孩子走进班集体、成为一名小学生最重要的标志之一。刚刚走进班集体，孩子们会有诸多不适应。有的哭着喊着找妈妈，有的喜欢随时喝水吃东西，有的习惯将自己的物品堆积满地等。面对孩子们不适应新环境的种种表现，我并没有着急立下那些一板一眼的规矩，而是顺应学校的统一安排，带领孩子们先熟悉整个学校的环境，如男、女卫生间和饮水机的位置，介绍一下学校的教师和其他班的同学，找不爱表达的孩子聊聊天，听脾气急的孩子说说自己的想法，慢慢消除孩子们心理上的陌生、害怕和排斥，让孩子们在学校中找到亲切感和熟悉感。

在对学校和班级有了一定的情感认同后，我开始尝试引领孩子们融入班集体生活。首先，我会向孩子们介绍大家共同学习生活的班集体，然后让每一个孩子都做自我介绍，鼓励孩子们大声说话，勇敢地表达自己的想法，并尽快熟悉班集体大家庭里的每一个小伙伴。在班集体中责任十分重要，教师必须以身示范。同样，孩子也需要知道自己的责任：自己就是班级的小主人；班集体的光荣，需要"我"；大家都是好伙伴，要互相谦让，彼此帮忙；看到地面上有一张纸，我要捡起来并扔到垃圾篓里；看到小伙伴的铅笔掉到了地上，我要捡起来还给他；看到水龙头在滴水，我要马上拧紧；不能乱折花草树木……逐渐地，大家将共同的规定变成了约定，从最初的"知道"变成了"做到"。偶尔，个别同学违反了约定，其他的小伙伴就会马上提醒他。我欣喜，在这个过程中孩子们的责任心和集体意识都在增强。但我更清楚，这只是个开端，若想让孩子们真正热爱班集体，还需要班主任更多的教育智慧和创造性思考。

二、每个学生都是具体的

著名教育家苏霍姆林斯基曾说："每个学生都是具体的，没有抽象的学生。"这启示我们，必须运用适合学生的方式方法来开展教育教学工作。为了让学生领悟"靠右行"的规则并养成习惯，学校特意在校园里印上了"小脚丫"。进门的甬道上、楼道口、楼道里都分别印有一排排、一双双左右相对的彩色小脚丫。无论是上学放学，还是课间走路，教师都会用学生容易理解和接受的方式将要求讲清、讲明、讲到位，引导孩子们沿着小脚丫的方向有规则地行走。这一看似简单的校园规则，其实已为孩子日后遵守交通规则做好了准备。

苏霍姆林斯基进一步指出，可以把教学和教育的所有规律都机械地运用到他身上的那种抽象的学生是不存在的。这就要求我们对待学生要分清层次、因时因地因材施教。为此，我根据学生的行为习惯表现和性格差异，将孩子们分成了不同的层次。对于多数表现良好且上进心强的学生，我会积极肯定，每天都奖励一个大大的"笑脸"贴纸；对于少数表现时好时坏但渴望进步的学生，我会鼓励其主动地向表现好的学生看齐；对于部分习惯差一些但愿意改正的学生，我会随时随地提醒其规范行为；对于个别行为习惯特别差且屡教不改的学生，我会积极和家长取得联系，尽力争取家长的支持和配合，为孩子建立个人小档案和个人行为规范追踪评价表，并请行为习惯好的学生帮忙监督提醒。

基于此，我还建立了班级评价机制。主要方法是：以组为单位，每组的每位成员都拥有一颗属于自己的小星星，小星星的位置和学生的座位相对应。从"学习""自律""卫生""礼仪"和"审美"等角度出发，通过民主的方式建立"班级公约"，每个学生都要依据"班级公约"规范自己的言行举止。课上或课间，教师会根据每个学生的具体行为表现增加或减少小星星的数量，并将结果写在小星星的右下角。评比的时间为每天一小评，每周一大评，最后经过统计，哪一组的小星星数量最多，哪一组的成员就可以得到一片好习惯成长小叶子。得到成长小叶子的这一组孩子可以在自己的小叶子上写上姓名和收获小叶子的简要原因（例如"举手回答"），然后将写有自己名字的小叶子挂在班级成长树上。小星星数量排在全班前 5 名的学生还可以进一步参评"学习之星""卫生之星""纪律之星""礼仪之星"等"班级小明星"。通过这些措施，使孩子们逐渐增强自信和自尊，在自觉的相互比较中主动"你追我赶"，实现不同层次学生的素质的不同程度提升。日后，我还将鼓励家长们为孩子建立个人小档案，记录下孩子每一个长处和不足，在保持长处的同时将不足改正。最终目的是在教师的帮助下，在表现优秀同学的带动下，暂时落后的学生能够一步一步地跟上来，不让一个学生掉队。

三、尊重共性并发展个性

每一个孩子都渴望表现，每一个孩子都盼望被夸奖，每一个孩子都具有与众不同之处。作为班主任，我们必须尊重孩子向往美好的心理，努力为孩子创造自我展示的机会。因此，我在班级里设置了"课代表""小组长""图书管理员""分饭小能手""小小领操员"等职务。若想令这些职务恰有所属，班主任必须了解每一个孩子的特长。若想更好地了解孩子，我们自己必须先变成孩子。我们必须站在孩子的角度思考问题，想他们所想。本着"人人有事做，人人会做事"的目标，我开始了在全班范围内的"大搜索"。学习踏实、稳重且爱帮助别人的学生，我请他担任学习小组长，负责对全组同学答疑解惑；热爱劳动的学生，我请他担任卫生小组长；身体柔韧性比较好的学生，我给他提供"小小领操员"的机会；喜欢读书的孩子，我会让他在"图书管理员"的岗位上过把瘾。看到孩子们"受封"后的笑脸，我从心底由衷地感到高兴。正是有了他们，班级的"小班干部制度"才初见雏形。正是有了他们的一些奇思妙想，校园的景色才更加丰富多彩。此时，我也领悟到，每一个孩子都有其独特的潜质，我们教师必须有一双善于发现的眼睛。如果每个孩子都有了自己的"差事"，他们一定会将受人约束的"纪律"转化成自律，教师所要做的，就是引导学生从"自律"转化成"自觉"，一旦孩子的内部驱动力被调动，好习惯的养成就指日可待了。对待学生，我始终坚持"有差别地教育，无差别地热爱"。

　　教育，应细雨润无声般地轻洒在学生的心田，滋润学生偶尔干涸的心灵。对学生的教育，并非朝夕之事。教师既需要对学生勇敢放手，又必须对学生悉心帮扶。对待学生，教师既要一视同仁，又必须尊重差异。教育学生，既需要教师的细心耐心，更要求教师有智慧有策略，它是"师爱＋师能"的一种生动体现。班主任的工作既是一项任重而道远的艰巨使命，又是一个细水长流的漫漫历程。恰如树木需要十年，树人却需要百年。相信，只要我们用心培育，我们班级里的每一个孩子都会在自己原有的基础上收获硕果。期待，在教师的滋养下，每一位学生都能健康成长。

开学第一课：优点大放送

徐永晨　黑龙江省泰来县大兴镇中心学校

一、用心记住学生"优点"

每次接新班之后，我都会首先用心查看学生档案，主要关注四点：一看学生照片，记住学生的相貌特征，便于开学时对号入座；二记学生姓名，保证在第一次见面时就能叫出学生的名字，让学生有一种被重视的感觉；三看学生优点、特长，遐想这些孩子发挥优点和特长时的自信状态；四看毕业评语，通过评语找出他们光鲜亮丽的一面，把好的标签贴在学生身上。开学第一课，我按照课前熟悉的学生照片及姓名，逐桌点名。由于"备课"充分，准确率在95％以上，无形中拉近了师生之间的距离。

二、夸夸上届毕业生

上届毕业生是教育新一届学生的重要资源，对他们能够起到暗示和潜移默化的作用。开学第一课，我制作了PPT课件，主要内容是所带上届班级取得的成绩、活动照片、毕业生的个人照片及优点荟萃。我一边播放资料，一边向学生解说："我送走的上届班级，人人为班集体出力出汗，同学们拧成一股绳，月月被评为文明班，年年都是优秀班集体；每次考试，我班平均分总会超出其他班级……班长小魏是同学们自我管理的领头羊、主心骨，班级事务的'总裁'；学习委员小露是自主学习标兵、助人学习的活雷锋；团支书小月是班级的吹鼓手，思想工作的行家；体委小夏带领同学蝉联学校队列、篮球赛的冠军；小李捡到 300 元钱主动上交学校；小张连续 3 个冬天坚持为班级烧炉子……"展示上届学生的成绩，可以增强学生向榜样学习的动力，帮助学生找到努力的方向。

三、晒晒科任教师的魅力

展示了上届学生的优点、特长后，我开始展示各位科任教师的生活照、优点及相关资料。如，"最有思想教师"——数学王老师，那可是"老学究"，公开发表了 100 多篇文章，出版过个人专著；"最有魅力教师"——体育乔老师，县篮球队中锋，号称"灌篮王"；"最美歌声教师"——音乐谢老师，获得过全市音乐基本功大赛特等奖，等等。让学生尚未谋面，就对科任教师产生好感，为教师以后的教育教学工作打下良好的基础。

四、说说学生的优点和特长

在做好以上的铺垫后，我动员学生介绍自己的优点和特长。我对学生们说："我只想了解同学们的优点。大家的缺点，我不知道，也不想知道，因为把优点发挥到极致的学生一定是个优秀的学生。我看过同学们的档案，了解了你们的一些优点和特长。老师特别希望你们有信心、有勇气，说出自己的优点，让我和同学们更加了解你、认识你。记住，我的眼里只有你的优点。"于是，学生们纷纷站起来说出自己的优点和特长。这样做旨在让每个学生以全新的姿态展示自己光鲜亮丽的一面，树立学生的自信心，增强班集体的凝聚力。

在欣喜、兴奋、温馨的气氛中，开学第一课结束了。学生们在这短短的 45 分钟里，收获了无限的憧憬、喜悦和自信。

用大雁精神引领学生健康成长

王子环　安徽省铜陵市铜官山区长江路小学

为了解决个别学生贪玩、不遵守纪律、集体观念淡漠等问题，建设优秀班集体，引领学生健康快乐成长，自 2010 年起，我在班级中开展了"大雁中队"建设实践和探索，培养学生团结、守纪、奉献、进取的大雁精神，并取得了明显成效。

一、引导交流提炼大雁精神

在与学生共同查找资料的基础上，我借助多媒体播放大雁生活及飞行的资料，让学生认真思考：大雁为何排成"人"字形飞行？大雁如何守护受伤的幼雁？头雁为什么经常更换？大雁是怎样休息的？从中你有什么体会？

经过讨论交流，学生总结出了大雁身上所具有的四种宝贵品质：团结、守纪、奉献和进取。大雁精神生动直观，学生感受真切，而这四种品质也正是学生成长和班集体建设中需要大力培养的。于是，我们把大雁精神作为班级建设目标，引领学生健康快乐地成长。

二、教室布置彰显大雁精神

在教室布置上，我努力为学生营造学习大雁精神的良好氛围，让学生争做团结、守纪、奉献、进取的好少年。

教室门上贴着"班徽"——一队排成"人"字形的大雁在天空中展翅高飞。

黑板上方，贴着"团结、守纪、奉献、进取"八个红色大字，这是大雁精神的高度浓缩，是全班学生共同追求的目标。

墙壁上，结合"大雁中队"建设，设计、布置了"雁之园""雁之章"等宣传栏，背景是一群排成"人"字形奋飞的大雁。其中，"雁之章"专栏张贴了学校和班级的各项规章制度，告诉学生做团结、守纪的大雁。"雁之园"专栏展示了学生在每次活动中创作的优秀作品。"看谁飞得更稳""看谁飞得更快""看谁飞得更高""看谁飞得更远"四个竞赛专栏展示了学生在竞赛中取得的成绩、获得的奖状及他们发表的文章，还有定期评选出的"班级领头雁""班级小作家""班级诺贝尔作文奖"获奖学生的彩色照片。它们在静静地告诉学生：只要努力就会有收获，要做不断进取的大雁。"快乐的大雁"专栏，着重宣传学生的好人好事，激励学生做乐于奉献的大雁。

三、开展活动培育大雁精神

（一）班级文化活动

我通过开展丰富多彩的班级文化活动，让学生在潜移默化中汲取奋发向上的精神力量，逐渐发展成为具有大雁精神的人。

（1）每天一句"今日格言"。班级学生每天轮流写一句"今日格言"。这些格言围绕大雁精神主题，从中外先贤名人名言中摘录。每天早晨，学生在黑板上摘抄格言，并配以适宜的图画。上课时，在班长喊"起立"后，我和全班学生一起大声朗诵格言，这样既能振奋学生的精神，活跃课堂气氛，又能让中外先贤的思想之光照亮学生的精神世界。

（2）每人一个"座右铭"。我让每个学生设计自己的"座右铭"，包括三部分：自己最崇拜的一个人；自己要追赶的一名同学；最能够激励自己的一句格言。座右铭使学生每天都能看到激励自己的话语，想到自己追赶的目标，因而思想认识、人生追求必然能受到良好的熏陶感染和激励。

（3）分组练笔活动。各组每天安排一名学生完成一篇小习作，每天早晨各个练笔小组组长将小组练笔本交给老师批阅。老师选取优秀习作在班上进行点评，指导学生写作。该活动既为学生提供了练笔机会，又激发了学生的合作和竞争意识。每个学生在练笔前，都会自觉地学习同伴之前的习作，借鉴他人的长处，克服自己的短处，练笔的热情越来越高。

我们依托定期出刊的《雁之路》班级作文周报，举行"班级小作家""班级诺贝尔作文奖"评选。在《雁之路》上连续5期发表习作的学生，可获得"班级小作家"称号；连续 8 期发表习作的学生，可获得"班级诺贝尔作文奖"。获奖学生的彩色照片将张贴在教室"看谁飞得更远"等宣传栏里。

（4）特色竞赛活动。一是不定期举行"班级运动会"，竞赛项目主要为集体项目，如分组跑步接力赛、分组跳绳接力赛等。二是举行"每日分组评比"，每天下午放学后，班干部将班级 4 个组当天行为习惯等方面所获得的总分统计出来，评出每日"最佳小组"，并予以公布。竞赛活动激励各组学生踊跃为本组争光，少数后进学生在本组集体舆论的推动下努力进取，学生的团结协作意识和集体荣誉感得到了有效提升。我们规定每组组长只能任职一周时间，每周一下午班会课利用几分钟时间进行组长竞选。上一次当选的组长，在下一次竞选中只有选举权，没有被选举权，保证了每个学生都有体验组长职位的机会，同时也引导学生在竞争中认识自身的长处和不足，从而更好地发展自己。

（二）社会实践活动

我经常利用节假日带领学生走进社会，引导他们像大雁那样奉献、进取。

2011 年寒假，我班组织了一支"科技小社团"，开展"节水、爱水，从我做起"科技实践活动。我和小社团的学生一起研究制订活动方案，到市新民污水处理厂参观，听专业人员讲座，召开"节水、爱水，从我做起"现场经验交流会，向小区居民发放"节水、爱水"倡议书，为小区出"争做节水小卫士"黑板报……受到社区居民好评。

学生在作文中写道："这项活动，不仅让我们学习到了新知识，还增强了团结进取意识，更重要的是，我们在这个寒假过得特别有意义。"2011 年 8 月，在由教育部、科技部等部委联合举办的第 26 届全国青少年科技创新大赛中，该活动获得了三等奖。

四、评优活动培育"领头雁"

每学年班级优秀评选活动是通过"年度领头雁"活动展开的，共分为四个步骤。

第一步，评选每周"领头雁"。

每个周末，班级都要评出本周"领头雁"。根据团结、守纪、奉献、进取的班级建设目标，具体评选出乐于助人、遵守纪律、勤奋学习、热爱劳动、讲究卫生、文明礼貌、积极锻炼等各方面的"领头雁"。评选涉及班级建设的各个方面，每个学生只要努力上进，都有当选的机会。评选活动极大地调动了学生选优、争优的兴趣和热情。

第二步，评选每月"领头雁"。

每个月末，班级都要从每周"领头雁"中评出每月"领头雁"。班委会负责召集班委会成员和小组组长会议，根据"班级记录本""班级卫生检查本""班级服务员记录本"等记录，结合各自的观察、了解，对该月各周评出的"领头雁"进行综合评议，淘汰"飞得不稳"的"领头雁"，为"飞得稳"的"领头雁"戴上每月"领头雁"的桂冠。

第三步，评选年度"领头雁"。

年度"领头雁"从每月"领头雁"中产生。每学年末，班委会召开扩大会议。大家根据平时的记录，结合各自一学年的观察、了解、感受，对一学年里评出的所有月度"领头雁"进行逐个评议，淘汰不能持之以恒者，为那些有恒心、一直飞在前面的"领头雁"戴上年度"领头雁"桂冠。

第四步，评选班级优秀生。

每学年末，班委会按照评选年度"领头雁"的流程和方式，从年度"领头雁"中选出三好学生、优秀学生干部。

经过四个步骤评出的班级优秀学生，是当之无愧的班级"领头雁"，能够带领大家又稳又快地向前飞行。

在每一个环节评选过程中，我都会对评选进行指导和监督。偶而在评选中出现"贿选""讲交情，放一马"等不健康现象，我会及时加以纠正，保障评选活动的公正、公平、透明。

通过以上活动，学生的精神面貌发生了可喜的变化，各项活动都走在了年级前列，我们的班级雁阵在广阔的天空中飞得更稳、更快、更高、更远。

初中起始年级班主任带班策略

班级博客：
我班学生自主管理新平台

林剑影　浙江省温州市第九中学

　　新学年，我接手了一个写作特长班。我以建设博客自主管理平台为切入点，既培养了学生自我管理、自我教育的能力，又提升了学生的写作能力。

一、博客自主管理平台的构建

　　我班的博客自主管理平台开设了以下几个板块：

　　欣欣向荣——习作展台。文以载道，全面展示学生的习作成果。

　　标新立异——班长日记。通过班长工作日记的形式，将班级每天发生的事情发布在班级博客上，创设良好的舆论平台，营造积极上进的班级气氛，形成对不良行为的批评和监督场，完善班级自我管理机制。

　　林下风韵——老林手记。班主任（老林）通过写作博文，及时参与班级重要事务，引领班级前进方向。

　　硕果累累——成长记录。记录学生成长足迹，增强自信，营造积极向上的学习氛围。

　　信息快客——通知通告。发布班级事务公告，展示荣誉和小组互助成果。

　　趣味校园——生活实录。实时记录感人的生活点滴，抒写对真善美的赞美。

二、博客自主管理操作程序

　　我班的班级管理遵循岗位明确、责任到人的原则，努力向着学生自主管理的方向前进，争取做到"班级事务不减量不减质，管理效率大大提升"。具体操作程序如下。

(一)班级事务公开化

班委会成员采用"竞选制"产生。班委会成员包括班长一名，学习部、纪检部、生活部、卫生部、文体部、宣传部委员各一名，同时实行值日班长轮换制。所有班级事务在班级博客上公开，接受全班学生、家长、学校的监督和评议。这种管理机制，使得班级事务公开化、透明化，也使得"参政议政"思想深入人心。

(二)成长轨迹博文化

实行值日班长轮换制后，值日班长的工作成效便以日记的形式呈现，主要记录每天的工作情况，每日一记并发布到班级博客上。日记标题由值日班长自行决定，例如《世说班语》(金墨君)、《风云七(2)》(林咸鑫)、《生活事件簿》(戈瑞瑞)、《七二列国》(吴星宇)、《校园生活报》(麻萍萍)、《七(2)NEWS》(吴雨窈)、《班长刊论》(董联洲)、《非班勿扰》(吴雄毅)等。班长日记既锻炼了值日班长的写作能力，同时也给学生提供了一个交流和监督的平台，在班级中形成了一种批评和自我批评的良好氛围。

(三)班级管理小组化

根据学生综合情况将全班分成 5 个小组，分别起名为碧海潮声阁小组、舒克贝塔小组、雄鹰翱翔小组、墨琦小组、飞扬小组。每组 5 人，选举产生 3 名组长，分别对组内成员的学习、卫生、纪律等情况进行督促，每天进行一次总结，每周进行一次总评，然后奖优罚劣。分数和总结全部公布在班级博客上，接受全班同学的监督审查。博客成为班级宣传和监督的窗口，促进了小组之间的竞争。

(四)评价结果激励化

我们将学生在校活动分为学习、卫生、纪律三个部分，紧密结合学生的学习、卫生、纪律表现情况，制定了写作特长班百分制常规管理条例，由专人负责记录，并鼓励小组合作，期末评选出最佳合作小组予以表彰，形成一种良性的制约机制与激励机制。所有个人和小组的评价结果均在博客上呈现。

"个人评价和小组评价"相结合，培养了学生的合作意识、团队精神，突出了学生的主体地位，培养了学生主动参与的意识，实现了集体目标和个人目标的辩证统一。

三、博客自主管理的两个基本原则

(一)班级事务处置——正面激励为主

班级百分制实行加法计算，旨在对学生实行正面教育。学生的表现以得分形式展现，只要完成一项指标，即可得到相应的分数，有利于树立榜样，教会学生以欣赏的目光看待自己和同学。实行后，孩子们心情舒畅，有的教师评价道："你们班的孩子每天都笑嘻嘻的，看起来很幸福。"

(二)班级前进的总舵手——老林手记

学生实行自我管理，并不意味着班主任放任不管。"林下风韵——老林手记"栏目是专为班主任设置的。该栏目的博文由班主任亲自执笔，当班级出现重大问题时适时出手，引导学生朝着健康的方向发展，是班级航船的总舵手。

一次，一个学生旷课，家长、老师费尽心思劝说无效，老林撰写了一篇《寂寞男，我该拿你怎么办》发表在班级博客上，文中表达了对这个学生的担忧和焦虑，引起了学生们的纷纷跟帖。大家出谋划策，多方奔走，积极协助老师做工作，最终，这个学生主动回归了课堂。

打造自信，助推学生成长

王　青　辽宁省大连市第四十中学

作为一名市级骨干教师，因"交流"需要我来到一所基础薄弱学校任初一班主任。

学生报到当天，我让学生做自我介绍，大部分学生讲的都是"我小学成绩不好，请大家多帮助我""我基础很差，希望你们别笑话我"等类似检讨的话。当我让他们说说自己的特长时，许多人都回答"没有什么特长""我什么都不行"，一个男孩居然小声嘟囔说"有特长的都择校走了"。望着学生们畏缩、犹疑不定的眼神，我蓦然明白了：这是一群缺乏自信的孩子。果然，通过查阅学生档案，我发现班级 40 名学生中有三分之一都是外来打工人员子女，其中单亲家庭占了将近一半。问卷调查显示，缺乏自信心的学生占全班人数的 70% 以上。

自信是一个人发展的内在动力，是人生发展的重要支柱。一位名人说："播种一份习惯，可以收获性格；播种一种性格，则可收获命运。"我希望学生在初中三年学会的东西，对他们未来 30 年都有帮助。于是，我决定把培养学生的自信作为班级管理的重中之重。

一、教师自信感染学生

班主任作为班集体的领导者，一言一行都会潜移默化地影响学生，只有自信的班主任才能培养出自信的学生。

开学第一节语文课上，我在学生面前"毫不谦虚"地介绍了自己："我是一个很优秀的老师——29 岁当选市劳动模范，

31 岁省长亲自为我颁发省'五一劳动奖章',33 岁被选为市党代会代表,现在是全省最年轻的特级教师;我曾在一个学期内将全校语文倒数第一、第二的班级转为正数第一、第二;在刚刚结束的中考中,我班的 54 名学生有 48 名考入了重点高中……我以前带的每一个班都很成功,这次也一定不会例外,我相信我有能力让这个班级成为一个更出色的集体。"接着,我让每一名学生效仿老师,自信地向大家介绍自己。这一次,孩子们的表述纷纷变成了"虽然我以前学习不好,但我相信,有这样一个好老师,我一定能赶上来""我会记住老师告诉我们的'过去属于死神,未来属于自己',一切从头再来""来到中学,一切都是新的了,我也会有一个全新的开始"等给人以无限期望的语句。

下课前,我真诚地对学生们说:"如果这所学校不能成为你的骄傲,那么,就让我们班成为这所学校的骄傲吧!"透过孩子们闪光的眼眸,我看到,自信的种子已播种进他们的心田,并且正在生根发芽。

二、教会学生赏识自己

学生缺乏自信的主要原因是不能正确地评价自己,只看到自己的不足之处,拿缺点与别人的优点做比较。引导学生正确评价自己,学会赏识自己,是消除自卑、增强自信的良策。

开学初,我以"我也是一颗闪亮的星"为主题召开了第一次班会。我要求每个人必须至少说出 5 条自己的优点,并向大家介绍自己性格中最值得自豪的地方。这是孩子们第一次在全班同学面前亮出自己的长处,一个个兴奋得小脸儿通红。总结的时候,我送给学生们一首小诗:"我不是最聪明,但我可以最勤奋;我不是最美丽,但我可以最可爱;我不是最强壮,但我可以最快乐……也许我不能成为大树,但我可以做最好的小草;也许我不能成为海洋,但我可以做最清的溪流……"班会结束后,孩子们在日记中写道:"第一次知道,原来,我也是一颗闪亮的星!""原来,美丽的星空中也有我的位置!"随后,我又陆续召开了以"其实我很棒——每个人讲述自己最难忘的一次成功经历""我在进步——每名同学谈自己进入中学以来取得的明显进步"等一系列主题班会,教会孩子们赏识自己。

我还从一点一滴的细节入手,在班级里营造自信的氛围。我要求学生走路时必须挺胸抬头,说话时必须声音响亮。我告诉学生,"抬起头来"意味着对自己、对未来、对所要做的事情充满必胜的信心;我要求值日班长每天早晨在黑板右边写一条激发自信的名言警句,并让全班学生在日记本上记录、积累下来；我将每个学生表情最自信的一张照片贴在教室后面的墙壁上组成"自信快乐的一家人"全家福；我深知一个鼓励的眼神、一个肯定的微笑都能点燃一个胆怯孩子的自信，因此，我要求自己练就一双善于发现、捕捉美的眼睛……这些做法恰似阳光雨露，因为它们的照耀与滋润，自信的幼苗在孩子们的心田茁壮成长。

三、搭建学生自信的舞台

在班级日常工作中，我注重给学生提供自我展示的机会，让他们获得成功的体验，从而增强自信。班里从班委、组长到各学科科代表，都采用学生自己上台参加竞选、由全班同学无记名投票的方式产生。这是培养学生参与意识、竞争意识，增强学生自信心的最好机会。同时，实行值日班长制度。每天按学号轮流上岗，由一名学生负责监督、检查班级的日常事务，总结各组每天加分、减分的情况，为落选的学生提供参与班级管理的机会。事实证明，只要老师为每个学生提供自我展示的平台，学生的表现就会超出老师的想象，他们在锻炼自己能力的过程中会不断增强自信。

对于班级严重缺乏自信的所谓"学困生"，我注重创设机会让他们得到更多成功的体验。一个男孩，父亲去世了，与母亲一起生活，小学时基础很差，语文、数学、英语3科成绩都不及格，连品德也仅得"B等"。升入中学以后，他因为基础薄弱，缺乏学习兴趣，终日郁郁寡欢。在一次春游中，我发现他对植物比较了解，决定让他负责照料班级的盆花，并幽默地封他为"护花使者"。他对工作特别用心，不仅经常利用下课和午休时间给花儿浇水、施肥，还通过查资料和请教生物老师，成功解决了几盆花在生长过程中出现的问题。当一盆几乎枯萎的海棠在他的精心侍弄下终于又开出了鲜艳的花朵时，我激动地领着全班学生为他鼓掌。在掌声中，我第一次在这个孩子的眼神里读到了自信。从那以后，他整个人都变了，班级各项活动他都积极参加，学习成绩也有了质的飞跃，在期末选举中他勇敢地走上讲台竞选并成功当选为生物科代表。我认为，老师提供给孩子多大的舞台，他就会做出多么精彩的表演。

四、家校合作呵护自信

培养学生的自信，还必须依靠家长的配合，把班级、家庭建成培养孩子自信的基地，让家长与老师共同呵护孩子心中自信的花朵。

每天，我利用《家校联系本》记录每一名学生成长的足迹，让家长看到自己孩子的进步，及时给予表扬和鼓励。如：一个数学从来没有及格过的女孩终于在一次测验中及格了，我在她的联系本上及时写道："祝贺你终于超越了自己！老师一直都认为，你不比任何人差。愿你继续努力，不断向前！"班里最内向的孩子第一次主动在课堂上举手发言，我在他的本子上由衷地赞道："你真棒！老师为你今天的勇气叫好！"得知一名一贯调皮的男孩在我外出教研的一整天表现特别好，我在他的联系本上写道："你真是一个懂事的孩子！老师为有你这样的学生感到骄傲！"家长在联系本上感激地写道："老师，您总能发现孩子身上一点一滴的进步，难怪孩子喜欢您都胜过了喜欢我们。您不仅给了孩子信心，还教会了我们如何教育孩子……"

在"三八"妇女节、母亲节、父亲节以及孩子们生日等特殊的日子里，我都要给学生布置一份作业：帮家长做一件让他们感动的事，比如给爸爸洗一次脚，为妈妈梳一次头，在自己生日那天为给予自己生命的父母做一顿饭等，让家长真切地感受到孩子的成长与日渐懂事，架构起家长认可孩子的桥梁。家长纷纷打电话感谢我：自从孩子上中学以来，他们越来越深切地体会到了为人父母的幸福与满足。

在召开家长会时，我努力向家长灌输树立孩子自信的重要性及家长配合班主任工作的重要性。我经常告诉家长：不是每个士兵都能成为将军，能做一个最好的士兵同样是成功的；不要总拿自己孩子的缺点和别人孩子的优点比较，要善于发现自己孩子身上的闪光点；哪怕孩子有了点滴的进步也要及时鼓励他们……随着家长们教育方式的转变，孩子们的脸上每天都洋溢着自信的微笑。在我和家长们的精心呵护下，孩子们心中自信的花朵长开不败。

发自孩子们内心深处的自信创造了奇迹：一个学期后，全班平均分由不及格提高到了82分，名列全区第一名。教过我班的科任老师都说，在你们班上课是一种享受。在我生病住院的一个月中，班级工作井井有条，各项评比都获第一。由于住院，我没能参加学校组织的学生学农活动。当孩子们迎接我出院时，除了鲜花和笑脸，呈献在我眼前的还有全年级唯一一张"学农先进集体"奖状。班长在代表全班发给我的短信中写道："亲爱的老师，请相信，我们是您最优秀的学生，我们不会让您失望！"

我坚信，当学生们自信的翅膀长出丰满的羽毛时，他们将成为不畏风雨、搏击长空的雄鹰！

书法引领班级特色发展

陈　兵　江苏省苏州外国语学校

接手新班后，面对收上来的学生作业，我不禁倒吸了一口凉气：抄词本满是抄错的字词，默写本到处都是默写错误的词句，作业本上还有不少由于粗心导致的错题，所有作业本上的字都有一个共同的特点——东倒西歪，胖瘦不一！我知道，要想让学生改掉粗心的毛病，必须让他们心气平和下来。心静了，人便静了；人静了，做事才会有章法。这时，我想到了可以让人修身养性的书法。况且我平时颇为爱好书法，喜欢涂涂写写，体会挥毫泼墨过程中的身心愉悦。

鉴于此，在创建特色班的时候，我毫不犹豫地选择了书法。

一、爆"炒"书法，营造声势

为了营造声势，我利用一节班会课和一个晨会时间进行了创建书法特色班的动员，我对学生们说："书法是我国的国粹，是一门高雅的艺术，在古代，大凡有学识的人，都擅长书法，学问越大，书法造诣越深。现今，书法也是高雅的代名词，有文化的家庭都愿意挂几幅字画显示自己的身份，以示高雅。大家想不想让自己变得既高雅又有学识？"学生齐声认同。接着我又说："培养高雅情趣是我们学书法的唯一宗旨。我们不考级，不为家长学书法，不让书法成为第二个书包。我们学书法是为了享受，享受挥毫泼墨的美妙感觉，闻着墨香，听着音乐，书写的不是寂寞，而是一种畅快的心情。"听到这里，许多学生笑容满面。

接下来，我为全班学生统一配备了毛笔、书法包、毛毡，购买了音乐光碟，上课的地点集中在书法教室，同时通过班级网页书法化、班级布置书法化、班级板报书法化，时时处处营造声势，爆"炒"书法。

二、创造机会，吸引兴趣

我利用活动做抓手，吸引学生的兴趣。我们班举办了两届"书童杯"书法大赛和一些与书法相关的活动。每次的颁奖都很庄重，喜报、奖品、奖状一样不少，音乐、投影、拍照、网络宣传一样不落。获奖的学生喜滋滋的，主题队会时还可以在家长面前进行表演。这一份份的甜头，调动着他们练习书法的积极性。

三、多管齐下，突破瓶颈

不知不觉，一年半的时间过去了，学生们进入了书法练习的瓶颈期。在打好基础后，要取得更大的突破，需要足够的耐心与意志。如何让学生们在枯燥中充实，在枯燥中觅到快乐呢？我是这样做的：第一，制订更高目标，将装裱后的作品在学校艺术节展示、结集出版、期末颁发书法特别奖等作为学期目标。第二，书法达到五星级的学生，一星期可以做一节课的书法小老师，以书法老师的身份跟班主任一起对别人进行辅导。在教室里巡视，给别人做示范，对学生来说是一件非常荣耀的事情。第三，获得国家级金奖的学生可以练习另外一种字体，如练楷书的可以开始练习行书，由一种字体向另外一种字体转换，提高了练习书法的要求。这种要求的提高是以奖励的形式出现、以展示的方式进行的，在学生们看来，这是一次难得的机会，自然格外珍惜。第四，将书法成绩与其他科目成绩共同写入学期成绩册中，分别用红五星和黑三角标注成绩的优劣。

四、坚守原则，不走形式

在创建书法特色班的过程中，我坚持书法课雷打不动的原则，每次的书法课都必须上，还要布置课堂作业，并坚持面批。我生怕给学生们造成一种雷声大雨点小的走形式的印象，因为学生们也有惰性，老师只要稍微放松要求，他们就会得寸进尺。

五、笔墨生香，成绩斐然

自从成为书法特色班以后，每次的班容班貌布置就不用我费多少脑筋了。学生们根据主题充分利用书法特长布置装点班级环境，不用我亲力亲为，效果非常好。

我们还代表学校参加了苏州市中小学钢笔字比赛，获得了第一名的好成绩；在奥林匹克国际青少年儿童书画大赛中，我班 1 人获特等奖，4 人获金奖，5 人获银奖，12 人获铜奖。

"三招"提升班级凝聚力

肖安庆　江西省赣州市龙南中学

一、开通"亲情告白"热线

接新班之初，为了消除学生之间的陌生感，我策划了"感恩父母，亲情告白"活动。由学生毛遂自荐担任"生日管理员"，开通"亲情告白"热线，在学生生日当天，利用班会、自习课或课外活动时间拨通妈妈的电话，让"小寿星"亲口对妈妈大声地说出："妈妈，我爱您!"然后，全班学生齐声送上祝福。最后，由生日管理员把全班学生精心制作的写有鼓励话语的贺卡，赠送给"小寿星"。一个小小的活动，充满善意却不功利，充满温情而不矫情，让每一个学生感受到来自班集体大家庭的关怀，增强了班集体的凝聚力和向心力。

二、开展"日行一善"活动

为了使学生明白"让人们因你的存在而感到幸福"的道理，我开展了"日行一善，今天我是最幸运的人"活动。把每个学生的名字写在一张小卡片上，装在一个精致的盒子里，第一次由班长从中抽取当天的"幸运星"一名。这名"幸运星"要做一件让班级同学感到幸福的事。晚自习结束前5分钟，由"幸运星"在班上演讲，分享自己的心得，并抽取第二天的"幸运星"。每日如此。这样的活动让平凡的一天变得不平常，让幸运制造幸福，让幸福浇灌班集体，让班集体充满了温馨与快乐。

三、记录"班级光荣史"

由历史课代表兼任班级光荣史"史官"，每天收集班内的好人好事及获得的各项表彰和荣誉，按日期排列，详细记录在班级光荣史册上，并附上荣誉证书复印件和照片，最后邀请获得荣誉的学生签名留念。在每周一的班会上公布上周光荣史，每月集中表彰一批优秀分子。班级光荣史册中的每一条记录，都倾注了学生辛勤的努力，浇灌着团队成长的花朵。

通过这些活动，使学生之间有了更加深刻的了解，最初的陌生感很快消失，大家在"相亲相爱一家人"的良好氛围中快乐成长。

微公益，助推班级成长

万红刚　江苏省扬州市宝应县实验初级中学

2014 年 9 月，我接手了七年级(16)班。这是一个违纪情况时有发生、学生整体缺乏学习积极性的班级。

接班伊始，为了培养班级凝聚力和学生的良好行为习惯，我与当地社会微公益组织"萤火虫"建立联系，聘请"萤火虫"志愿者做班级辅导员，让全班学生集体加入公益组织成为小志愿者，并积极参加社会微公益活动。

至第一学期末，我班共参与救助射阳湖镇白血病患者义卖、国防日武警中队体验部队生活、安宜镇牌楼社区"敬老"慰问等 8 次公益活动，见诸各种媒体平台报道 8 次，师生接受采访 12 人次。在学校常规考核方面，我班 4 次获得学校"五星班级"称号；学生普遍重视学科学习，各科成绩均达到优秀等级。任课教师普遍反映我班凝聚力强，学生行为习惯良好，学习风气较浓，班干部能力强，有进取心，起到了很好的带头作用。

我班的活动实践充分证明，组织学生参加微公益活动对于新组建班级形成良好的班风、学风和集体凝聚力具有重要的促进作用。

一、来自社会和学校的评价形成了"社会期待"作用

心理学认为，社会期待是指社会或群体根据个体所处的社会地位及其所承担的社会角色所提出的希望或要求，它反

映的是社会公认的价值标准和行为规范，对个体而言构成一种社会压力，并成为个体的行为动机。在社会期待的作用下，我班学生普遍具有强烈的集体认同感，集体凝聚力在短时间内得到了明显提升，绝大多数学生能够遵守学校的各项常规要求，自觉维护班级得之不易的荣誉和利益。同时，班干部、优秀学生能够更加自觉地帮助和带动自我控制能力较差的同学，督促他们遵守班级要求；自我控制能力较差的学生也能够为了班级的整体利益而抑制个人的错误行为，力争获得群体的认同。事实上，集体的整体表现越佳，收获的积极评价越多，越能彰显社会期待的作用，越能影响集体中学生个体的成长。

二、组织学生参加社会微公益活动符合心理学"社会促进"效应

心理学将社会促进定义为：由于他人在场而导致个体作业水平提高的现象。在公益活动中，学生处于公众视野和社会监督之下，需要时刻保持良好的形象以获得积极的评价。尤其是自我控制能力较差的学生，在公益团体志愿者和优秀生的影响下，出现了更多向上、向善的自我意识和行为，促进了他们正确价值观的形成和意志力的提高。反映在平时的学习生活上，他们能够自觉维护班级荣誉，遵守课堂纪律，完成学习任务。心理学家认为社会促进效应发生作用的机制是：别人的工作表现和动作可以转换为自己的外界刺激，从而引起自己同样的或相似的心理反应和动作表现。通过多次社会微公益活动的洗礼，我班学生在适应学校常规管理上，有了更多的自我管理、自我约束和集体荣誉感，成为班级管理高效的直接推手。

许多班主任担心学生参加课外社会实践或者公益活动会影响学习成绩而"不敢为"，因为组织活动的难度和担心学生安全而"不想为"。实践证明，社会微公益活动可以对新集体中的个体的心理和行为产生凝聚作用，增强集体的向心力，有助于集体树立明确的学习目标，形成良好的学习风气；有助于培养学生良好的行为规范，形成守纪、进取、勤奋的班风；有助于学生个体在良好班风、学风的熏陶下健康成长。积极组织学生参加社会微公益活动及其他社会实践活动，对于新建班集体的良性发展具有重要的促进作用。

我们班处处是风景
——初中班级管理行与思

赵志德　江苏省宿迁市泗洪县第一实验学校

前年，我接手了一个七年级新班。没多长时间，我便发现这个班学生在生活和学习习惯方面存在较多问题：责任心不强，对工作应付了事；许多学生丢三落四，不是找不到作业，就是忘带东西；生活、学习上畏难情绪严重，能躲则躲，能拖则拖，自私懒惰……

一、起步：班规约束，强行入轨

我一直坚信，习惯培养是要强行入轨的。针对班级学生普遍拖拉懒散的情况，我决定以"立刻去做"作为班级行动口号。这一充满强烈祈望和命令语气的口号，充分表明了我的强硬管理作风。我制定班级公约，施行"铁腕"管理，对有问题的学生轻则按班规施罚，重则约谈家长。

整个七年级，学生畏我如猛虎，数名学生在周记中写道："走廊上只要听到老班一声咳嗽，班里有一半学生的心就会提到嗓子眼儿，吵嚷立刻变成安静。"但是，由于我的语文课轻松幽默，我和学生交流也尽量以理服人，各项工作又带头示范，指导学生学习也能抓住要领，所以学生对我还是敬畏有加的。

总体来说，七年级时的班风较好，学生相处融洽，很多学生身上的不良习惯得到了矫治，几次考试班级的成绩都是优秀。但是，有些问题一直没有解决好，比如只要我不在学校，几个男生就会给班级找点儿小麻烦；部分不够"严"的科任老师的课堂纪律一直存在问题；学生责任意识依然淡薄，班级公物被损坏，只要没有抓住"现行"，就无人承认；学生自主学习和自主管理的能力较弱；女生中还出现了"负能量"小群体，整天喊着"姐妹大过天"，形成封闭的小圈子，圈子中的几个孩子各方面退步明显，而班长居然是这个圈子中的核心人物。

我意识到，出现这些问题，我是有责任的。我自诩的"铁腕蕴柔情"式管理和班会课上的"批评加否定"式教育是导致这些问题出现的主要原因。

二、改进：榜样示范，成就优秀

与学生一年的"斗智斗勇"让我清醒，急切的要求虽然使学生各方面都有了进步，但学生时常产生挫败感，长期下去最终会失去自信和动力。我应让学生得到成功的体验，发现自己的亮点，树立自信心；让学生向身边的榜样学习，关注生活和学习的细节，逐渐改变。

八年级上学期，我重新选配了班干部，让自律甚严的女生小月担任班长，新的班委都是能起榜样示范作用的学生。我要求自己每周少批评甚至不批评学生，每天至少表扬 5 名学生。每天，我都早早地来到学校，观察学生打扫卫生和晨读的情况，注意发现学生的闪光点，对后进生则给予更多关注。班级外侧走廊的"个性空间"被装饰成了两棵表扬树，我买来花形和果形小贴纸，每天写好表扬的话语贴在展板上。贴满后，便由学生揭下收集到自己的"成长档案"中。

"陈伟，你晨读时大声读书的情景打动了我，那一刻，你是班中最美的风景。""郭晶晶，你捡起的不只是一片垃圾，更是一颗美丽的心灵！""刘家赫，你喊口号的声音真爷们儿！"……这样的小贴纸组成了最美丽的花朵，装点着"个性空间"，激励着每一个学生。学生们课间常驻足于展板前，认真品读，从他们的脸上可以读到被肯定和欣赏的喜悦。由于经常阅读、欣赏好消息，连我自己也觉得心情愉快。我还向任课老师建议，希望他们每天表扬学生，让学生们在课堂上得到更多的赏识。

整个八年级，班级呈现出良好的发展态势，其间转进了几名问题学生，但他们很快就融入了班集体，发生了可喜的变化。因为榜样示范，学生有目标、有比照，风清气正；因为欣赏激励，大家有自信、有激情，努力向上。班级在学校组织的各项活动中都很出彩，特别是课堂教学面貌焕然一新，原来的一片死水，变得活跃沸腾。但是我并未满足，总觉得学生还是被操控在老师手中，大部分学生仍在被动地成长。

三、革命：自主赏识，走向卓越

九年级，我们把班级的行动口号确定为"从优秀走向卓越"。我做了两项工作：一是通过自主管理，推动学生自我教育；二是通过记录成长日记，鼓励学生赏识他人，欣赏自己，每日微变，走向卓越。

我对班级的管理框架进行了改革，由"班长任期负责制"改为"分组轮流执政制"，制定了《分组轮流执政方案》，规定无论表现如何，每组均可参与轮流执政，由全体组员分别担任班委职务，承担班级公共管理职责。为了防止出现无人管理的漏洞，根据学生建议，设立了"不管部长"，凡是其他部门不管的事务，都归"不管部长"负责，确保班级工作无"死角"。执政期内，若班级得到流动红旗，可以连任一周，并获得由班主任下发的执政"奖金"。实行这一制度后，一些原来不太配合班干部工作的学生，因为参与到了管理中，学会了换位思考，进步了许多；一些原来默默无闻的学生在得到了管理机会后，竟成了一匹匹"黑马"；少数几个懒散的学生，也变得让我刮目相看。

学生每天记成长日记，其中最重要的板块之一是"欣赏"。第一项"今天我欣赏自己"，要求每天欣赏自己的一个具体行为，最好提供细节；第二项"今天我欣赏你"，要求每天欣赏他人的一个具体行为，最好提供细节。我坚持每天批阅成长日记，把具有代表性的内容标出来，利用晨会课让学生上台朗读。每天晨会5分钟是师生最幸福的时光，大家感受着一个又一个惊喜，被欣赏的学生掩饰不住满脸的喜悦，欣赏自己的学生大大方方地朗读自己的进步之处，同学们报以真诚的掌声。

"何俊伟真了不起，物理老师讲了好几遍我都没听懂，他只讲一遍我就听懂了！""今天我抑制住了买零食的冲动。""今天我主动拾起同桌被风吹走的讲义。""今天，妈妈感冒了，我放学回家后为她做了一碗热汤面。"……班内到处是发现美的眼睛。学生们在肯定他人的同时，也学习了他人的优点；在肯定自己的同时，树立了自信。我们班，处处是风景。

中考临近，在老师的引导下，学生们开始把欣赏更多地投入到学习方法上："已不记得互相默写古诗的主意是谁先提出的了，但我们一直坚持到现在。虽然每次默写我都饱受'打击'，可心里却充实而自豪。我高兴地发现了自身的'短板'，自豪于我们的坚持！""卫生间的镜子上有几张小小的淡蓝色的便利贴，上面写着易错的数学、物理公式……""最让人着迷的是你专注的神情。月考结束，当别人还流连于昨日的分数，或痛悔或狂喜时，你已开始夕诵，把握现在。"……

九年级下学期进入中考冲刺阶段，班级自主管理的体制更加完备，学生的成长日记也更加成熟了。那些深入人心的细节，深深地打动了我，也成为学生作文的绝好素材。"最热情、最热心的班级""最团结、最爱学习的班级""最自信、成绩最棒的班级"……老师、家长、学生的赞誉不绝于耳，班级真正实现了从优秀走向卓越。

我是这样接初一新班的

史春娟　北京一零一中学

　　初一新生刚刚离开小学，进入陌生的环境，往往找不到头绪，需要很长时间才能适应新的班级。因此，我在接新班时，通过以下措施，把几十个孩子和家长们的心凝聚了起来，让他们找到了归属感。

一、尽快建立班级家长微信群

　　一接到新班级学生名单，我马上就建立了班级家长微信群，然后挨个邀请家长加入微信群。有的班主任嫌麻烦，喜欢开学后再和家长建立联系。可我认为，第一时间让家长得知自己孩子所在班级和班主任，可以给家长吃一颗定心丸，消除家长的焦虑。更重要的是，可以提前了解学生和家长的情况及对新班级、新班主任的期待和需求，也让学生和家长提前了解班主任和班级情况。

　　实践证明，我提前走的这一小步，令自己在家长心中的位置提升了一大截，为今后家校携手共育打下了良好的基础。

二、招募学生志愿者提前布置教室

　　为了让孩子和家长第一次进教室就能有一种温馨的家的感觉，我接手每一届初一新班时，都会事先招募志愿者提前一天打扫和布置教室。我提前在微信群里发出通知，请家离学校比较近的孩子提前一天来学校打扫教室卫生和布置教室。其中，我会特别招募几名有特长的学生为班级出第一期黑板报，一般是呈现我的带班理念及经家长和学生讨论通过的班名。孩子和家长们接到通知后都很兴奋，有十几个学生报名参加。

十几个志愿者来到学校后，我会给他们安排打扫和布置教室的任务。在有序的劳动过程中，我一一给孩子们拍照，留下他们劳动的精彩瞬间，并拍下他们的劳动成果——焕然一新的教室。劳动结束后，我就把照片发到微信群里。参加劳动的孩子看到自己的照片感到很自豪、很幸福；没能到场的学生和家长很羡慕，纷纷表示以后一定积极参加班级活动。

第二天，当其他班学生还在混乱地收拾教室时，我班学生已经安静地坐在了干净整洁的教室中。我对提前一天到校打扫卫生和布置教室的志愿者进行了表彰。被表彰的孩子非常自豪，没有得到表彰的孩子眼神中则充满了羡慕和期待。

三、第一时间引导学生树立集体观念

对一个新班级来说，让孩子们树立集体观念是首要任务。对于新接的初一(6)班，我借用李镇西老师"让人们因为我的存在而感到幸福"作为我们的班训，以"幸福(6)班"作为我们的班名。关于班训和班名，我已在开学前与家长和学生在微信群中进行了深入的讨论和交流，并得到了家长和学生们的一致认可和支持。开学第一天，我不给孩子们讲规矩，而是讲解我们的班训和班名："一个人不应该仅仅是生存状态的存在，而应该成为一个为他人、为集体、为社会所需要的人，应该能够给他人带来幸福，应该有自己的人生价值。"我举例说明，正是开学前志愿者们提前帮我们打扫和布置了教室，才能使我们幸福地坐在教室里。

同时，我还设立了各种为班级服务的志愿者岗位，比如，为班级领取教材的志愿者，为班级领取校服的志愿者等。孩子们积极报名认领岗位，每个学生都成了班级志愿者，班级每一项工作都有志愿者在服务，每个学生都亲身体验了"让人们因为我的存在而感到幸福"。

通过我的讲解和全班学生的亲身实践，集体意识和为班级服务的意识开始在孩子们心中萌芽、生长、开花。

在其他班学生还互相不熟悉时，我班学生的几十颗心已经初步凝聚在了一起，成为一个有灵魂的集体，为后续班级建设打下了良好的基础。

与"星星的孩子"同行

臧丽芹　江苏省南京二十九中玉泉校区

一、初识"星星的孩子"

那是 8 月的一个早晨，我站在初一(17)班的教室里，迎接一张张新鲜而略有些稚嫩的面孔。

一个家长模样的人走来，问道："您是(17)班的班主任吗？"我微笑着点了点头。他便将一个孩子叫到我面前说："吴朗，叫老师好！"那个外表清秀、身材修长的孩子向我说道："老师好！"正当我答应着准备在签到表上他的名字旁打钩时，他问我："老师，什么时候报到？什么时候发书？"我说："军训后会通知的。"

我的话音刚落，他又问："什么时候报到？什么时候发书？"我想也许是他没听清，便重复了一遍。谁知他又问了一遍："什么时候报到？什么时候发书？"如此反复了几个回合。我正纳闷他的听力是否有问题时，家长有些不好意思地说："老师，我的孩子有自闭症，以后给您添麻烦了。"

自闭症在我的印象中似乎是不太愿意和别人交流，吴朗是自闭症吗？带着疑问，我上网进行了查阅。结果却与我的认识大相径庭，这是一种无法治愈、被称为"精神癌症"的疾病，因为与人交流存在障碍所以也被称为"孤独症"，主要行为特征为行为刻板、人际关系障碍、对外界反应异常等，对外界常表现出一种事不关己、若无其事的样子，好像永远活在自己的世界里。很多患有自闭症的孩子被父母形容为"听而不闻""视而不见"，他们如同生活在遥远天际的星星一样，因此被诗意地称为"星星的孩子"。

为此，我与吴朗的父母进行了沟通，他们向我介绍了孩子以前的一些情况。对于 14 岁的吴朗，他们唯一的奢求就是希望儿子能够有尊严地融入正常人的生活。

二、接纳"星星的孩子"

紧张而忙碌的 9 月开始了。课堂上，吴朗一般不打开课本，身体总是斜对着黑板，若有所思地沉浸在自己的世界里，完全不关心课堂及周围的事情；课余时间，他与同学的交流几乎为零，也从不交作业，不参加值日。在我与班上学生的闲聊中，有的孩子说吴朗好像不太正常。我觉得是该和学生们讲一讲吴朗的事情了，因为这关系到他们将如何与吴朗相处，也关系到吴朗今后的生活和成长。

怎样才能引导孩子们更好地了解吴朗呢？我想起了自己在了解自闭症时看过的一些视频，于是便找来了最让我感动的一期节目《鲁豫有约——星星的孩子》，并趁吴朗回家吃午饭之际（班上学生除吴朗外，其他人都在学校吃午饭）放给孩子们看。视频中所反映的有关自闭症孩子的内容，深深打动了教室里的每个孩子，有些孩子甚至流泪了。一位自闭症孩子妈妈的话更是让大家动容："如果把我碾成粉末可以给我的孩子铺一条安康的路，我愿意奋不顾身地跳进粉碎机里。"

看完视频，我对学生们说："此刻大家对于吴朗有了更深的了解，他患有自闭症，与人交流有障碍。这固然是他的缺陷，但是他也有自己的长处，比如他爱干净，从不乱扔垃圾，他很守时，对数字也比较敏感。另一方面，作为正常人的我们，就是完美的吗？肯定不是，我们同样有自己的优点和缺点，所以我们没有理由因为他的缺陷而加以嘲笑。虽然患有自闭症是他的不幸，但幸运的是，他和我们（17）班这样一群充满爱心的同学生活在一起。我想在以后的生活中，大家一定知道该如何与他相处——尊重他，关心他，在他需要帮助的时候伸出援助之手！"

这次引导收到了非常好的效果。许多任课老师向我反映，班上的孩子都善待吴朗，没有人欺负他，和吴朗说话都是轻言细语的。吴朗的家长也告诉我，尽管孩子的语言表达能力极其有限，但从他的情绪上能够感受到他对校园生活的热爱之情。

三、"星星的孩子"也是教育的力量

一段时间后，陆续有学生反映班上女生小涵欺负吴朗，比如用手敲吴朗的头。在我的印象中，小涵成绩优秀，在美术、古筝方面颇有天分，且为校学生会干部，工作认真负责，她会这样做吗？为了解事情真相，我找来小涵，她毫不隐瞒地说："我确实有欺负吴朗的行为，因为我觉得他根本不应该待在我们班，他应该去属于他的那个群体，比如残障学校。而且他的存在影响了我们班级的优秀，比如广播操比赛他动作不协调，跟不上音乐节拍，学习成绩差，拖了班级的后腿！"我告诉小涵："我知道你的集体荣誉感很强，可如果我们用狭隘的眼光来看待集体荣誉，就会缺少一份包容。我们无法决定他人的归属，既然吴朗已身在我们的集体之中，我们就应该善待他。再说，想让我们的集体更优秀，还有很多的办法，你说是吗？请回去思考这个问题。"

第二天的班会课上，我提了这样的问题——"在我们的人生经历中，总有一些人让你印象深刻，在与他相处的过程中，你时常感受到他的高素质，请描述你见过的高素质。"学生描述的素质有助人为乐、有责任感、积极向上、多才多艺等。这时我又抛出了一个问题让学生们讨论："善琴棋书画与关爱弱者，哪方面更能体现我们的素质？"学生们经过讨论，给出的答案是——两方面皆可体现我们的素质。我接着问："那善琴棋书画却不善待弱者的人与不善琴棋书画却懂得关爱弱者的人相比，谁更有素质？"学生们说后者更有素质。最后我以一句"愿我们都成为有素质且高素质的人"结束了班会课。这时，我看到小涵在自己的座位上若有所思。

转眼间到了冬天，校园的广播操改成了跳绳，可是吴朗由于动作不协调，始终不会跳。为了帮助他，我在班级里做了动员："都说送人玫瑰，手有余香。我们来个比赛，看谁能教会吴朗跳绳，哪怕只跳一个，就可以成为'最佳教练'，大家愿意吗？"这下可激起了学生们的热情，争先利用体育课和大课间轮番教吴朗跳绳，或带着他一起跳绳。尽管由于吴朗自身的原因，最终无人获得"最佳教练"殊荣，但是每天看着学生们尽力地帮助吴朗，我想这对于提高他和同学的沟通能力，对于每个学生的心灵净化和班级良好道德风尚的形成，显然有巨大的促进作用。

也许，我们给予吴朗的帮助是微不足道的，但是我想我们一定是吴朗成长道路上最重要的见证者与陪伴者！

全员家访，助新生顺利度过入学关键期

段艾琳　北京市西城区裕中中学

作为一名初出茅庐的青年教师，在刚得知被学校安排担任班主任时，我简直有点不知所措。但是，暑假参加完西城区新任教师入职培训，聆听了众多专家学者、一线教师和优秀班主任的精彩发言和经验之谈后，我那颗忐忑不安的心，渐渐平静了下来。我开始认真思考，作为一名新任班主任，我将如何带领我的学生开启崭新的初中生活之旅，并参与到他们的生命成长之中呢？

为了使新学期班主任工作能够顺利开展，我充分利用暑假时间，对学生进行了全员家访。

一、家访前——做好学生信息整理工作

担任初一(1)班班主任后，我做的第一件事情就是端详学籍卡上一张张陌生而可爱的脸庞：这一个，皮肤白皙，透着书卷气；那一个，脸色黝黑，一脸严肃认真；那一个，胖乎乎，笑意盈盈，憨态可掬……看着看着，我的心中便溢满了喜爱——他们就是我的学生，我将和这些纯真的孩子们朝夕相处，为他们挥洒汗水，倾注爱心。当然，对于学籍卡中所能提供的各种信息，我都仔细阅读，深入挖掘学生特长与性格的联系，思考其所获奖项或荣誉背后的内涵。

(一)剖析学生特长，提升学生自信

特长，一般是孩子取得一定成就的领域，家访时聊此类

话题比较容易激发孩子的自信心,让孩子有话可谈。但是对孩子特长的了解,不能轻描淡写、蜻蜓点水,而应该做一些深层次的挖掘。比如,学籍卡上提到的学生特长中有速写和素描,我就有意识地去查阅了速写和素描的区别,得知前者追求的是手感、灵感和速度;而后者则需要更理性的分析和构图,需要在画架前坐长达1~2小时。这类特长对于学生的性格实际上会有一定的折射。擅长素描的孩子,应该比较有耐心,做事比较沉稳;而擅长速写的孩子,一般而言应该是思维比较活跃的。

(二)明确奖项内涵,肯定学生能力

学生的学籍卡都会提及获得过的一些奖项。对孩子来说,每一个奖项都是来之不易的,付出了辛苦和努力。在家访过程中,如果老师能针对这些奖项展开话题,会让每个孩子感受到老师的重视,及对自身能力的肯定。为此,我针对学生所获奖项,提前查阅各种资料,在家访时做到有备而来。

有个学生小学时荣获过"飞扬红领巾"综合类三等奖。我通过查阅资料,了解到"飞扬红领巾"综合奖包含英语、语文、数学和才艺四项。我推测这个孩子应该综合素质不错,各科比较均衡。后来,这些看法在家访中得到了验证。学生看到老师对自己如此了解,自然产生了亲近之情。

有个学生获得过"K* bot"高年级队二等奖。通过查找资料,我发现这是一个科技类比赛,参赛者需要做一些科技类模型。在家访过程中与孩子聊起这个奖项,询问"可否给老师展示你制作的模型"时,学生特别自豪并积极地向我展示了所做的设计图纸和模型。看得出,孩子对科技很感兴趣,那么学校以后举办相关科技类活动时,就可以给予他机会去展现自我。

总之,家访前的信息准备工作做得越充分,在家访过程中就越可以做到游刃有余。每一个学生都是一本书,一本值得我们细细品味的书。初次见面,充分地给予学生展现自我的机会,鼓励孩子去谈及自己擅长和感兴趣的领域,可以帮助学生树立在新环境中的自信心,消除其对初中生活的恐惧和不安。

二、家访中——用赞美的眼光看待细节

为了帮助学生顺利渡过小学初中的衔接阶段,我在家访过程中主要围绕以下几个方面进行了解和沟通:观察孩子和家长的闪光点,及时赞扬和鼓励;树立任课教师的威信;与家长分享一些教育方法,并与学生分享一些学习方法。

（一）善于观察，及时表扬

家访中，我会带着欣赏的眼光去看待每一位学生和家长，把每一次家访都当作学习的机会。用善于发现的眼睛去寻找学生和家长身上的优点，以真挚的爱心去触摸每个孩子的心灵，才能赢得学生和家长的理解与信任。

家访时，一个学生家长聊到孩子喜欢养鱼，家中有一条金鱼已经养了好几年，积累了不少养鱼心得，有时为了买一条金鱼，会观察很久，与卖金鱼的老大爷交流养鱼经验。我当时总结到，这首先说明孩子有责任心，不是一时兴起。其次，说明孩子善于观察和总结，养鱼的心得体会和成功经验都是日积月累得来的。再次，说明孩子善于学习和交流，懂得听取他人意见。

对于家长的一些举动体现出来的优秀品质，我也同样及时赞扬。一位家长为了培养孩子不乱花钱的习惯，带着孩子一起捡废旧的塑料瓶去卖。我赞扬道："教育孩子，您不仅言传，并且身教，难能可贵。"

表扬必须具体，切忌空洞，要说到每个孩子和家长的心里去。表扬是有魔力的，在真诚的表扬和鼓励中，学生会变得乐观自信，家长也会感受到老师发自内心的关心和爱护之情。这样，学生和家长才能信任老师，向老师敞开心扉；教师才能走进学生的心灵，真正成为学生的良师益友。

（二）树立任课教师的威信

在家访过程中，我趁机向学生和家长介绍了每位任课教师的优点。我首先告诉家长，校领导成员都是从教学岗位成长起来的，深谙教学规律，在新初一任课教师的人员配备上都是经过深思熟虑的。其次，我通过生动的故事告诉学生：我们班的数学老师曾获得过"学生心目中好老师"荣誉称号；语文老师是一位常年带毕业班的经验丰富的教师；历史老师为人谦和，进出办公室碰见其他老师，都会让对方先走，常常让我们年轻教师心生敬佩之情……

详细介绍任课教师的优点，是为了让学生为有这么一群优秀的老师而感到骄傲和自豪。班主任在意各科课程，学生就会多一份重视，那么整个学风和班风都会变得积极进取、蓬勃向上！

（三）分享教育理念和学习方法

在家访过程中，我也会向家长渗透一些教育孩子的方法。比如，简明扼要地向家长讲述巴甫洛夫关于条件反射的实验，该理论运用于教育领域中，就是要求我们找到能刺激学生奋斗的"条件——媒介物"，初期依靠"媒介物"的作用，激励学生不断进步和努力。当学生有一天能从学习本身获得学习的动力和成就感时，"媒介物"的存在意义也就渐渐被淡化了。中国有句古话"苟日新，日日新，又日新"，只要每天有进步，就有希望，定下的目标只有学生通过努力可能实现，才能起到激励学生的作用，否则会挫伤学生的积极性。

此外，针对很多学生都有的英语单词记忆困难的问题，我会诱导他们回答这样一个问题："假如现在，我把你们班另外 36 名学生的姓名念一遍，你觉得你能记住吗?"学生们无一例外地回答道："不能。"于是，我紧接着提问："开学一周后，你觉得你可以记住全班同学的名字吗?"答案又是出奇的一致："可以!"这说明什么问题呢? 首先，重复，即增加你与这个单词的"见面"机会，便是英语单词记忆的秘诀之一; 其次，在记忆同学姓名时，还需要和同学的外貌特点、座位位置等相关信息点联系起来辅助记忆，这又是记忆的另一个窍门，即对记忆信息加工和处理，便于提取信息，而不是死记硬背。

三、家访后——反思并记录点滴

(一)为每位学生建立一份成长档案

家访后，我对于每个学生的学习习惯、爱好特长、父母性格特点等，均有了一个初步的了解。我用活页本作为家访记录本，及时记录下家访中所闻、所见、所思，为每一位学生建立一份个性化的成长档案，以供日后不断充实、完善和追踪。

(二)为开学后开展各项工作准备第一手资料

新学期开始后，面临的首要任务就是确定班干部。通过暑假全员家访，对于每个孩子的性格特征及擅长的领域，我均做到了心中有数。开学初，我打算利用每个学生的特长，扬长避短，安排临时班委会。比如，委任细心稳重的学生担任卫生委员或者财务委员，让组织能力强、爱好文体活动的学生担任文艺委员等。开学一个月后，在学生彼此熟悉和了解的基础上，再组织投票改选班委会。

此外，家访还为我开学编排座位提供了参考。比如，上课自觉性较差的学生与自控力较好的学生搭配，以纠正前者不良的学习习惯；有偏科现象的，尽量使同桌之间能够优势互补，共同进步。再者，班级黑板报人选，各类兴趣小组人员、足球队和篮球队成员等均可通过家访进行初步的安排。

家访架起了一座桥，温暖了一颗心。当我全身心地投入家访工作中时，才真正体会到班主任工作辛苦并快乐。因为我在与孩子们的交往过程中，真切地感受到了孩子们的热情和可爱。虽然期间碰到过质疑，但是也帮助我更加客观地审视自身不足，并迅速地成长起来。

新生家访，是做好班主任工作的第一步。我相信，这次家访必定能够为我日后的班主任工作打下良好的基础。

我的名字有内涵

——自我介绍主题活动让学生尽快融入新集体

谢 勇 北京市第二中学分校

新班伊始，老师首先要了解学生，同学之间也要相互认识，在这个基础之上，才能团结协作，为一个共同目标而奋斗。

很多老师都会让新生做一个简单的自我介绍，但这并不能让彼此留下深刻的印象。甚至由于陌生，有的学生不敢上台或羞于表达，让他人听不清、记不住他的姓名。这样的自我介绍，效果很差。为了让学生第一时间互相了解，我在班里开展了"我的名字有内涵"主题活动，效果非常不错。

一、活动设计与准备

我的目标是，让每一个学生都站在讲台上，大声地说出自己的姓名。在活动开始前的一周，我向学生宣布了这项活动任务，并提出了具体要求。

为了能够让所有人都能正确地叫出、认出、写出自己的姓名，我要求学生首先必须在黑板上写下自己的姓名，并且书写要规范、字迹清晰、大小适中得体。心理学研究表明，音频与具体形象相结合，能够更快速和牢固地形成对文字的记忆。这样一来，同学之间就会很快相识，记录同学姓名时也不会写错别字。

其次，我还要求学生说出自己名字的含义。每个学生的名字，都代表了家长对一个新生命的期冀与希望。让孩子了解自己父母为其命名的苦心与初衷，是一种潜移默化的亲情、孝道教育，也能激发他们在新阶段的学习热情，促进每个人的成长。因此，我提前要求学生回家询问父母，当年为何给自己起这个名字，名字有何含义，是何寓意。

最后，老师尽可能给每一个学生的名字以积极赋义。这样做是为了表达出老师对学生的积极期许，促使学生形成良好的自我认识，帮助他们悦纳自我，生成自信，促进健全人格的形成与完善。

二、活动实施

活动当天，我让学生按照座位顺序依次进行自我介绍。一个学生发言时，后面一个学生就在讲台下做准备，以减少上下场的时间间隔，节约时间，确保一节课完成活动。

活动按照预期顺利进行。每个学生都在黑板上写下了自己的姓名，虽然书写水平不尽相同，但是都工工整整、一笔一画地完成。他们依次做着名字解读，我也不时进行补充和点评。

有个叫小琦的学生介绍说："我名字里的'琦'和另外一位同学的'绮'不同，是'美玉'的意思。我父母起这个名字，认为我是家中一块美玉，是宝贝。"

我点评说："琦，除了美玉，还有个意思是'不平凡的'。你被父母视为宝贝儿，他们也期待你能够成长为不平凡的人。"

学生蓁蓁介绍道："我叫'蓁蓁'，这两个字当'草叶茂盛'讲。因为我属马，我妈希望我能够吃得饱，所以草叶要茂盛。大家以后别错念成'qingqing'。"

我补充说："真好！吃得饱，才能长得好。家长的愿望虽朴素但实在，而且，我觉得她也希望你能够成长得枝繁叶茂，成为栋梁。大家记住正确读音，可别念错哦。"

学生们依次做着名字内涵的解读，个个颇有来头。台下同学都听得津津有味，非常专注，相信在这个过程中也学会了不少汉字的知识。

这时，有个叫思齐的学生怯怯地说："我这个名字没有啥意思。"

我问他："你问过你父母了吗？"

他挺不好意思的，小声说"没有"。我就告诉他及全班同学："孔子说过'见贤思齐焉'，意思是看到有德行、有才能的人就向他学习，希望能向他看齐。我觉得这个名字是很有内涵的，它告诉你，要时时向好的榜样学习，争取达到他的高度。"

这个学生听后，很开心，我感觉他比刚才多了几分自信。

还有一个学生这样介绍："'冰砚'是我的名字。因为我五行缺水，所以用了个'冰'字；'砚'是文房四宝之一，家里希望我饱读诗书，做个有知识的人。"

我点评道："'冰'这个字确实好，作为一个女孩儿，如果出落得'冰清玉洁'是多么有魅力啊！我觉得这样解释更好，你认为呢？"

学生欣然对我点头，满眼盈盈的笑意。

活动进展得很快，每个学生都做了自我介绍。最后，我总结道："我们中国人，每个人的名字几乎都是一个故事，都蕴含着深远的意义。这是我们民族的特征，是中国人的魂。认识一个人，是从认识他的名字开始的，所以了解名字的内涵，很有意义。这能帮助你很好地记住这个人。刚才大家都介绍了自己名字的内涵，述说了它的由来，也表明了自己的志向。我们每个人都有着闪亮的名字，我们要珍视，用言行举止捍卫其荣耀，用行为表现促使其辉煌。我们还要给予他人姓名以充分的尊重——不叫错、写错他人姓名；不给他人起侮辱性的绰号、外号；不使用他人不愿意的代称。今天，我们更加深刻地认识了彼此，让我们这个集体更加团结、更加优秀吧！"

三、活动效果与反思

在活动现场，我感觉到学生们产生了积极的自我认知，他们更自尊、自信了。整个活动，每个学生都参与其中，既锻炼了表达能力，也训练了社会交往能力。

活动前，学生向父母询问名字的由来，是一个很好的亲情沟通过程，他们从中体悟到了来自父母、家庭给予的爱和希望。这有助于青春期的孩子与父母建立良好的亲子关系，享受和谐的家庭生活。

老师的点评，帮助学生学会积极地看待自我、悦纳自我，对自己产生积极期待，并将之转化为在校、在家学习的动力。有家长跟我反映，孩子现在的表现要强过小学时很多倍，非常感谢学校和老师的教育。

通过这个活动，同学间很快熟悉了，课代表每次收发作业都能准确地找到当事人；班级活动能够很好地开展了；班级的凝聚力也得到了加强。学生懂得了对他人姓名的尊重，既是一种道德感的提升，也是守法意识增强的表现。我们班至今没有出现给他人起外号的现象，班里气氛和谐、友善。

其实，我更看重的是学生们对于民族文化的认同。名字是中国人的民族符号，它凝聚了中华文化的博大内涵。这种文化上的传承，对于整个民族、国家，都是极为需要的，是教育者应该追求的。

当然，活动并非尽善尽美，还是略带缺憾的。因为自身学识和时间所限，虽然做了一些查询检索的功课，但我依然不能将所有学生名字可能赋有的积极含义都表达出来或表达清楚。建议开展类似活动的老师，事先详细查阅学生名字所用汉字的含义、典故。

活动中，我还发现了一个现象：虽然我事先并没有对如何使用黑板、怎样书写姓名提出要求，但学生依然表现出了很强的纪律性。

当第一个学生将自己的姓名竖着书写在黑板上之后，后续学生就都是竖着书写姓名，没有人横着写下姓名；并且都是一竖行只写一个人的姓名，没有出现一竖行写下两个人姓名的情况（即便黑板有很大的空间）；依次是从左往右书写的，没有出现一人在左侧写，后面有人去右侧写的情况。

我分析认为这班学生很守规矩，愿意按照既定要求行事，体现出很强的纪律性。但同时，我也担心其创造性不够，缺乏个性的表达。这个发现也使得此活动有了衍生意义，我会在日后的教育中，重视学生个性的培养。

在交作业中渗透规则教育

党啸林　北京市第一五四中学

今年，我再次担任初一班主任，面对的仍是一群十三四岁的学生，他们正处于张扬青春的"叛逆期"，不愿意被老师和家长们的各种规则和说教束缚和限制，无视规则存在的价值和背后的积极意义。如何让他们从思想上认可、赞同班级规则，从而自觉遵守班规呢？

暑假，妹妹参加的无领导小组讨论的公务员培训给了我启发，我想到可以利用交作业的过程，对学生渗透规则教育，让学生理解规则的意义和遵守规则的重要性。

与新生第一次见面，我没有根据小学期间的档案资料来指定临时班委，也没有刻意用桌牌来固定学生位置，只是做了一个简单的自我介绍。

第一次收作业的时间到了。"请把假期读书小报交上来。"我的指令一下，孩子们你看看我，我看看你，有点不知所措，过了许久才一个个羞涩而又新奇地把读书小报交了上来，总计用时三分半钟，并且交上来的小报摆放得乱七八糟。

我笑着指着桌上的这堆小报问："同学们，这项作业交得怎么样？"

"老师，太乱了！""太不美观了！"学生们也笑着回答。

我穷追不舍："看来老师刚才没有把收作业的规则制定清楚。我应该下达一个什么样的指令，才能让作业收得又快又整齐呢？"

"老师，您可以指定一个位置，只能把小报放在这里，不能乱放。"一个小男孩反应很快,立马提出建议。其他学生也不住地点头。

"这个指令不错",我称赞道,"如果这样下达指令,估计收上来的小报会整齐有序得多!看来,收作业也得制定规则啊!"说完,我在黑板上写下了一句话——"有效的规则,可以让生活更有序"。

孩子们一怔,似乎明白了点什么。

我继续说:"我们这次交作业用了三分半钟,现在老师规定,请你们在一分半钟之内交上数学作业。"

孩子们没有了第一次的扭扭捏捏,快速从包里抽出作业,往讲台上冲。有几个学生交完后还不忘帮忙整理一下已经交上来的作业本。一分钟不到,一摞很整齐的数学作业就收齐了。我朝孩子们竖起了大拇指,然后又在黑板上写下了一句话——"好的规则,可以使办事效率更高"。

之后,我又问学生:"我们还有语文、英语作业,谁能制定规则,来更高效地收其他作业呢?"

学生们七嘴八舌地议论起来,最终他们决定分小组竞争,看哪组先收齐作业。我表扬了学生制定规则的意识,对这种提议表示赞同。

"现在开始!"我开始看表,同时不忘记观察每组学生的反应。

45秒钟后,最慢的一组也交齐了作业。

我告诉学生,这三次作业交得一次比一次高效就是成功,以此来打消最后一组学生的不服气。我又请学生做了这样的设想:"现在的作业堆就是我们三年初中生活的缩影,通过刚才收作业的活动,你们有什么感想?"

"我想让我们的班整齐有序!"

"我会发挥自己的力量让班级变得更美!"

"高效地收作业需要具体、详细的规则。"

……

孩子们的回答热烈而真诚。

"同学们的意愿也是老师的意愿,老师愿和大家一起度过这美丽而又充实的三年。想让这作业收得整齐,需要我们每个人把作业交到指定的地方,这也就意味着想让我们班有序运行,需要我们每个人按照共同的约定来做事,这就是班规。顺着学生的话,我往下说。

"老师,班规是我们自己定吗?"一个学生迫不及待地问。

"班规是大家的班规,当然你们自己定。"我一边发校规,一边对他们说,"这是校规,请大家根据校规,拟定出咱们班的班规吧!一定要全面、具体、可操作哦！"

　　制定班规不是一项功利性的管理程序，而是一个培育美好生命的过程。之后，先是每个学生为班级提出一条切实可行的班规，为制度建设建言献策，接着成立了班级建设委员会，对征集上来的班规集中讨论，两周之后，班规正式出炉。虽说之后的实践证明，班规中还有疏漏和不足之处，但这是全班学生共同劳动的结晶，遵守新班规也成了每个学生的自觉行动。

建设民主型班级的实践探索
——以制定班规为例

文朝仪　浙江省宁波中学

所谓民主型班级，就是在这个集体中，老师与学生是平等的，学生之间也是平等的，而且老师和学生在这个集体中是相互促进、共同成长的。其发展的目标是让班级成为提升个体生命质量的集体。作为一个新老师，在没有任何经验的情况下，我认为此种模式是最适合我的班级的。那么，如何建设民主型班级呢？学生在这个过程中又如何实现成长呢？这里通过一个制定班规的案例来加以说明。

我们的班规在最终形成前，主要经历了四次活动。

第一次，由临时班委分头规划班规。每个班委先写出自己应该负责的内容，同学们在这方面需要做到什么，及奖惩措施。其实很多班干部都不知道自己该做什么，于是我通过这样的一次活动及与各个班委的单独面谈，把对他们的期望及他们在这个岗位上需要履行的职责讲清楚。虽然最终他们也没能给出一份完整的班规，但是我的初期目标基本实现了。

第二次，全班讨论确定是否需要班规。尽管我的最终目标是一定要有班规，但是这样一次讨论还是非常有必要的。这次讨论的激烈程度是我所没有想到的，认为需要班规的和不需要班规的人数差不多，意见也都非常尖锐。在这个过程中，我也与他们一起讨论，阐述了我认为的需要建立班规的各种原因。不知不觉中，一节课就结束了，而我们只讨论了这一个问题，但我觉得非常值得。因为大家如果在思想上没有统一，那么后面的行动将是无效的。而且这个过程，是学生之间、学生与老师之间进行的思想交流，是一种平等的体现。这一次，我们就以下问题基本达成了共识：班规不是约束而是保护他们的，班级需要一种共同的秩序，集体需要每个人参与并做出自己的贡献，个人才会从中获益。

第三次，全班讨论确定制定班规的原则。需要班规的共识已经基本达成，于是我私下制定了一份班规初稿，但没有直接拿出来，而是让学生讨论班规究竟应该是什么形式的，需要规定哪些内容。这时，大家头脑里都会出现自己以前所在班级的班规。有的学生说，班规就是一些惩罚措施；有的说班规应该简单一些，校规有的就不要再重复了；有的说就归纳成几大条；还有人说班规不能太死……总之提出了很多意见和方案。最终，我们基本达成了以下共识：第一，班规不应该只是惩罚措施，还应该有鼓励措施；第二，班规不应该只是纪律、卫生等行为规范的条条框框，还应有指引我们前进的方向；第三，班规不是不能改变的。

经过这次讨论，我们的班规基本成型。我没有在这次讨论中将初稿拿出来给大家看，但是，大家在此过程中已经感受到了我做事的一个原则：一件事要做就要做好，就要做得有效果，不要流于形式。

第四次，全班讨论确定班规具体条款。这次活动就很简单了。我把一份班规初稿拿到了班上，我们将最终达成一致的所有条款都保留了下来，将认为没必要的或不妥的进行了删除或者修改，最终形成了我们的班规。

这件事情持续的时间很长，在这个过程中，每一次集中讨论之前，我都会做好充分的准备，并把我想要渗透的思想整理清楚，把我想要表达的意思整理好，这样在与学生的对话中，在讨论的过程中，我就可以很好地把这些传递出去。

在这次班规制定的过程中，我认为比较好地渗透了以下一些民主思想：首先，班级的建设是大家的事情，不是老师一个人的事情；其次，作为个体必须参与到班级的建设中，自己才能从中获益，而且参与越多获益越多；再次，在团队里面，有不同意见一定要在达成共识之前表达出来，达成共识之后请遵守执行；最后，任何事情都是在发展变化的，我们需要不断地调整。

在班级管理中，我就是通过这样一项项具体的班级事务将我的民主型班级管理理念渗透给学生的。在这个过程中，老师是促成者，学生是参与者，老师是点拨者，学生是探索者，大家都能够感受到自己的主人翁地位。在这个小团体里面，学生学会了如何参与，学会了如何分享，学会了如何争取应有的权益，也学会了如何奉献，而这些精神和观念是需要慢慢建立的，这是对人生有很大作用的。而我在这个过程中，其实需要做的更多的是思考，思考一种方案，思考如何建立一种大家愿意共同遵守的制度，而不是把每件事都当成一个特殊的案例，或者每件事都亲力亲为，因为永远都有解决不完的突发事件。

耕织梦田，静候花开

——浅谈班级文化建设

李　絮　北京市丰台二中附属新教育实验中学

教室，是一个创造奇迹、演绎故事的地方。一位教育家曾经说过："生活于同一个教室中的人，应该是一群有着共同梦想，遵守能够实现那个共同梦想的卓越标准的同志者。他们彼此为对方的生命祝福，彼此为生命中偶然的相遇而珍惜珍重，彼此做出承诺，共同创造一个完美的教室，共同书写一段生命的传奇。"

从师大毕业，我带着我的教师梦来到了丰台二中，很幸运地拥有了自己的教室——初一（2）班。海子说，"给每一条河每一座山取一个温暖的名字"。我将我们的教室命名为"麦田教室"。当孩子们听到自己教室的名字时，第一感觉是没有创意，很普通，但是随着"麦田教室文化"的润泽，孩子们渐渐与"麦田"这个名字连在了一起。是啊！没有哪个名字是完美无缺的，重要的是它是我们 26 个人共有的名字。"麦田"这个名字，因为我们 26 个生命而变得特别。

一、装点梦田

这是一间崭新的教室，雪白的墙壁，整齐的桌椅，静静地迎接着我们，而孩子们一个个稚嫩的脸庞，映照着初出茅庐的我，一切都是新的，一切都刚开始，一切都要从这里启程。我期待这间空白的教室成为一个优美、高雅、富有教育性的地方。

我是一名语文教师，同时兼任班主任工作，在班级管理和教学实践中，我深深地体会到人文环境的重要性。教室外面的轧板上实时更新学生的照片和作品，将班级最美好的一面展示出来；教室里墙上悬挂着家长们为"麦田教室"而做的书画作品；教室里的板报上有大家共同的承诺和美好的期待，有大家共同生活的照片和文字，有大家从稚嫩到成熟的作品。窗台上，几盆兰花、绿萝静静地生长着，每天都吐露一些新绿，为班级增添一份宁静、一份安谧。书架上整洁典雅的书籍，散发着沁人的书香。教室的每一个空间都是我和孩子们共同生活的见证。只要一走进我们的"麦田"，就会被这浓浓的文化气息所感染，学习也就变得顺其自然。

一间小小的教室，随着时间一点点地被装点、被充实、被丰富……

二、耕织梦田

我们穿越一个个精彩的课程，我们体验着一次次活动，感悟着一次次温馨的庆典，这一天天的耕织，擦亮了无数个日子，这都是在为绽放而积蓄力量啊！我们诗意地栖居在这片梦田里。

（一）文化的熏陶

在信息爆炸的时代，电视、网络让孩子们的心日益浮躁，考试的压力让孩子们身心俱疲，因此给予孩子一种积极的生活方式变得十分重要。每天早上，当你走进校园，走进我们"麦田教室"的时候，一定能够听到我们一起吟诵唐诗宋词，欢唱英文歌曲。我们用美妙的诵读，优美的歌声，拥抱晨曦，相约黎明，开启一天快乐的学习之旅。阅读课上沉醉于阅读，在书中，我们或多或少看到了自己的影子，我们用自己的心去感悟书中的每一个人物，用笔去书写自己的故事。阅读朗诵，让我们有了共同的密码，那些美妙的诗歌，那些动人的故事，已经成为我和孩子们的生活的一部分，一点点充实着我们的灵魂。

（二）活动的润泽

学生们在"麦田"这个教室里，应该有归属感，这样才能使班级在个体的力量之上向前发展，而那种凝聚的力量在丰富多彩的活动中得以渐渐形成。运动会、实践活动、圣诞晚会、元旦晚会自然不必提，对于"麦田"来说，我们的特别活动让我们成为独特的"麦田"。

当现在的孩子只记得情人节和圣诞节，而忘却了中国传统的节日时，利用自己在语文方面的特长，我在班里带领孩子们开展了领略二十四节气魅力的活动。制作精美的PPT，从冬至开始，直到下一个冬至结束。在这段旅程中，我们以学习诗歌为主体，观察自然的变化；配合以国画、民间故事、汉字、书法、考古、对联、民俗……春天，我们读着关于春天的诗歌，嗅着满园的芳香；夏天来了，我们读关于夏天的田园诗；秋天是最富有诗意的季节，我们踏着落叶，感悟秋的深邃；冬天，我们在雪地里嬉戏，感受着大自然的魅力。当我们一路走来，领略了四节的诗歌，领略了四季的芳香和色泽，我和孩子们的生活也变得更加丰盈润泽。

校园戏剧节是我们的重要活动，莎士比亚的戏剧《麦克白》是我们挑战的剧目。剧本共读，我们一起朗读台词，揣摩人物的心理；角色竞选，我们一起用心去诠释每一个人物；戏剧排练，我们一起攻克台词大关。最后站在舞台上的孩子们熠熠生辉。闪光灯下的你们，是如此光彩照人。自信的脸庞，写满了幸福和快乐。但是没有人知道舞台上的光彩自信是来自舞台下的努力和坚持，也没有人知道那些在幕后默默流汗的英雄。一场戏剧，要凝结班级每一个人的心血才能终成大戏。在这里，我们学会了合作，学会了坚持，学会了放弃，也学会了自信……

(三)心灵的温暖

温暖，是每一个人的内心渴望和需求。班级文化是一种心灵温暖、师生共创的温暖。

每一个生命都是独一无二的，因此每一个孩子的诞生之日，对于"麦田"班来说，都是一次庆典。现在，孩子们的物质生活很丰富，但是却缺少精神上的关怀。在孩子们生日那天，我会用美好的生日诗为孩子的生命祝福，为孩子的生命喝彩！教室里的生日祝福，没有蛋糕和礼物等物质载体，有的是发自内心精心准备的生日礼物，也许是一个故事，也许是一首歌，也许是一首诗。这些礼物寄托了我的期待。班里有个平凡的女孩，少言少语，成绩平平，但是纯真善良，于是在她生日那天，我送给她一首顾城的《小花》，孩子感动地流泪了，班里其他孩子也都红了眼眶。在周记中，很多孩子们写道从来没有老师在班里给他们过过生日，还送诗歌。后来，她用她的实际行动演绎了那首诗歌，一朵平凡的小花在教室里绽放了。一点小小的心意，点燃了一个孩子的未来。而当我生日到来时，我也收获了孩子们的祝福：看着他们为我做的 PPT，听着他们朗诵为我写的诗、为我所做的文章，就在这么一间小小的但是充满了温暖和幸福的"麦田"教室里。

就这样，我们在"麦田"里，默默地耕织，静静地成长……

在阳光下，风吹过泛起金色的麦浪。你关注过一株麦子是怎样开花的吗？那些星星点点的白花在天地间开放，不艳丽，更不娇嫩，平凡简单。正是这些微不足道的麦花孕育了希望和收获。你听！麦田里不时传来此起彼伏的拔节声，让人感受到生命的律动。我想就这样默默地耕织，静候花开的声音。

我的"第二次"初中生活

——学会等待，舍得给爱

王　乐　北京市丰台区东铁营一中

作为"90后"青年教师，我在2014年8月底以班主任的身份迎来了33位初一新生。在军训前的一周，我每天都在思考：班规、班训如何定？纪律怎么抓？我利用假期阅读了两本与班级管理、班主任工作有关的书籍，对班级也有了整体的构想。但是，当我站在操场上，看着烈日下强忍着酷暑、纹丝不动站着军姿的孩子们时，我忘掉了以前的种种想法。没有孩子们，我的班规、班训又有何意义？所以，一切从了解开始。

回想我的中学生活，那经历是相当的丰富，可以说好事、坏事我全都做过，初中是疯丫头，高中是学霸。我一直都认为这些是我最宝贵的财富，因为不同学生的心理我多少都能设身处地地感受。所以我不担心班里出现任何问题学生，反而担心他们不能及时地适应新的环境（包括同学、老师、学校管理）。出于这种想法，我给自己定了两周目标，每周都有针对性地抓两三项常规。

第一周是军训，在军训前，我对学生提出了两个要求：一是听教官指挥，做到"快、静、齐"；二是每天回家写一篇不少于300字的军训感受。一天下来，我发现学生们即使在休息的时间也不怎么交流，安安静静地坐在那里。不交流，怎么能互相熟悉？这可急坏了我。我想如果是我第一次参加军训，面对一群陌生的同学和老师，我会有哪些感受？首先，我会害怕，处处小心翼翼，生怕做错事。其次，我会害羞，没有勇气主动与他人交流。最后，我会觉得军训真的很辛苦。所以在接下来的几次休息时间里，我主动走到学生的队伍中，教给他们缓解肌肉疼痛的方法，并找一两个稍微活泼的学生，让他告诉我周围同学的姓名，说不出来就开玩笑式地给他个小处罚，这下子学生们立马就来了精神，七嘴八舌地聊了起来。当天的军训日记中，好几位学生都提到自己交了新朋友。结交新的朋友，是一件多么美好的事情啊！

军训日记，真的给了我很大的帮助，通过它我了解了一些学生的家庭背景和心理活动。如班里有一位中暑的女生提到父母经常加班到很晚，总是把她锁在家里，这让她很不舒服；还有一位入学考试时打扮得很有个性的女生利用军训日记向我表达了想改变的讯息；还有一位学生提到他有些讨厌那些集合时说话导致集体罚站的人，等等。在阅读的时候，我会把那些有正能量的话语用波浪线标记出来，并给每位学生写一段话。如："你是一个坚强的女孩，我相信你能独立，你可以和父母谈谈，告诉他们你的想法，有任何困难，老师都愿意帮助你解决。""你是一个有正气的孩子，如果我是你在辛苦训练后不能休息还要被罚站，我也会讨厌那些同学的。但是，我想你也应该能理解咱们是一个班集体，要荣辱与共，无论是好的事情还是坏的事情，我们都应该学会承担和分享，我们把那些厌恶转化为力量帮助同学改正错误，我们的班级才会变得更美好。"这些话虽然很简单，但是会让学生们感受到我是与他们在一起的，我是在背后支撑他们的人。

第二周，是开学的第一个星期。学生们已经互相熟悉了，但是日常活动与军训有很大的不同，所以这周的要求：一是 7:20 到校交齐作业后方可进教室；二是课前 2 分钟准备好学习用具，统一放在桌子左上角，安静地等待老师上课；三是 12:00 打饭有秩序，不打闹。这三点要求看似简单，能都做好确实不容易，一周下来产生了各种问题，但是我的目的是：让学生知道交作业和吃午饭是每天的重要工作，前者是一天的开始，后者是能量的来源；课前准备是为了给学生一种紧张感，让他们学会尊重老师，尽快熟悉课堂和老师的习惯（什么课要用什么东西）。

对于班委的选择我并不着急，经验的不足，使我不能像老教师一样第一天就能选出有责任心的人。体育委员、宣传委员、劳动委员，这三者是日常工作中必不可少的，是选择的当务之急。当我指定了三位同学后，反而出现了各种问题。小龙同学发命令的声音不清晰，整队还停留在小学阶段。看看其他班的学生都像军训时那样小碎步看齐，而我们班还在"半臂间距向前看齐"，我也觉得在其他班主任前没有面子。看到其他班主任亲自上场教体委整队时，我非常懊恼，不是因为学生，而是因为我自己，我为什么不会整队呢？我也怕其他学生比较，有落差。在周一体育课前，我悄悄找到体育老师请他指导小龙如何整队，然后找小龙谈话：肯定他的工作，婉转地指出他的口令不太清晰，希望他能请教体育老师。周二再次整队时，我看到了班级的变化。说起出板报着实让我头疼，班级里没有人能够主动承担这项工作，我只好指派小爽负责。由于没出过板报，她有很大的心理负担。在周末休息的时候，我给她发了一条短信：别着急，一定要对自己有信心，可以上网找一些参考资料，相信你一定可以做好。我想，即使一周板报没有完成，那又有什么关系，孩子的第一次成长总是需要我们付出更大的耐心、给予最大的鼓励。

通过接触，我看到了班里学生的性格弱点、不良的行为习惯和学习方法中存在的问题。在与学生交流后，我们开始着手策划班名——"自 Li 4 班"，班训从"Li"出发，即理（树理想）、礼（懂礼貌）、立（肯独立）、励（能自励）、力（有魅力），班规将围绕这五个方面展开。

做班主任十天了，班里大大小小状况不断，但我始终保持着乐观的心态。学生们英语课文背不下来，急得跳脚，我就把自己的经验告诉他们；班委对工作太认真导致忽略了其他同学的感受，我就在班级中帮班委立威、肯定他们的工作，私下里再教给班委一些与同学沟通的技巧。一周下来，任课老师向我反映了班级的各种问题，学生们也会指出哪些同学违反了课堂纪律、不做值日等，而我认为这才是成长的机会。当学生们适应了学校的作息，了解了各科老师上课的习惯后，他们就会发现并改正自己的缺点。如果一开始就制定许多条条框框，没有理由地无情处罚，就可能给学生造成负面影响，让他们不能更好地、更快地适应初中生活。

我自诩是学生们的姐姐，希望能做到与他们谈心，让他们感受到家人般的关爱。我不担心他们不怕我，因为"怕"不是教育的最佳工具，当他们能够尊重我时，"怕"还有什么价值？我有时间和耐心等待着他们慢慢长大，从不会到会，从需要帮助到完全独立，在完成学业的同时找到自己的兴趣，会学习、会生活。

润物细无声

——诗意浸润的班级管理

杨　莹　北方交通大学附属中学

《教师的 20 项修炼》一书中有这样一句话让我有强烈的共鸣——"一名优秀的教师，要学会表达自己，而写作则是表达自己的最佳方式。"是的，回首自己这一年的班主任工作，特别是在班级管理建设方面我觉得收获很多。作为语文老师，我尽心尽责教好所带班级的语文，在班级管理方面我也走出了一条富有特色之路。

一、诗意营造温馨的班级氛围

2013 年 7 月 17 日，作为新初一班主任，我参加了新学年的第一次班主任会。会上我第一次拿到了初一（10）班的学生名单。接下来一个紧迫的任务就是准备 21 日的迎新会。刚来到北京，第一次面对刚入初中校园的孩子，我如何开好入学的迎新会？如何面对来自几十所不同小学的孩子们？又如何让我们消除彼此的陌生感，开始入学后的第一次交流？……如此种种不由得让我深思起来。

斟酌之后我决定发挥我的学科特长，用充满诗意的迎新语言先酝酿温馨和谐的气氛，拉近和孩子们的距离，再配合黑板上热情的话语、PPT 中温暖生动的图片、丰富多彩的活动来让我们的第一次见面温馨、和谐、自然。

我在精心制作的 PPT 中写下了给孩子们的欢迎词。

老师热情的问候、孩子们大方自然的自我介绍、别开生面的游戏活动以及最后的一曲周华健《朋友》，让孩子们的第一次相聚有意犹未尽之感！

事后，家长在发给我的短信中说道：原以为孩子们第一次见面应该很生疏，很难想象见面活动开展得这么好，孩子们可高兴了！

第一次的活动让我也感动不已，原来语言、活动真有无穷的魅力！事实上，这次活动也给我们以后的班级管理特别是班级文化建设带来了深远的影响。

二、诗意引领积极向上的追求

开学后，我们班在集体讨论后定下了班级的主题文化——"shi"文化。即"始、实、师、试、矢"。

"始"——千里之行，始于足下，良好的开头是成功的一半，也代表我们的梦想始于足下；"实"——代表我们诚实守信，踏实认真；"师"——教导我们尊师爱师，立德成人；"试"——提醒我们勇于尝试，不断创新；"矢"——代表我们坚定不移，勇往直前。

我期待着初中三年里孩子们力争做到"勤勤恳恳做事、踏踏实实做人"。我相信这也会对他们的终生产生深远的影响。

事实上，孩子们让我比较欣慰，在遵守纪律、文明礼仪等各方面都有着良好的表现。为了让这种良好的开端保持下去，在班级的第一次家长会上，我不失时机地结合语文学习"引导"家长，希望能在孩子们三年的成长中留下美好的回忆。家长们非常赞同，一致通过了给孩子们制作有着我们(10)班特色的随笔本。随笔本既能让孩子们养成良好的动笔、积累习惯，也可以引导孩子们珍惜时间、努力勤奋，拥有积极向上的心态。

会后孩子们积极行动起来，设计封面，制定班级班训、班级目标，分工合作，一丝不苟。作为班主任和语文老师，我在扉页上写下了温暖的话，既是对孩子们的鼓励，也留给他们一份美好的回忆。

随笔本印刷出来后，看到孩子们欣喜的神态、听到家长和学校老师们赞赏的话语，我觉得无比自豪。

三、诗意增强班级凝聚力

随着学生之间的渐渐熟悉和班级管理的深入，班里面出现了不少问题。特别是学生之间的交往，让温馨平静的班级有了不和谐因素。怎么办？在和班部委商量之后，我们筹划了一次主题班会——"友谊温暖人生"。

明确了主题之后，我把准备工作交给了班长部，让他们设计班会活动的方案。不过在班会的最后环节，我也准备了我的参与内容——班主任寄语。我精心地选取了开学以来见面会、运动会、外出拓展等活动中温馨感人的照片制作了PPT，并写下了我真诚的话语——诗歌《人生路上，感谢有你》。

这是一次难忘的、感人至深的主题班会。看着孩子们有的低下脸庞，有的露出感动的神色，我知道这又是一次心灵的洗礼！

四、诗意检阅班级风貌

5月底，我们接到通知，和年级的另一个班级一起准备6月初的班级文化巡展。时间紧、任务重，但必须尽最大努力完成任务。因为这是一次向外界展示我们班风采的机会，同时也是一次班级精神风貌的大检阅，还可以有力地促进班级的进一步发展。我们确立了文化巡展主题——"成长在路上"，分为三个部分：我的班级我的家，介绍温馨有爱的初一(10)班的总体情况及班训和班级的"shi"文化内涵，班徽、班旗；我们多彩的初中生活，用日记的形式展示从去年7月入班报到以来的学习、活动，展现孩子们多彩的初中生活；全班配乐诗朗诵《成长在路上》，同时用视频展示班级部委、小组风采，班级管理建设方面的重要举措，以及孩子们的学习、生活、活动中的精神风貌，表现出孩子们进入初中以来的不断成长成熟。

班长部、宣传部、文艺部、学习部……七大部委全部行动起来，十个小组的组长也在各自准备着。从班级内打扫布置到图片制作整理，从活动内容的安排到配乐的挑选，孩子们几乎都动了起来。有的同学甚至放弃了周末休息时间，主动来校布置教室。看着孩子们忙碌的身影，我激动万分，往昔点滴涌上心头，提笔写下了诗歌《成长在路上》作为巡展的最后部分。

这次巡展，同学们克服了时间紧、任务重等种种困难。虽然巡展中仍有不尽如人意的地方，但是通过这次活动展示了初一(10)班的整体风貌，再一次凝聚了全班的力量！

其实不止如此，"我的目标，我的承诺"迎期末板报、新年联欢会主持语、新学期"我的新年目标、我的愿景"等班级各项活动……无不体现出我们班级浸润诗意的管理、充满人文情怀的文化。

从孩子们对班级的热爱、对语文学科的喜欢，从孩子们随笔本中稚嫩的文字以及作文里越来越优美的语言，我明显地感觉到诗意的语言文字在班级管理中的魅力！它胜过无数的苦口婆心的说教，在潜移默化之中让班级拥有如此温馨和谐之美、团结向上之美！

我庆幸我是一位语文老师，能用文字留下岁月的记忆。我也感谢(10)班有这样一群孩子，在成长的岁月里留给我这么多温暖和感动！

岁月静好！愿感动相随相守！

我和学生一起制定班规

彭 礼 北京市北苑中学

对于规则，学生并不陌生。在小学，有小学生日常行为规范；在中学，有中学生日常行为规范，并且还有名目繁多的各种规定。可学生即便是能按照规则行事，也往往"知其然，不知其所以然"。下面的案例立足于让学生走进规则的形成和使用的全过程，在活动中感知规则的重要性和必要性，体会规则的制定应该采取什么方式等。

2012年我接手了初一(2)班的班主任工作。工作10多年也做过好几年的班主任，但这一批学生是我教过的最特殊的，他们的学习和生活习惯差到让我难以想象，有三分之一的学生上课不会认真听课，有的上课总是故意捣乱，随便说话，有的提一些无关紧要的问题让老师回答，还有的接老师的话茬，做鬼脸逗同学笑。上自习课时，教室里要是没有老师，就会乱成一锅粥。一开学我就给学生制定了一套班规，可学生们的好奇心理和叛逆心理强，违反纪律的现象时有发生，有的学生甚至将不遵守班规看成是证明自己实力、张扬个性的一种手段。这时我就想，让学生参与重新制定一个班规效果会不会好些呢？

于是有一天，我在班会上对全班同学说："同学们想不想我们班以后成为一个优秀的班集体？"我的话音还未落，学生们纷纷说："当然想！"

"好！我也和你们一样，希望我们班成为优秀的班集体！但是，我们在建设班集体的过程中，肯定会遇到许多困难，包括我们会犯各种各样的错误，这些都会妨碍我们实现自己的目标，怎么办呢？"当大家沉思的时候，我接着说："为了保证同学们因为集体的利益而克服自身的弱点，是否需要遵守班规呢？我们班有一份班规，这是老师制定的，大家觉得这份班规可行吗？（我给大家每人发了一份班规）觉得需要更正的请举手。"班上所有的学生都举了手。有的说太严了，有的说第几条太不合理了，有的说有缺陷，总之，各种想法都有。接着我又问学生："大家想不想自己制定班规呢？"马上就有一个学生问："是不是我们说了算呢？"我说："对，全交给你们，我想让你们以小组为单位，每组交给我一份班规草案，然后由班干部进行归纳、整理、加工，形成初稿，最后全班同学讨论、修改。你们看行不行？不要急于回答我，一定要想好后再回答，我想要你们真实的想法，不要为了让我高兴而说违心的话。"学生们开始认真地想，有的同意，有的说这不是给自己挖陷阱吗？我看大部分学生都有了自己的观点，就问学生："究竟有多少人同意呢？凡是同意自己制定班规的同学请把手举起来。"一会儿大多数学生都把手举了起来，还有几个学生左看看右看看，还在犹豫要不要举手。接着我又说："反对的同学不要有什么顾虑，不同意就不要违心地同意。我非常赞赏你们的独立精神！但我想听听你们为什么不同意制定班规。"

这时小强说："班规让我们受到束缚，不自由。"

星仔说："我觉得没有必要制定班规，同学们犯了错误，老师批评教育就可以了，而且班规是对大家的不信任。"

"同意小强和星仔说法的请举手，或者认为他们说得有道理而改变了主意的，也请举手。"这时有 6 名学生举起了手。

接着我又问："同意制定班规的同学，你们怎么看待小强和星仔的意见呢？"

没想到学生们参与讨论的热情很高，大家都纷纷发表了自己的意见。

有的说："肯定应该有班规，犯错误老师可以教育批评，可有的同学屡教不改怎么办？"

有的说："不能说制定班规就不自由了，班规是对不守纪律的同学的制约。"

有的说："班规不是束缚我们，而是规范我们怎样做才是最好！"

有的说："当然应该制定班规，一个集体要有统一的行为规范，不然会乱套的，国有国法，家有家规。"

听完学生们的发言，我总结道："我们尊重小强和星仔的意见，但就制度而言，民主有两项原则：行动上，少数服从多数；精神上，多数尊重少数。

人总是有弱点的。有清醒的认识，无论对自己还是对他人都至关重要。我们在创建美好班级的过程中可能会遇到一些障碍，因此我们要提出一些措施。这不是让学生检讨，也不是暴露自己不光彩的过去。为了你们自己的利益，我还是希望大家都能参与到我们班规的制定中来。"

接着，我宣布"我的班规我做主"班会正式开始。在制定班规前我提出了两点建议：第一，班规与《中学生守则》《中学生日常行为规范》应不同。它们当然是对的，但不可能涵盖一个班级的各种具体情况。另外，它们虽然对中学生提出了合理的规定，但这些条令本身不带有强制性。在执行的过程中，如果没有相应的惩罚措施，久而久之，就成了一纸空文。因此我们制定的班规不应仅仅是道德提倡，更应该是行为强制，应具有法律般的约束力，使其真正切实可行。第二，班规的内容要具有可行性和广泛性。可行性指提的要求、规定要符合实际，便于监督检查，不能提一些虽然合理但难以做到的要求。广泛性是指班规要尽可能地包含班级中一切可能出现的违纪情况，以后凡是班内出现了违纪现象，老师和同学都可以从班规中找到相应的处罚措施，做到有"法"可依。但惩罚不是体罚，整个惩罚制度的基本原则应是尽可能多地尊重一个人，也要尽可能多地要求他。

经过学生们的反复讨论、修改，花了两节班会时间，最后全班学生以无记名投票方式通过了班规。整个班规包括学习纪律、自习纪律、清洁卫生、体育锻炼、值日生、班干部、其他等若干部分，每一部分中又设置了若干具体细则，基本上覆盖了班级管理的各个环节。每一条都写明了执行者，并对执法不严者也有明确的惩罚规定。比我之前给他们制定的班规要详细、具体得多。实践证明，在后期执行的过程中也顺畅得多，学生也没有那么多的抵触情绪和叛逆心理。

教师应该让学生参与班规的制定。只有让学生了解、参与班规的制定，才能使他们接受班规，从而使班规中的规则内化为学生的一种行为习惯。以民主形式确立的班规，可操作性会大大增强，而且更有人情味。最重要的是，从心理接受角度来讲，班规是学生自己确立的，那么学生执行起来，热情就会更高。所以，班规的确立必须让学生从内心接受，班规作为治班之本，它不仅要成为约束学生行为的准则，更要成为他们发展的内驱力，促使他们养成良好的行为习惯，从而形成健全的人格。

巧用美文唤醒孩子的生命主体意识

——初一年级教育实践心得三则

袁 聪 北京理工大学附属中学

我从教 22 年，"引领学生成为教育自己的主体"的教育目标，日益引发我对教育本质意义的思考。为什么孩子们总是把自己的学习当作老师和家长合伙强加的任务？为什么孩子们总是把本来充满乐趣且促进成长的学习视为令人痛苦而又无法逃避的负担？为什么孩子们总是把对于个体生命的发展和人类社会的进步都很重要的规则与品德抛诸脑后？我经过长期深入地分析思考，得出的结论是，孩子们因为懵懂无知、自以为是而心浮气躁、主次颠倒，平时面对自己的本分却自认为是旁观者甚至是受难者。因此，我的新初一班级建设就从"唤醒孩子的生命主体意识"开始。

首先，我对初中学生的一般特征进行了分析：天真活泼，好奇心、求知欲、可塑性强；绝大部分都是独生子女，任性固执，以自我为中心；成长环境不同，在性格、能力、素质等方面个体差异大；处于青春期，易受同伴言行和环境的负面影响；沉浸在关爱之中，却麻木、脆弱、冷漠。

其次，我对所带班级的具体情况进行了分析：这个班级的学生学业基础、行为习惯、能力素养、思想认识参差不齐；多数学生没有做好进入初中的准备，面对新同学、新老师、新环境、新要求、新的学习内容和方式都表现出明显的不适应；最初两周，绝大多数学生都在收敛的状态下观望，即使是临时班委也不会主动站出来开展工作，发挥应有的作用；有不良习惯的约占男生总数的一半，个别学生陆续频繁地"冒头"，无视老师、招惹同学、大声喧哗、追跑打闹、丢三落四、逃避劳动、抄袭作业、检测作弊，严重影响了正常的教学秩序和教学效果；多数天真、懵懂的孩子在家中和小学里养成自由散漫、骄纵任性、自作聪明、自欺欺人、自我中心的行为习惯和思维习惯，而且还自以为是、自我感觉良好。

鉴于此，我觉得不能头疼医头、脚疼医脚，于是决心想方设法从根本上解决问题，使孩子们从"睁着眼睛酣睡的自我迷失状态"中觉醒，逐渐成为"自我个体生命"的真正主人，时时处处做"更好的自己"！

基于"唤醒孩子的生命主体意识"的教育理想和苏联著名教育家苏霍姆林斯基"真正的教育在于能让学生实现自我教育"的观点并结合孩子们的实际情况，我想到了鲁迅先生"唤醒麻木者的精神，首推文艺"的主张和西方某位哲人"读一篇好文章就像与一个高尚的人谈话"的名言，顿觉可以用"美文导读、启迪思想、感悟交流、促成自省"的方略，来达到我的教育目的。

心得第一则

大多数初中生没有具体、明确的学习和生活目标，更不用说把个人的成长与祖国的建设相联系的崇高远大的理想。所以，让孩子明白树立理想、明确目标的意义是有效引导他们确立目标的第一步。于是，我首先给孩子们印发了当代著名女作家毕淑敏的文章《每一只小狗都有一个目标》，力图让孩子们明白："最长远最持久的快乐，来自你的自我价值的体现。而毫无疑问，自我价值是从属于你的目标的，一个连目标都没有的人，何谈价值呢？"接下来印发了文章《人生从设定目标开始》，通过一个非洲青年在北极星的指引下走出撒哈拉沙漠的故事，告诉孩子们"新生活是从选定正确的方向开始的。一个人无论他现在有多大年龄，他真正的人生之旅，是从设定目标的那一天开始的，以前的日子，只不过是在绕圈子而已"。很多学生在读后感中都谈到了自己所受到的巨大震撼，认识到自己以前很长一段时间"只不过是在绕圈子而已"，今后要选定正确的方向、确立具体的目标。

很快就有学生写出书面的期中考试目标和实现目标的具体措施，还有学生主动找我表达要在班委改选时参加竞选的愿望。最有代表性的是，小邬同学告诉我她想上哈佛大学的高远目标，小张同学告诉我她想成为像于丹教授一样的知识女性登上百家讲坛，而且可喜的是，这些学生为实现自己的目标开始了行动。之后，我又对如何确立目标做了讲解，引导孩子们把长远目标和近期目标相结合，告诉他们近期目标要具体、切实、可操作。

可以说这一回合的仗打得很漂亮。同时，我一直在思考"怎样引导初中的孩子发现自己、认识自己、完善自己和怎样才能真正实现这一过程和目的"这两个问题。

当我看到班里近三分之一的学生把学习当成老师强行布置的任务时，我印发了文章《建造自己的房子》。一个老木匠退休前，老板要求他再建一座房子，去意已决的老木匠因为心急而敷衍了事。房子建好后，老板把大门钥匙递给他说："这是你的房子，我送给你的礼物。"老木匠震惊得目瞪口呆，羞愧得无地自容。我引导学生反思："我们又何尝不是这样。我们漫不经心地'建造'自己的生活，不是积极行动，而是消极应付，凡事不肯精益求精，在关键时刻不能尽最大努力。等我们惊觉自己的处境时，早已深困在自己建造的'房子'里了。"从而提醒他们："把你当成那个木匠吧，想想你的房子，每天敲进去一颗钉，加上去一块板，或者砌起一堵墙，用你的智慧好好建造吧！你的生活是你一生唯一的创造，不能抹平重建，即使只有一天可活，那一天也要活得认真、优雅、高贵，墙上的铭牌上写着：'生活是由自己创造的。'"

对于孩子而言，认真做每一件事是非常困难的。果然，一周后就有孩子问我，为什么要做"更好的自己"呢？非得那么认真吗？我顺势印发了当代哲学家周国平的文章《成为你自己》，让孩子们感悟"人生最重要的是，首先要成为你自己"的道理，因为"在茫茫宇宙间，每个人都只有一次生存的机会，都是一个独一无二、不可重复的存在。正像卢梭所说的，上帝把你造出来后，就把那个属于你的特定的模子打碎了。名声、财产、知识等都是身外之物，人人都可求而得之，但你对人生的独特感受是没有人能够替代的。你死了之后，没有人能够代替你再活一次。如果你真正意识到了这一点，你就会明白，活在世上，最重要的就是活出你自己的特色和滋味来。你的人生是否有意义，衡量的标准不是外在的成功，而是你对积极人生的独特领悟和坚守。坚持这一标准，你的自我才能散发出个性的光芒"。此后，我看到更多学生主动为班级做事，认真专心地做自己分内的事。

心得第二则

开学之初，看到孩子们早上到校以后，有的扎堆儿聊天，有的大呼小叫，有的补写作业，有的随意进出，有的翻找东西，有的沉默发呆，就是不能自觉安静下来读书学习，我提出要求：到校以后，立刻在座位上坐好，拿出书开始早读，不许随便说话、随便离座。于是多数学生能安静地坐下来了，但有的盯着书发呆，有的望着窗外出神，有的时而拿出语文书时而拿出英语书一会儿又拿出数学书……基本上不能"入境"早读。看来孩子们还不会安排早读。于是我精心辅导，告诉他们按课表的早读科目在前一天晚上制定好"早读规划"，第二天到学校就按计划执行。情况大有好转，多数学生早读有了具体内容。但随后又出现了混乱的局面，7∶40开始收作业时，由于各科课代表同时开始收，而学生们又没有准备好，结果教室里人声鼎沸。于是我又进行了规范细化，要求课代表按数学、英语、语文的先后顺序收作业，每个同学前一天晚上把作业按以上科目顺序整理好，第二天早上到校后先把作业放在桌子左上角，然后按计划开始早读。早读规划分成落实的具体内容和自我检测题两部分，以便增强实效性。这样早读整体"入境"的效果大为增强。

但过了一周，又有少数几个学生开始磨蹭或心神不定。我知道这不是操作层面的问题了，还是他们思想认识不到位，所以坚持不住。因此，我又印发了《人生最初的财富》一文，引导孩子们思考"一个人出生后，到底拥有些什么"的问题，领悟"说到底，无非是几十年的时间。所谓生命，也就是一个逐渐支出时间的过程。有些人需要地位，就用自己的时间去换取权利；有些人需要财富，就把它一点点地换成金钱；有些人需要闲适，于是就在宁静和安谧中从容地度过自己的时日"。但我又担心部分孩子只关注"需要闲适，于是就在宁静和安谧中从容地度过自己的时日"，不能正确理解这句话的含义，于是两天后，我又推荐学生阅读《努力请从今天开始》，引导学生们感知时间的意义："已经遥遥远远的过去和延伸到无边无际的未来，是两个永恒，所有的人都不可能活在两个永恒之中，一秒也不能。我们只是活在两个永恒的交接点上——今天。"我告诉学生，每一个人的生命都在每一个今天的每一分钟里。作为正在学习的同学们，抓住今天的最好办法，就是集中你的智慧、精力和热诚，投入到每一个"今天"的学习和活动中去。

接着我让孩子们闭上眼睛体验"一分钟"有多长，想"一分钟"能干什么，然后请他们阅读小故事《一分钟》，从中找到答案。

一分钟

著名教育家班杰明曾经接到一个青年的求教电话，于是与那个向往成功、渴望得到指点的青年约好了见面的时间和地点。

等到那位青年如约而至时，班杰明的房门敞开着，眼前的景象令青年颇感意外——班杰明的房间里乱七八糟、狼藉一片。

没等青年开口，班杰明就招呼道："你看我这房间，太不整洁了，请你在门外等候一分钟，我收拾一下，你再进来吧。"班杰明一边说着一边把房门关上了。

不到一分钟的时间，班杰明又打开了房门，并热情地把青年请进了客厅。这时，青年的眼前展现出了另一番景象——房间里的一切已变得井然有序，而且有两杯刚刚倒好的红酒，在淡淡的芳香气息里还漾着微波。

可是，还没等青年把满腹的有关人生和事业的疑难问题向班杰明讲出来，班杰明就非常客气地说道："干杯。你可以走了。"

青年手持酒杯一下子愣住了，既尴尬又非常遗憾地说："可是，我……我还没向您请教呢……"

"这些……难道还不够吗？"班杰明一边微笑着一边扫视着自己的房间，轻言细语地说，"你进来又有一分钟了。"

"一分钟……一分钟……"青年若有所思地说，"我懂了，您让我明白了一分钟的时间可以做许多事情、可以改变许多事情的深刻道理"。

班杰明舒心地笑了。青年把杯里的红酒一饮而尽，向班杰明连连道谢之后，开心地走了。

其实，把握好了生命中的每一分钟，也就是把握了理想的人生。

从此以后，我班学生基本能在到校后"一分钟"内进入早读，收作业安静有序，拖拉作业人员减少到了3人左右。

心得第三则

俗话说："人是铁，饭是钢，一顿不吃饿得慌。"特别是进入青春期的孩子，正处于发育高峰期。所以，从在校第一顿饭开始我就要求每个学生必须吃完，不能挑食、偏食、厌食。开始孩子们没说什么，以为过一段时间我会放松要求，可没想到我每天中午陪着他们进餐，还要一个一个检查餐盒。终于有学生和家长先后跟我说："为什么非得吃完？"我分别给他们做了解释：因为孩子吃饭时更多的是关注好不好吃、爱不爱吃、想不想吃，却忽略了身体发育需不需要，更忽略了农民"粒粒皆辛苦"的辛劳。部分饮食习惯不健康的学生正餐不好好吃，刚放下饭盒就去小卖部买零食，这样既伤身体，又伤品德，两败俱伤，所以是不对且不行的。

现在，我班绝大多数学生已经养成了吃完一盒"营养配餐"的习惯，非常有成就感。小李写道："和家人一起在外面吃饭，大家都会夸我，瞧人家，吃饭不浪费。多好！每当这时，我都会告诉他们，这都是被我的班主任——老袁'惯'出来的。"小郭写道："现在我可以吃完一盒饭了，也不再是最慢的了。我很开心，妈妈也说我长个儿了。"小孟感慨道："从入学到现在我身高增长了20厘米，体重增加了10千克，再也没人说我是瘦猴子了。"学生小张的家长反馈："小学时孩子一到家首先找吃的，现在进门就写作业。这一变化与中午在学校把营养配餐吃完、肚子不饿紧密相关。"

总之，在实践"美文导读、启迪思想、感悟交流、促成自省"的教育方略的过程中，我通过以上几方面的努力，使得班级管理日渐起色，学生的整体素质不断提高，但是班级中还存在着这样那样的问题，有待我不断地认真反思，及时总结经验教训，努力争取获得更加理想的教育效果。

我和我的一年级新班

曹艳娟　北京市密云区太师庄中学

这是一所农村普通中学,坐落在小镇旁边,经历了多年的风吹雨刷。当夕阳把天边染红,喧嚣了一天的校园显得格外平静安详。西边的操场上,每天都有人奔跑追逐。走进初一(6)班教室,我备感兴奋,那是我和一群可爱的孩子构建起的一个温暖和谐的班集体。因为孩子们是学习的主人,是学科课堂的主人,是班级的主人,他们也应该是班级管理的主人。就像学科教学一样,班主任不应该成为管理的主力,而应该是班级管理的引导者、监督者。从班级管理的实践来看,一个几十人的班级,仅靠一个或几个教师管理是不行的,关键是要教育和指导学生学会自我管理,使每个学生既是被管理的对象,又是实施管理的主体,达到"管是为了不管"的目的。

一、关爱学生,做学生的良师益友

对于刚刚离开妈妈怀抱的初一新生,首先面对的是苦与累的考验和想家的痛苦。为了排解他们的烦恼,我让学生写日记,记录他们的喜怒哀乐,这样就能及时了解他们的思想动态,有的放矢地做好学生的思想工作。在与学生共同生活的日子里,我和学生们同吃同住,经常利用闲暇时间找学生谈心,告诉学生"天将降大任于斯人也,必先苦其心志,劳其筋骨……"并开展多种多样的活动来充实学生的生活,让他们感受到集体生活的温暖、有趣。事实证明,关爱学生,做学生的良师益友，就能获得学生的尊重和信任，为今后工作的开展打下坚实的基础。

二、从实际出发，制定出一套较为完整而容易操作的班规

"没有规矩不成方圆"，班级管理一定要有一套较为完整且容易操作的班规。有人说："已经有一套校规了，还需要班规吗?"我认为需要，理由很简单：校规的范围太广，内容太多，操作起来比较困难，而班规可以针对本班的具体情况对症下药，由班委会和全班同学共同制定，重点突出而且容易操作。有了班规，就有了班集体全体学生共同的行为准则，班主任开展工作就容易多了。因为学生从心里面认同了这些行为准则，如果谁违反了这些行为准则，那么谁就应当受到纪律批评，就要接受同学们和老师的帮助教育。班规要制定好，更要落实好，这样才能为建设良好的班集体打下坚实的基础。为此，我在班内实行了"量化积分管理制度"。

"量化积分管理制度"是从卫生、课前准备、两操、就餐、桌凳摆放、课间秩序、课堂纪律、课堂发言、作业完成、教室值日等方面根据个人行为表现进行加减分，每两周评比一次常规管理优秀学生，并发放喜报，每月进行一次总结，总分较低的取消各种评优资格，总分较高的则优先评优。该制度的实施遵循"奖惩有据，奖罚分明，人人平等"的原则，既达到了约束学生的目的，又调动了学生乐于助人、为班级做贡献的积极性。

三、培养学生的自主管理能力

对于学生自我管理能力的培养，我主要从三个方面着手：第一，利用班会、队会等，向学生正面宣传"自己能做的事自己做"，让学生从认识上加深对独立性的理解；第二，在班级中安排"人人岗位责任制"，使每个学生都有自己的岗位，对自己的岗位负责；第三，联系学生的家长，取得家长的配合，培养学生在家的自我管理能力。学生们踊跃地参与。

四、精心培养班小干部

班级小干部是班主任的左右手，班主任要认真选拔小干部，同时要精心培养小干部。小干部对班集体有着"以点带面"和"以面带面"的作用，所以唯有慎重地选拔和培养干部队伍，班主任工作才能逐渐从繁重走向简单与轻松。

我在培养小干部方面采取的措施有：

(1)帮助小干部树立威信。对于学生自己选出来的班干部，要尊重他们的权利。每天的值日先由卫生委员负责评比，然后由我发表自己的意见和建议供他们参考。

(2)鼓励小干部大胆工作，指导他们的工作方法。

(3)严格要求小干部在知识、能力上取得更大进步，在纪律上以身作则，力求从各方面给全班起到模范带头作用，即"以点带面"。

(4)培养小干部团结协作的精神，通过小干部这个小集体建立正确、健全的舆论，带动整个班集体开展批评与自我批评，形成集体的组织性、纪律性和进取心，即"以面带面"。

此外，我还注意及时召开班干部会议，针对他们在工作中出现的问题，教给他们工作方法，使他们明确自己的职责，指出他们的优缺点和今后努力的方向。同时，我还要求他们注意班干部成员之间的合作，齐心协力，拧成一股绳，尽力在同学之间树立他们的威信，创造机会，锻炼和培养他们的能力。这些措施的目的不在于人人都能管人，而在于人人都能管自己，培养学生对自己、班级、家庭的责任感。很多任课教师说我们班的班干部很负责，每当听到这样的评价，我都会立刻表扬学生，从他们兴奋的眼神中，我看到了骄傲和自信。

五、培养学生良好的习惯

作为班主任的我，工作重点和中心任务是整顿班级纪律，培养学生良好的行为习惯和学习习惯。这一任务的完成要求班主任下决心，动真格，采取各种方法。我的具体做法如下。

(一)抓课前准备

俗话说，良好的开端是成功的一半，一节课的课前准备十分重要。开学初，铃声响了之后，大多数学生像没有听到似的，在玩什么的还玩什么。于是，预备铃声一响，我就到教室去，督促他们做好课前准备，然后在教室里巡视一圈，检查学生的书和笔记本是否放在了桌子的左上角。班委会建立后，课前准备由专人负责，班主任随机检查，现在学生对于课前准备已基本形成习惯。

(二)抓作业纸的收发

无论是课堂作业还是订正作业，每组组长必须收齐后方可交给课代表，不会做的题目可以不做，但绝对不允许有不交作业的现象，如果有人不交作业，课代表要及时记录，并利用晨会或班会进行曝光和教育。作业纸由课代表分给各组长，再由组长发下去，并且送到每个人的桌子上。绝对不允许课代表把作业纸直接放在讲桌上，否则学生们就会蜂拥而上。这一要求讲几次是不够的，要经常讲、反复讲，直到学生养成习惯为止。

(三)抓卫生保洁

教室的清洁工作往往做得很好，但学生保持得不够好。学生们有乱扔乱抛的行为，我就号召他们不乱扔废弃物，并带头捡班上的垃圾，还给每个学生划分出一块包干区，这样就消除了卫生死角。久而久之，学生就养成了良好的卫生习惯。现在无论什么时候走进教室，教室里都是整齐、干净的。

(四)抓自习课纪律

无论是午自习还是晚自习，要求学生必须保持安静，值日班长坐在讲台上督查自习情况，并做好记录。自习课上首先完成老师布置的作业，然后做手里自备的随堂练习，最后预习第二天要上的新课。这样，学生每天的自习课安排得井然有序，大大提高了学习效率。

我喜欢这样的日子，喜欢看到孩子们灿烂的笑脸，它能洗去我一天的疲劳，洗掉尘世的喧嚣。每每这个时候，我总会想，我还有什么奢求呢？能够跟这样一群孩子一起学习，一起成长，我心足矣！

只为续写生命中的辉煌灿烂

——初一年级管理策略

海　军　北京市朝阳区三里屯第一中学

又是一个金色的 9 月，我又迎来了 28 张全新的面孔。12 岁正是他们开启人生路的烂漫时候，我要怎样去教育他们、引导他们，我能为续写孩子们生命中的辉煌灿烂做哪些努力？经过思考我确定了教育目标："我要让孩子们成为无限相信自己的人，时时活在当下的人，善于阅读的人，关爱自己的人，享受学习的人，幸福的人。"树立了目标之后，我就思考该如何开始这个新的教育征程。

一、背景

随着时代的发展，学生们越来越多地接受了社会上的多重文化和多元思想，与老师之间存在着较大的思想上的分歧。而且，现在的孩子往往是两代人宠爱的孩子。小学 6 年，许多学生没有形成良好的生活习惯和学习习惯，不会阅读，不懂得感恩，不太会与人相处。因此，我决定采取一系列措施，帮助孩子们进行全面的调整，为他们人生的发展打下坚实的基础。

二、主题

为了解决上述一系列问题，我着手思考该以怎样的姿态出现在学生们面前，该在哪些方面与孩子们一起建设我们的"家"，该开展怎样的教育活动来让学生们学会成长，学会感恩，学会学习，学会生活。

三、细节

我筹备的第一个主题教育活动就是学生的入学报到。学校为了使学生有一个良好的开始，举办了新生入学报到仪式。

为了让学生们喜爱上我们的班集体，也为了让家长们对班主任有一定的了解与认可，我们对会场进行了特殊布置，并安排了各位班主任的介绍词。例如，初一(1)班班主任海老师：

> 海老师，中共党员，大学本科，中教二级，毕业于首都师范大学，现任北京市三里屯一中政治教师。从教 8 年来，已成长为朝阳区优秀青年教师，先后承担市区级研究课多节，30 多篇论文获奖，是学校优秀党员。多年担任班主任工作，本着"为了一切学生，为了学生的一切"对学生无私施爱，所带班级学生阳光向上，成绩优秀，在历届、历次考试中都名列前茅，在学校的各项评比活动中表现突出，多次被评为优秀班集体。

短短几行文字，有助于家长和学生充分了解、认可孩子所在班的班主任，从而激发起学生热爱学校、热爱班级、热爱教师的感情，并对未来的生活树立起信心。

我们还请全体初一学生面向校旗，举起右手，进行了庄严的宣誓。

> 我已成为三里屯一中初一的学生，我在校旗下庄严宣誓：
> 我富有智慧，我潜力无穷，
> 我要牢记家长期盼，不忘师长教诲，
> 我要热爱祖国，勤奋学习，
> 团结同学，遵纪守法，
> 明礼诚信，锐意进取，
> 我坚信，矢志不渝，我必成功！
>
> 宣誓人：
>
> 礼毕！

通过全体学生的宣誓仪式，让学生们快速地进行角色转变，明确中学生的身份，并让学生激发起内在动力，一心向好，树立起自信心。

我还设计了详细的新生入学培训计划（如下表所示）：

日期	时间	内容	地点	负责人
8月24日	7:00～7:30	开营仪式	操场	年级组长
	7:30～9:30	队列训练（旗语操）	操场	体育老师、教官
	9:30～9:50	休息、回班	教室	班主任
	9:50～10:50	学习入学培训材料	教室	×主任
	10:50～11:00	休息	教室	班主任
	11:00～11:30	检查仪容仪表、下发校服、下发培训手册	教室	班主任
	放学	撰写培训感悟（班主任批阅）	家里	学生
8月25日	7:00～7:30	上交培训感悟	教室	班主任
	7:30～9:30	队列训练（旗语操）	操场	体育老师、教官
	9:30～9:50	休息、回班	教室	班主任
	9:50～10:50	听讲座	小礼堂	×主任、班主任
	10:50～11:00	休息	教室	班主任
	11:00～11:30	年级口号、班级口号，精讲一：入学培训材料——三里屯一中一日常规	教室	班主任
	放学	撰写培训感悟（班主任批阅）	家里	学生
8月26日	7:00～7:30	上交培训感悟	教室	班主任
	7:30～9:30	队列训练（旗语操）	操场	体育老师、教官
	9:30～9:50	休息、回班	教室	班主任
	9:50～10:50	学校歌	小礼堂	音乐老师
	10:50～11:00	休息	教室	班主任
	11:00～11:30	班主任反馈三日培训情况	教室	班主任
	放学	撰写培训感悟（班主任批阅）	家里	学生

续表

日期	时间	内容	地点	负责人
8月27日	7:00~7:30	上交培训感悟	教室	班主任
	7:30~9:30	队列训练(旗语操)	操场	体育老师
	9:30~9:50	休息、回班	教室	班主任
	9:50~10:50	精讲二:入学培训材料——课堂常规和礼仪常规,落实班级结构图(上交)	教室	班主任
	10:50~11:00	休息	教室	班主任
	11:00~11:30	评选入学培训优秀标兵,每班9~10人,上交名单(海军)	教室	班主任
	放学	撰写培训感悟(班主任批阅)	家里	学生
8月28日	7:00~7:30	上交培训感悟	教室	班主任
	7:30~8:00	队列训练(旗语操)	操场	体育老师
	8:00~9:00	军训闭幕仪式: 1. 升旗仪式 2. 旗语操成果展示 3. 优秀标兵代表发言 4. 领导讲话 5. 优秀训练标兵表彰	操场	×主任、体育老师、班主任
	9:00~9:20	休息	教室	班主任
	9:20~10:20	撰写入学培训总结(不低于600字,写完上交)	教室	班主任
	10:20~10:30	休息	教室	班主任
	10:30~11:30	1. 班级内部做好开学准备 2. 做班级墙报准备 3. 大扫除、放学	教室	班主任

新生入学培训中不仅安排了旗语操的练习,让学生在身体上做好充分的开学准备,而且还为学生更好地开启新生活,增加了学习校规校纪、学唱校歌、解读校训、确定年级口号和班级口号、制定班规、确定班干部和筹建班级文化建设活动,同时还进行了绿植的布置,筹建了图书角等。虽然我们还

未正式开学，但是孩子们一走进教室就已经有了家的感觉。

在开始新生入学培训活动前，我们还举行了开营仪式。为了让全体学生能够明确标准，鼓励士气，我们年级组打磨了开营仪式的主持词，重点内容如下：

进行新生入学培训，不仅仅是为了提高我们的体质，更是为了培养我们坚韧不拔的意志、百折不挠的精神、宽广博爱的胸怀、艰苦奋斗的作风。

眼下正值高温时节，我们大家参加培训不仅要有高昂的热情，更要有坚强的意志和顽强的毅力。同学们要发扬不怕苦、不怕累的精神，坚定信心，咬牙挺住，这样才能达到培训的目的，取得实在的效果。我相信经过大家的共同努力，我们一定能出色地完成任务。

我们还编写了《新生培训手册》，旨在让学生通过每日的反思来获得自身的成长。班主任也可以与学生通过文字再一次进行每日的交流与沟通。手册设计如下表所示：

日期		天气		心情	
身边的榜样 （找到你身边值得你学习的榜样并说明原因）					
今日的收获					
今日的反思					
班主任评语					

为了能够更好地开展工作，我们还进行了班级文化建设，开学前就设计并制作好了班级墙报。墙报的主题是"迈好中学第一步"，包括"班规班纪""快乐的暑假""扬帆起航"三个板块的内容。我们还进行了年级墙报的设计，包括"庆祝教师节""训练剪影""暑假作业——晒晒我的收获"等，把孩子们成长中的点点滴滴和年级大事都展现在了墙报上，使我们年级的文化长廊初见模样。

为了让学生学会自管自育，用自己身边的榜样去教育自己，我又提前设计了学生成长手册（如下表所示），旨在让学生每周一反思，每周一总结，每周一进步。

日期：　　　　　　第_____周

本周正能量	
本周最大的收获（成绩或启示）	
本周反思（所犯错误或别人犯的，自己应借鉴的教训）	
下周计划（对于明天要做的，提前安排好）	
身边的榜样（写清学习哪方面）	

　　通过上述一系列的做法，孩子们迅速地转换角色，积极、快速地适应初一生活。班主任们也可以按部就班地开启新的班级管理工作，做到有条不紊。"好的开始等于成功的一半"，我相信，我们前期的充分准备和有效的起始措施，会让学生快速内化成一种心态、一种信念、一种生活智慧，更固化成一种人生品质。我更相信，我们浇灌培育的这颗已然萌发的教育种子，必能在学生们今后的人生中开出最美的花。

正是新星升起时

王腊春　北京市延庆县第四中学

刚刚步入初中阶段的学生，对于即将开始的初中生活有着一种全新的感觉。对于新的环境、新的老师、新的同学有着一种美好的愿望，对未来的学习生活充满信心、充满幻想。俗话说："良好的开端是成功的一半。"这时的引导教育，会为今后的教育教学工作奠定基础。作为初一新生的班主任，我们如何才能让几十名带着新奇和愉悦心情迈进中学大门的学生，在中学校园里有一个良好的开端呢？

我认为，了解学生的心理，及时给学生提供宽容、催人奋发的心理环境尤其重要。那么，如何才能更有效地调动学生的积极性？我想起了电视节目——星光大道，何不让我的新班也行走在星光大道上呢？

开学第一天，我就问学生们愿意在怎样的环境中生活，顺势引导学生确立班风：做文明学生，创最佳班级。接着我和学生们聊起了星光大道，问他们想不想也成为一名新星。学生们异口同声地说："想。"于是我们便约定给在学校的各项活动中表现突出的同学评星。看着学生们眼中闪耀的光彩，我知道，每个人心中都有了自己的"明星梦"。

创新从入学的第一天开始。没有千篇一律的学校介绍，代之以每个学生领到一张《我们的四中》情况表，里面列出了一系列的任务，如熟悉3～5名同学，找到老师办公室，认识老师……学生自由组成小组，共同去熟悉校园环境，看谁在活动中表现最积极、最突出，谁就是我们的活动之星。学生们兴趣盎然，穿梭于校园的各个角落，找老师、同学签名，找各科老师的办公室，找各专业教室……忙得不亦乐乎。两个小时后，大家在教室里集合，学生们兴高采烈地谈着自己的感受。这个说："我认识了 8 个同学。"马上就有人不甘示弱："我认识了 10 个同学，我还找到了我们班所有老师的办公室……"同学们都投来敬佩的目光。评选最佳活动之星时，我顺势问道："谁在今天的活动中表现最出色？"同学们便七嘴八舌地说开了："田嘉义最棒，他认识的人最多。""韩佳依带着我们一起找到了我们班老师的办公室，她还请老师给我们几个同学签名。""我们找不到生物实验室，翟钰鹏一个人楼上楼下跑，终于帮我们找到了。""我们不知道老师的电话，唐泽一个老师一个老师地问，她做得最好。"……同学们是真诚的，评价也是全面的，不仅看到谁完成了任务，还观察到谁能主动帮助别人，谁最会想办法。学生们通过活动，不仅熟悉了学校的环境，更提高了与人交往的能力，减少了初入中学的陌生与不适。在学生们热情洋溢的推荐与评价中，我们新班的第一批新星诞生了。看，他们的小胸脯挺得更高了，头也高高抬起。入学的第一天，他们便找到了成功的感觉，让其他同学羡慕不已。我趁机鼓励学生们："只要努力，每个人都可以成为班级之星，甚至年级、学校之星。"学生们亮晶晶的眼睛告诉我，他们高兴，他们喜欢这样的形式。

于是，评选班级之星的活动便一发不可收拾。在接下来的军训中，炎炎烈日下，他们的身姿一个比一个挺拔，动作一个比一个标准，神情一个赛一个认真。因为他们知道，有教官在检查他们，有老师在关注他们，有同学在督促他们，谁都想在新的环境中给大家留下一个好的印象。他们期待自己能评上吃苦耐劳星、遵规守纪星、文明礼貌星、积极训练星……听到教官和其他老师夸我们班的孩子认真、可爱时，我不由得窃笑：没有欣赏，没有走在这星光大道上的强烈愿望，孩子们哪来这么高的积极性？捷克教育家夸美纽斯说过："孩子求学的欲望是由教师激发出来的，假如他们是温和的，是循循善诱的，不用粗鲁的办法去使学生疏远他们，而用仁慈的感情与言语去吸引他们，假如他们和善地对待他们的学生，他们就容易得到学生的好感，学生就宁愿进学校而不愿停留在家里了。"走在星光大道上，每个孩子有了更多展示自己的机会，也有了成为明星的愿望。也许他们的素质不是最好的，但他们在老师的激励下有了强烈的成功意愿，由此带来的内驱力又有谁能阻止得了他们呢？

心理学家伯利纳通过实践证明：受到激励的学生学习劲头足、成绩不断提高。在班级活动中，充分利用学生的竞争意识激励学生积极向上，是形成班级良好学习氛围的一种最有效的教育手段。为增强班级活力，唤起学生强烈的成就动机，激发每一个学生的斗志，使每一个学生最大限度地提高参与学习活动的内驱力，我给学生讲述了我从教以来所教学生中最成功、最感人的优秀学生事迹，让学生们从中体会"坚强、耐力、超越、肯吃苦"等品质，同时在班内各项常规工作中开展评星活动，树立了一批榜样，使每个学生逐渐形成向好同学看齐、向更高目标迈进的奋斗意识，并用这种竞争向上的心态来支配自己的行为。

对于一个刚从小学步入初中的孩子来说，教育的重点是学习兴趣的激发和习惯的培养，而良好的班级氛围是学生成长的重要保障。我召开了"融入集体，贡献力量，收获快乐"的主题班会。在班会上，我告诉他们，过去的成绩已不重要，将来有很多机会能证明自己，有很多事情可以从头开始，重要的是现在我们要做什么，怎么做，只要努力，每个人都可以成为"明星"。另外，我指导学生快速融入集体，为班集体多做好事，团结奋进，并建立"班荣我荣，班衰我耻"的意识。总之，我要让学生们明白老师的管理思路和管理目标，向他们指明新学期、新班级努力的方向。在具体制定班级目标和班级公约时，我鼓励学生们大胆提建议，并评选智慧之星。学生们受到鼓励，自主建设和管理班级的积极性就更高了。

走在星光大道上的不能仅是优秀的学生，还应该包括更多的学生。对于原来成绩较差或习惯较差的学生，更应带着放大镜找优点，并及时给他们表现的机会。他学习不好，可能歌唱得不错；他体育不行，也许画画是他的特长；他默默无闻，但他爱劳动……班主任要细心观察，为他们量身定制，设置更多的星光奖项，让他们体会更多的成功的喜悦，产生"我要更好"的愿望。让学生大胆地说出："我不是最精彩的，但我肯定是最努力的！"放大学生的优点，看到学生的长处，为学生的每一点进步喝彩。如在我们班，每周评选纪律之星、学习之星、劳动之星、进步之星、积极发言之星、生活之星，等等，并通知家长进行适当的表扬，其目的是让每个家长及时了解孩子在学校的表现，多表扬，少批评，发挥家长的激励作用。试想，一个平时总是受批评的学生有朝一日也能光荣地登上星光舞台，对他的激励作用有多大？

德国教育家第斯多惠说："教学艺术的本质不在于传授的本身，而在于激励、唤醒和鼓舞。"现代心理学的研究也证明，当学生的某种良好行为出现后，如能及时得到相应的认可，就会产生某种心理满足感，从而形成良好心境，并使同类行为向更高层次发展。在老师的赏识、家长的激励、同学的鼓舞中，每一个学生都在班级中彰显自己的优点，可以让班级氛围更为和谐。走进我们的教室，能看到壁板上熠熠闪光的群星之照，能体会到孩子们的自豪与骄傲，更能感受到"我要努力，我要成功"的强烈意愿。学生们走在星光大道上，有了愉悦，有了自信，有了动力。我相信，不久的将来，他们会在人生的大舞台上成为真正的明星！

成为学生心中的"男神""女神"

——浅谈我和我的初一新班之情感

李一丹　北京市劲松第一中学

　　　　教书是一场暗恋，你费尽心思去爱一群人，结果却只感动了自己；教书是一场苦恋，费心爱的那一群人，总会离你而去；教书是一场单恋，学生虐我千百遍，我待学生如初恋；教书是一桩群体恋，通过你的牵线搭桥，相恋成片，教师却在原地一成不变。亲爱的同学，你若不离不弃，我便点灯相依；你若自我放弃，我也无能为力！

　　在新初一带班三周之后我给孩子们读了这段话。一个个小面孔上有了各种各样的小表情。当然，更多的是赞同、理解和感动。

　　感情这种事儿，付出的要恰到好处。少了显得没有责任感，多了又容易让人疲惫反感。

　　孩子们的世界很单纯，小学的天真懵懂还在延续，升入初中的新奇、激动、错杂、恐惧等情感交织在一起。作为一名年轻的班主任，只要有一点点亲和力，和孩子们有一点点共同语言，就很容易和学生打成一片。只是如何把这种亲近和喜欢变为教育的手段，让孩子不只是单纯地喜欢这个年轻的班主任，而是能积极健康地成长、努力自主地学习、稳定迅速地成熟，这才是最重要与根本的话题，也是一名教师的本职所在。

　　很羡慕学校安排的教龄 20 多年的班主任师傅总是给所有

学生严厉庄重的第一印象，使得孩子们总是把师傅的话烂熟于心，一个个规矩老实；一两年之后，在亲近、了解之余我渐渐体会到师傅的慈爱与用心，然后以一颗感恩尊重的心去努力与奋斗。

孩子们不会轻易地认定我是他们的父母辈，最多是一个温柔的大姐姐。那么对此孩子们的反应就很明显地体现出两种趋势：很热情和很随意。很热情的孩子中又分为，因喜爱而迫切渴望被教师关注从而努力表现好自己，以及小小表现出自己的负面能量以求得关注两种类型。很随意的孩子则分为，因为有从小养成的一套学习方法，所以不在意班主任，可以继续按自己的方式学习，以及习惯了小学教师的严厉及猫捉老鼠的游戏，对于初中这么和蔼可亲的教师瞬间可以放松懈怠两种类型。

无论哪一种第一印象，班主任之后的任务都是让走上正轨的孩子继续顺利快速前行和让逆向而行的孩子回归正轨。

一、硬性常规大家定，全班一起抓落实——立了规矩又走近了孩子

新初一从今年开始取消了军训，改由学校体育老师进行做操培训。在与孩子们熟悉的过程中，我们一起制定了与班主任的十条约定和"六观三字经"，分别是眼、耳、脑、嘴、手、腿在不同情境下需要做出的反应与判断。孩子们很新奇，各抒己见。这次所谓"班规"的制定，从主持、发言到最后拍板我成了真正的旁观者，只是做了一些小的形式和力度的调整，以及总结性发言。孩子们觉得教师很民主，并且延用了小学一些好的方法手段。新班第一次班内讨论，耗时有些长，过程中也有轻微失控的时候，但是只要稍加纠正事情总是在"按套路出牌"。

当天晚上就有家长发来短信，说孩子很感谢老师赋予孩子很需要的权利，说老师温柔又通情达理。这次班规的制定，虽然效率不够高，但孩子们在讨论甚至争执的过程中定下了自己的规矩，全班所有学生都是信服并且认可的。在接下来的实际操作过程中就会服从，违反了班规也甘心被"惩罚"。

在之后的几天培训中，班规开始发挥作用。我刻意地放松管理，于是有些孩子的天性暴露了出来，都是很小的举动，如做操手不够平，午休的时候小声说了话。观察了两天，我的心里也有了底，知道比较容易犯错、自觉性不够强的孩子有哪些。然后，开始找机会让他们暴露出来并通过班规进行处理。

哭泣的小男孩

除了班规，我的班委也是完全自荐的，一些性格外显的小男孩就会非常热衷于当个小官。班里的纪律委员选了 4 名竟然全是自制力不够强的小男孩。其中一个班委——淘气、管理方法不得当、得罪过同学的一个小男孩，在一次维持自习纪律的时候委屈地掉下了眼泪。恰巧自习课之后就是班会课，于是我说"那咱们班会就来处理这个问题"。

孩子的哭泣久久不能停歇。我说："孩子，班里的地好脏啊，你擦一擦好不好？"孩子听话地去拿了墩布。然后，全班安静了下来。小男孩一遍一遍地擦地，终于地面亮堂堂了。我说："好了，现在开始解决问题，但请允许我提几点要求：第一，描述事情的时候往久远想，因为事情闹成这样不是一天两天造成的，请你讲一讲历史；第二，这次的导火索是什么，请把具体情景客观公正地描述出来，无论旁观者、当事人，班里发生这种事情大家都有责任，包括我这个班主任。所以先描述情景，再分析自己的原因。"我看到有些孩子不由自主地点头。

于是，我先找了一个旁观者来描述，事情无非是哭泣的小男孩自己不遵守纪律，因而管别人的时候其他孩子不服气，斗了两句嘴就产生了矛盾。接下来，我让两个当事人陈述事实。人的本性都是习惯性地先去指责别人，所以他们还没说完，一贯微笑的我就皱起了眉头。很会看眼色的几个孩子就开始小声阻止了："说自己！说自己！"两个孩子最终互相承认了错误，并且当众道了歉，得到了班主任原谅的"拥抱"。

在我示意性地拍了拍男孩子的肩膀的时候，班里有了一些可爱的笑声，然后我和两个小男孩也笑了，我调侃了一句："男生赶紧趁现在把错都犯了啊，然后挨罚了之后能跟我抱一抱，不然等你们到了初二，就该不让我碰了。"在一片欢声笑语中我们解决了这个问题。

又是一节课，用很长的时间解决了一件小事。不过通过观察，哭泣的小伙子在纪律甚至作业、学习等方面都有了明显的进步，孩子很聪明，入门很快，事发到现在快一个月了，没有再犯任何错，得到了同学们的认可，并且对于班级能进行更有效的管理，成了我不可或缺的小助手。这样的时间付出是值得的。

二、因人而异教育法，个别对待私下抓——深入了解又对症下药

"好脾气"的教师如何教育学生？我自认为是一个脾气好、心态好的人。因为我总是认为孩子的问题源于各种情况：家远、家庭变故、小学时没有养成好习惯，所以都是可以理解的。然而，作为一个班级管理者，我明确告知孩子们有些事是无法原谅的。因此，孩子们也是在努力做好并且一旦违反规定甘心挨罚。有一天，两科教师都反映班级作业出现了问题。我想了许久如何发这个火，无果后换了个思路，我要不要改变"惩罚"的形式？于是，我进班严肃地说，今天没认真完成作业的孩子失去了两天被教师亲自辅导的待遇（有一些学生可以不通过组长、队长、课代表直接向教师提问）。没有完成任务的孩子低下了头。之后的一周奏效了。在那些被罚孩子"解禁"可以找我来问问题的时候，他们开心得不知所措，放了学还不走，要求留下来补课。

因为班级人数太多，我很难做到每天对每人都进行辅导，所以要充分发挥小组和团队的作用。因此，孩子们都习惯了有问题先去问同学，解决不了才来找我。孩子们把能得到我的辅导当作一件非常幸福的事情，所以也就有了这样的惩罚形式。感情投入到位了，怎么处理都是行之有效的。

沉默的小男孩

好不容易用半个月左右的时间把语、数、外三科课堂纪律"调教"好了，孩子们又开始在历史、生物等课上淘气。有一天我碰到生物老师正在批评我班的三个男生，有两个男孩子表现得很诚恳，在道歉，但另一个男孩子看得出来很不服气，在与我目光对视之后低下了头。详细了解之后我得知，这个孩子是被冤枉的。男孩子说虽然觉得委屈，但班主任教过他们不直接和任何教师发生冲突，所以他一直在忍耐。

我首先当众表扬了这个孩子的做法，然后告诉孩子们我们教师看到的也许只是个侧面，科任教师更没那么多机会去了解你们每一个人，所以难免会出现摩擦，要知道什么是以大局为重。不要当堂公然和教师对峙，有问题下课解决，并且一定要解决，不能埋在心里。

然后我讲了我看到英语教师因为年纪大、身体胖可能有高血压，放学给孩子们讲完课之后脸红红的、满头大汗的样子看得让人担心，希望大家多关注英语老师，多帮帮英语老师。令人感动的是，在我说的过程中，很多孩子在悄悄地抹眼泪。孩子们信任我，遇到一些事就算再想不通也知道我会做出

合理的判断。

班级是个小社会，不，是个大社会。其他工作接触到的同事都是目标、目的比较相近的人，也都相对成熟，可以相互理解和交流，而班级里这些半熟不熟、半懂不懂、各种背景下成长起来并且进入青春浮躁期的孩子们可谓是"鱼龙混杂"，如何去协调与管理真是门大学问。但总的来看，以上种种情况到最后都不是我在解决问题，而是我耐心等待最终让孩子们自己去解决。

三、自然发展常陪伴，顺其自然变规范——潜移默化中建立默契

在遇到突发问题时，我处事的方法是：顺其自然又见机行事地让孩子受控却浑然不觉，让孩子离得开又离不开。看似顺其自然的发展其实掺杂了很多班主任主观的元素，孩子们也在不知不觉中被同化、被改变。

成熟的大女孩

文静、优雅、懂事、成熟是她的代名词。板报壁报、班级卫生她处理得大方得体、干净整洁，她是教师眼里的好学生、部分学生眼里的好干部。所谓"部分"，相处久了就会感受到。她有着青春期女孩子的特点，爱打扮、好张扬；有成年人的那种处世方法，受到了很多男生女生的青睐。她有一个好人缘，但当有了几个小爱慕者之后，她产生了厌烦心理，找我诉苦："老师，他天天找我，烦死了。我不知道怎么去拒绝……"一连串的问题说完之后，她告诉我："老师请放心，我会妥善解决的。"谈话的过程中，我说的只有简单几句："不要烦恼，要是我我也喜欢你，你这么优秀。""你做得对，我相信你。"

这样的女孩子不需要指点，指点也没有用，因为她有自己的想法与思路。唯一需要做的就是让她发泄出来。与其说发泄，不如说是炫耀，让教师知道她很受欢迎。我需要做的就是用鼓励与督促，让她往好的方向去发展。

四、恰当"善意学舌"——轻松幽默促进孩子自我反思并增加个人魅力

与其批评女孩子发型不合格，不如过去帮她梳个小辫儿；与其批评孩子做操不认真，不如过去纠正他的动作或者做示范。在指正孩子的错误时，可以学他的语气、表情、动作，孩子尴尬地一笑之后就会改正。

各种小的事情、情景都是教育的契机，可以就此得到很多收获。作为教

师，在社会日益发展、对教育要求越来越高的今天，我们只有不断地努力、不断地追求，才能适应发展变化，才能得到学生及家长的喜爱。我们应把学生当成自己的家人，为他们送去一份爱心、一份真诚，与他们进行心和心的交流，有时是朋友，有时是教师，在生活、学习中扮演不同的角色，努力成为一名合格的教师，成为孩子们心中的"男神""女神"。

初中生养成记
——从学生行为规范和养成开始

葛李勤　北京市房山区第四中学

　　刚刚从非师范专业毕业的我幸运地加入了房山四中的大家庭。当得知自己被委任为初一（2）班的班主任时，欣喜的同时更多的是不安。因为毕业于非师范专业，也甚少与初中孩子打交道，担心与惶恐时时萦绕在心际，生怕自己带不好班，做不了一个合格的班主任。但既来之则安之，经过一年的实践锻炼、研究学习，我学会了很多，特别是在带初一班级方面有了一些自己的心得体会。

　　步入初中学习时代，标志着一个人启蒙教育的结束，认知型教育的开始。根据苏霍姆林斯基的自我教育理论，促进自我的教育才是真正的教育。也就是说，初中的教育，不仅仅要教给学生知识性文化，更重要的是要促使他们塑造自己的精神气质和形成对人生的基本认知观。因此，我一直秉承的是学知识先学做人、读课本先读自己的教育模式，力求将学生规范行为的养成及思想塑造作为突破口，进而形成具有鲜明特色文化的班集体，为学生在初中阶段学习的征程中把握好方向、蓄足能量。

一、治班思想、治班理念

　　我的治班理念可以提炼为16个字：培育个性，凝结共性，快乐学习，和谐班级。活泼、张扬、淘气、聪明等都是我们班学生身上显著的特点。诚然这些特点在日常学习中会给班级工作带来一些麻烦，但作为孩子身上的品质和特点我们只能合理疏导、转劣为优，切不可一味压制，搞一刀切，那样只会适得其反。尊重个性、培育共性符合事物发展的客观规律，在尊重孩子自由健康成长的过程中，引导他们学习知识、锻炼能力，是我治班的基本出发点。

水到渠成，磨刀不误砍柴工，在此基础上，我结合一定的班级制度和规范，引导和教育孩子从德智体美劳各个方面全面发展，争取实现快乐学习、建和谐班级的根本目标。实践证明，长期的引导和约束，对学生养成良好的学习习惯、科学的思考方式都具有不可忽视的作用，使他们在潜移默化之中得到了提高。

二、无规矩不成方圆

规范行为是保证一个班集体有序健康发展的前提，一个团结向上的优秀集体是离不开纪律的约束的。刚从小学升入初中的孩子自我约束能力、自律意识都较弱，因此，对于学生行为的规范和养成要细致而全面。我做了如下工作：(1)制定班级规定，规范学生行为，形成良好班风。班规内容包括学生日常行为的方方面面，比如衣着穿戴、礼仪规范、纪律卫生、学习习惯等。(2)建立得力的班委会，主持班级日常工作，维护班级秩序。(3)实行小组化管理，量化评比，得分最高的将个人照片贴在光荣榜上。(4)与个别学生谈话。这些措施的实施或多或少都遇到了一些困难，但经过多次的思考和改良，在规范学生行为习惯方面都取得了一些成效。

三、书包里面有你的理想，你得照顾好它

古人说"一屋不扫何以扫天下"，从一个人的细小行为就可以看出这个人的气质与将来的作为，用在现在的学生身上，我的经验是从他的书包就可以看出他的未来。事实往往如我们所判断的，书包收拾得整齐干净的孩子学习不赖，杂乱无章的学习较差，由此可以看出习惯已经是一个人的标签，培养好的习惯是影响一个人一辈子的大事，不可小觑。我对他们常说的一句话是"你们肩上背着的不仅有书包，更有你们追求的理想，那么你们就应该照顾好你们的理想，整理好你们的书包"，一句幽默的话语时刻提醒着孩子们养成整理书包的好习惯。除了收拾书包，我们班孩子最大的问题就是作业问题了。开学初，我们班的任课教师就一直和他们斗争着，做思想工作，与家长联系。虽然现在还是会有不写作业和作业完成不好的情况，但孩子们已经知道不完成作业是不对的，有疑难问题也知道主动地去问教师，这一点相较开学初好了很多。记得我们班一个非常聪明的孩子从小学开始就不写语文作业，因为

他觉得语文作业简单，是机械劳动，没有数学和英文作业有意思，所以就总是撒谎不写语文作业。我想尽各种方法，反正就是和他较劲，这个孩子最终犟不过我，乖乖写语文作业了，上语文课也积极表现了。作为新班主任，有的时候不够硬气，就要和学生的坏习惯做长期斗争，只要能拧过来，就是好事。一个有好的学习习惯的孩子，他就会凡事上心、有责任心，其他方面也就不会差。

四、学生好才是真的好

每一个孩子都是独一无二的，因而每一个孩子组成的班集体也都是独具特色、与众不同的。我想建立的特色班集体和所有教师的愿望一样，就是首先在情感上希望孩子把班级当成他们在四中的家，把班主任当成他们最亲近的人。因为班级不只是孩子们在四中的家，其实也是我在房山的家，我希望孩子们愿意和我一起亲近、热爱并去爱护这个家，能在这个家里学会做人做事的道理，健康快乐充实地成长，然后才能谈得上建设特色班集体。我认为建设特色班级，就是尽量满足学生的心理需要，激发学生学习的主体性，活跃学生的思维，开发学生的潜能，发挥学生的个性特长，最终落实到"成才"的效果上。借用一句广告词，学生好才是真的好，学生得到真正的发展才是真正的有特色的、好的班集体。

针对班级实际情况，我希望将我班建设成为全面发展、健康活泼的班集体，希望能充分展示学生的特长和才华，使学生有竞争意识、合作意识，不断发展、提高。秉承"学知识先学做人，读课本先读自己"的教育模式，结合本班学生的学习现状及性格特点，我制定了"爱班级，爱学习"的班级建设思路。"爱班级"意在培养热爱班集体、守护班集体的积极态度和情感；"爱学习"意在培养学生积极学习的意识、养成良好的学习习惯。具体实施措施如下。

(一)爱班级

(1)组成卫生值日小组，形成良好的卫生环境。

(2)布置有文化特色的班级环境。在布置班级环境时，张贴"家"书法作品，具体内容是：家要洁净，不可脏乱；家要安静，不可喧闹；家要友爱，不可蛮横；家要诚信，不可虚伪。时时提醒孩子讲卫生、守纪律、讲文明、讲诚信。设置放飞理想展板、班级之星展板，调动学生热爱班集体、追求理想的积极性与热情。设立班级风采照片展示板，将班级活动中的点滴瞬间记录下来，展现有意义的成长经历和生活感悟，形成班级凝聚力，增进师生感情与同学间的友谊。

(3)积极参与各种校内外活动。从运动会、秋游、足球比赛、广播操比赛、合唱比赛、校园剧比赛、越野赛、升国旗仪式等各种活动中，我积极发掘有能力和表现欲的学生，发挥他们的潜质，让孩子们积极参与活动，在活动中成长、找到自信。我们班的三大"肺王"之首小厚，平时调皮好动，对什么都不以为意，但其实他十分自卑，渴望得到别人的认可。因而表演话剧时，我力推他当男一号，他演得还真不错，并且变得自信了，还立下了当演员的志向。虽然在各种活动中我们也有不尽如人意的地方，但种种活动给予了学生施展才华的舞台，增进了同学间的友谊，拉近了师生间的距离，初步形成了班级的凝聚力。记得孩子们送给我的一句话是："赢就一起狂，输就一起扛"，虽然是比较幼稚的一句话，但还是挺让我欣慰的。

(二)爱学习

(1)设立小组量化评比表，增强学生的竞争意识，激发学生的学习积极性。

(2)组建师徒互助小组。每个互助小组有 3 个成绩优异的学生，在平时的学习中起带头作用，帮助辅导其他弱势成员。

我们班的孩子比较好动、调皮，学习习惯不是特别好，不是很踏实，所以教师有的时候是在与孩子的惰性做斗争。慢慢培养好的习惯，让学生明白做人做事的道理，我觉得是我最大的责任。

初一年级是初中三年的起点，也是基石，只有初一打稳了基础，把握好了方向，才能为初中的三年学习生活保驾护航。希望三年后我可以拥有这样一群学生：他们富有理想、品行端正、热爱生活、朝气蓬勃；他们积极进取，有独特见解和思想，不盲从所谓权威；他们善于与人合作，善于和人相处，有着帮助他人的强烈愿望，有着和谐的人际关系；他们有扎实的基础知识，认真学习，勤于思考，有丰富的想象力，掌握科学的学习方法，能用最少的时间赢得最高的学习效率。我希望自己能成为一名真正的有价值的教育者，也期待我可以给学生成长带来最大的意义。

打造最美的风景
——班级环境卫生的管理策略

常　悦　北京市劲松第一中学

一、案例背景

　　班级卫生工作是班主任常规管理中不可或缺的一部分。有的班主任管理起来很轻松，几乎不费什么口舌，班级环境总是清洁如新；而有的班主任却认为这是个让人头疼的大问题，尽管三令五申，在管理上也下了不少功夫，但班级卫生还是令人担忧，甚至脏得像个垃圾场。

　　整洁优美的班级卫生面貌，不仅可为师生提供赏心悦目的学习环境，而且也对班级成员的品格修养起到潜移默化的教育作用。一间教室的环境卫生就像一面镜子，直接映射出这个班级的整体风貌，也是班级文化中的物质文化的最直接体现。在从事班主任工作的实践中，我意识到班级卫生的重要性，也在探索过程中积累了一些班级卫生工作的经验。

　　总之，搞好班级环境卫生，既是在起始年级对学生进行卫生知识教育、培养良好卫生习惯的重要工作，也是培养学生责任意识的重要途径。

二、案例内容

　　这个案例发生在两年前，当时我带的是初一年级的学生。

　　场景一：每周一次的大扫除，已经开始很长时间了，但学生们还在三三两两地聊天，卫生委员把这个找来要他扫地，把那个叫来让他拖地，学生要么敷衍了事，要么磨蹭拖沓。

更有甚者，根本就不做值日，还振振有词地说某某老师找他，让他立刻过去。每个人都认真地划分自己的职责，不肯多动一下手。如果有一位同学不在，其他值日生就会乖乖地等着，这样就耽误了整体的进度，一旦被教师问起，学生就会理直气壮地说："那不是我的事儿。"

场景二：在教室中，如果教师发现某位学生的座位下面有纸屑，要求学生捡起来，学生还会弯腰捡起，但如果纸屑出现在班级的公共区域，学生要么绕道走开，要么肆意践踏。班级的重灾区当属"卫生角"了，学生从小都知道要把垃圾扔到垃圾桶里，但经常出现的情况是垃圾桶里只有少半桶垃圾，而垃圾桶的周围却都是废纸。

场景三：几个学生涮完拖把后，拿起拖把，若无其事地离开了水龙头。一位教师看到后，让他们把水龙头关上，而几个孩子的回答却是"水龙头不是我开的""不是我最后一个用水的"。

针对班级中出现的有关卫生的种种问题，我觉得有必要在班会课上进行讨论，加强对初一学生的习惯养成教育。在班会课上，我首先出示了一张图片：2011年3月11日日本大地震中，东京街道中间的绿色隔离带上挤满了疏散的人群，当夜幕降临，人群散去时，隔离带上干干净净，没有留下任何杂物。另外一张图片：中国人欢欢喜喜过大年，庙会上，人群川流不息、摩肩接踵。在小吃摊位附近，垃圾遍地，保洁人员正在不知疲倦地清扫。空地上，老人、孩子席地而坐，还有一些青年靠在树上、爬上假山拍照。这一幅幅照片让学生们感触很深，无须多言，学生们已经能够明辨孰是孰非。

学生们明白了道理，还未必能在行动中表现出来。这时，我看到门口有一张废纸，一如往常的口气，随口问道："这是谁扔的纸啊？"通常学生们会不假思索地回答："不是我扔的。"经过了刚才两幅图片的对比，没有学生那样回答了，不仅如此，我明显看得出来有几个学生想要起身走到门口捡起废纸，但又怕别人笑话。看到教育收到了效果，我继续说："别小看捡起废纸这个小小的举动，它可成就了一位大人物呢！"于是我给学生们讲起了福特的故事。

美国福特公司的创始人福特，大学毕业后去一家汽车公司应聘。和他一起应聘的三四个人都比他学历高，他觉得自己没有什么希望了，但还是敲门走进了董事长的办公室。一进办公室，他发现门口地上有一张纸，他很自然地捡了起来，扔进了废纸篓里。"同学们，董事长会录用谁呢？""肯定是福特！""为什么不录用学历高的人呢？"我继续问道。"他们仗着自己学历高，觉得高人一等，不是来这儿做简单的卫生工作的""因为他有修养""他有责任心"。听到学生们各式各样的答案，我很欣慰，因为教育的目的已经达到了。

三、案例分析

(一)原因分析

班会虽然结束了，但是工作并未结束，我还在思考究竟是什么原因导致学生对待值日工作的懈怠和被动。日本人在危难来临时能够做到的事，我们在欢愉的氛围下却搞得乱七八糟，这难道不是良好行为习惯养成的缺失？答案是肯定的，这也使在一线从事教育工作的我深感责任重大。学生在校的种种不文明行为，与学习考试相比，显得无伤大雅，但如果意识不到问题的重要性，势必会造成不可挽回的损失。老子说："天下难事，必做于易；天下大事，必做于细。"小事成就大事，细节成就完美。聘用福特的老板也强调："能够做好小事的人，才能做大事。"道理是一样的。其实，班级卫生工作还能够体现出学生的责任感。如，"值日卫生，人人有责""美好环境靠大家"这样的宣传口号在实际生活中很难发挥作用，因为"靠大家"不是靠我一个，"人人有责"也不是我一个人的责任。班级卫生工作，看似小事一桩，却影响极大，不仅对学生，对班主任也是一样。我在三轮的班主任工作历程中深切地体会到了这句话的内涵。一个好的班主任必定是一个重视班级卫生工作的教师，一所好的学校也一定会重视学校的卫生工作。那么，怎样才能做好班级卫生工作呢？

(二)方法分析

1. 树立主人翁意识，鼓励关心集体的行为

我在班里提出要求，任何人见到周围有纸屑，即便不在自己的卫生保洁范围内，都有义务将垃圾捡起，扔到垃圾桶里。不仅如此，还要面带微笑地说："这是我应该做的!"其他同学应该对这种关爱集体的行为进行肯定与鼓励。

2. 任用称职的班干部，实行卫生"组长负责制"

有些学生热爱劳动，有精力、有能力，也非常愿意为集体服务。任用这样的学生做卫生委员，班主任的工作肯定会轻松不少。但是，卫生委员不应该成为班级的清洁工，而应该成为班级卫生工作的组织者和监督者。各组的组长应该成为本组卫生值日的负责人。卫生委员只有一名，要负责的是全班的卫生，如果凡事"亲力亲为"，恐怕卫生委员就会成为一件苦差事，没人愿意去做。组长负责本组的卫生值日，责任到每个组员，节省了时间，效果也好。这样，班主任只要找到卫生委员和各组的组长，全班的卫生工作就会在最短的时间内完成，提高了效率。

3. 科学管理，合理搭配

以往做值日经常出现的拖沓现象有可能是由值日安排不科学造成的。比如，有的学生负责扫地，有的学生负责倒垃圾。这样，倒垃圾的学生在本组组员刚开始扫地的时候就没有事情做；而扫地的学生看到有人闲着，自己的干劲也不大。其实，可以将扫地和倒垃圾的任务安排给一个学生，或者安排倒垃圾的学生也擦黑板，这样，值日就可以同时进行，互不干扰。

四、教育反思

总的来说，班级卫生管理这项工作，要用细心和耐心才能做好。但是，仅凭细心、耐心也不行，还需要有灵活多变的策略。在工作过程中，我们要善于抓住时机、创造时机，加深与学生的情感交流，大处着眼、小处着手，培养学生的主人翁意识，使之心怀感恩地去生活，让"小"习惯成就"大"未来。

我希望最美的风景不仅体现在整洁优美的班级卫生环境中，还能够体现在班级文化的各个方面。当然，需要我做的还有很多，我会继续思考，继续实践，不断提高！

从心开始，等待花开
——我和我的一年级新班

谭喜平　北京市燕山星城中学

班主任工作既是平凡的，又是伟大的；既是艰辛的，又是快乐的；既可以让人施展才华，又可以让人滋生梦想。

2013年9月，刚带完毕业班的我回到初一，接了一个新班——初一(2)班。虽然有着多年的班主任工作经历，但是每接一个新班，对我而言仍然是一个全新的挑战。我既开心也有压力，开心的是能够执教30多位天真的孩子，感到压力的是这些"00后"的孩子绝大部分都非常自我，不服管教。虽然困难重重，但是我愿从心开始，等待花开！一路走来，有艰辛痛苦，也有欢歌笑语，无论成功还是失败，我始终和孩子们一起编织着师生之间的生命故事，并追求着一个个"美丽的结局"！

案例1：等待脸红的"一刹那"

开学第一天，下课铃响了，奇怪的是，有几个孩子并不着急去休息，反而在我身边转来转去，一副欲言又止的样子。忙着收作业的我也没顾得上跟他们说话，终于其中的两个孩子憋不住了，说："老师，你知道我爸爸是干什么的吗？"我答："不知道！"孩子马上说："我爸爸是××厂的厂长！"另一个孩子马上接过话茬："我爸爸是××地方的老板，我妈妈是××地方的老板娘！"我的第一反应是：才多大的孩子，就开始"攀比"了？按捺住内心的不快，我离开了教室。同时我在思考：下午的新学期第一节班会课上什么，怎么上？

经过仔细思索，在第一节班会课上我组织了这样两个活动。

一是"我秀我的名字"，让每一个孩子都讲讲自己名字的含义。我告诉孩子们："名字可不是一个简单的符号，代表了父母对你们的深切期望，所以请你来给大家讲一讲，一方面可以让大家尽快认识你，另一方面也可以增长大家的知识。"孩子们解释得都很好，比如，启辰同学就解释道，父母希望"开启光明的第一道光芒，为他指引未来的方向"。今天上午围着我转的其中一个同学的名字中有一个"铭"字，他解释道："父母希望他时时刻刻铭记自己的人生目标。"我故作不知，插话道："老师以前不知道'铭'字有这层含义，谢谢你今天让老师增长了知识，希望你以后能如你的名字一样，时刻警醒自己，凭借自己的努力，争取更大的进步！来，大家给他鼓掌！"在孩子们的掌声中，他羞红了脸。这不就是我要达到的效果吗？

二是"我讲我的故事"，让孩子们讲讲自己成长过程中，通过自我奋斗，得到别人认可的一件最难忘的事。通过讲故事的方式，我可以在最短的时间内了解他们。孩子们的故事讲得无比精彩，故事结束后我不忘及时总结："孩子们，在带咱们这个班之前，老师一直有一个成见，以为'00后'的你们喜欢相互攀比，坐享其成。通过你们的故事，我看到了你们精神世界的富足，看到了你们心怀感激、懂得感恩，看到了你们为自己的理想而奋斗的高贵品质，谢谢你们！"班会课下课后，我看到之前围着我转的那几个孩子待在自己的座位上若有所思，我感到很欣慰。教育孩子就是如此，很多时候，孩子的豁然开朗、顿悟清醒，也许就在我们耐心等待之后。

案例2："我们是最棒的！"

学校举行田径运动会，因为班里的运动健将比较少，因此我发现参加运动会的同学思想压力很大。其中一个比赛项目是"20人21足"，同学们都是初次参加这个比赛，兴趣不大。训练时，他们配合得不好，不时争吵，走起来也是东倒西歪的。本来，我在旁边只是担心安全问题，看到这些，我觉得不能再袖手旁观了。我问："你们想不想赢？"他们异口同声："想！"我说："想赢，就要拿出士气来。齐声说，我们是最棒的！""我们是最棒的！"大喊三遍之后，每个学生都像下山的猛虎一样精神抖擞。然后，我帮助他们调整人员，统一步伐，每次开始迈步前高喊"1、2"。经过几轮的练习，他们就能走得比较整齐了，操场上回荡着他们响亮的口号声。待到比赛时，他们已是信心满满。功夫不负有心人，我们班得到了第一名，孩子们和我拥在了一起，酣畅地笑了……我不忘抓住教育的有利时机，对他们说："孩子们，运动会的成绩，又一次告诉我们'一切皆有可能'，无论什么时候，老师都相信，我们是最棒的！"

是啊，我们是最棒的！简单的一句话，凝聚了全班同学团结向上的心，也让孩子们的心与我更近了。而我也更加清醒地认识到，和孩子们相处最开心的时候，就是与他们打成一片、团结一致的时候。拔河比赛，为他们喊号子；唱歌比赛，给他们做指挥；活动课，和他们一起跳绳、踢毽子等。这时候，我的话最灵，有一种指挥千军万马的气势。通过这些活动，我想，孩子们并不是不懂道理，他们只是讨厌枯燥的说教。作为班主任，我们应该改变自己的位置和视角，和孩子们站在一起，为他们鼓劲加油，放手让他们向前冲！当学生的潜力被激发出来之后，当学生将个人与集体有机地融合在一起时，前进的势头不可阻挡！这种韧性如果迁移到学习、生活的各个方面，都会促使班集体向更高层次发展。我班学生在作文中这样描述他们参加过的集体活动："在班主任老师的带领下，青春，总是在无声的岁月中一次次绽放精彩……"

案例3："她是我们的姐妹！"

班级里总有这样一些学生，他们游离在班级的边缘，无人关心、无人欣赏，他们也冷漠，拒人于千里之外，不愿与老师、同学交流。平时在班里，他们的孤独感并不强烈；但每次出去参加社会实践活动分组的时候，常常有一两个学生不被各个小组所接纳。

今年学校春游，自由分组的时候有一位女生找到我，说她没有找到小组。这个女孩内向，不喜欢与人交流，再加上成绩落后、反应较慢，因此在班级里没几个朋友。平时外出乘车时我总安排她单独坐前面，和她说说话，免得她感到孤单。这次她找到了我，我觉得把她强分到哪组都不好，后来我把这件事交给班长去处理，同时侧面提醒她，作为班干部有时候需要主动发扬风格。班长也是名女生，她很快地向我报告了处理结果，让这名女生跟她们一组。同组的同学不太愿意，班长劝她们说："我们是好姐妹，她也是我们的姐妹，与其让她一个人一组让老师不放心，不如让她和我们一个组，大家互相帮助。"班长的言行感动了大家，大家意识到除了自己，还应当关心身边的人。

活动结束后，为了使活动更有成效，我布置每个小组出一期活动小报，必须人人参与撰写其中的一部分稿件。这名女生也高兴地参与了她们组的讨论，愉快地接受了任务，并且写得很认真。看到自己的名字出现在小组活动的小报上，她感到很开心，也感受到了集体的欢乐与温暖。

在这次活动中，我抓住教育契机，让同学们开展自我教育，同时锻炼班干部处理复杂问题的能力。其实，学生永远比老师想象的要聪明能干。对于班主任来说，合理地引导比命令强迫的效果要好得多。

案例4：宽容让我们走得更近

一次，上课要用到教具，于是我在课前把教具拿到了教室里。这时，许多同学好奇地围上来边看边议论。我叮嘱了一句"小心别碰坏了"，就离开了教室。可是，当我再次走进教室准备上课时，我发现教具已经被拆散了。同学们纷纷告状："是××同学拆的。"我正想严厉地批评他，可是见到那个同学红着脸、低着头，做着挨批的准备时，我突然于心不忍了：何不对孩子宽容一些呢？于是，我不仅没有批评他，反而亲切地问道："为什么要拆教具呢？""我想知道它是怎么做成的。"原来是这样。我听后暗自庆幸没有简单粗暴地处理此事，不然一个孩子的好奇心就被我扼杀了。我露出了笑容，轻轻地拍拍那位同学的头，对全班同学说："××同学拆教具是因为好奇，这说明他爱动脑、爱动手、爱钻研，这是一种非常可贵的探索精神，值得大家学习。所以，我要表扬他这种精神。不过，老师也要提醒你们每个人，以后不要只顾研究而影响了老师上课呀！"同学们听了都乐了，那位同学也跟着笑了。

在成长过程中，孩子们难免会犯错误，成长的过程就是一个不断犯错与纠错的过程。学生所犯的错误有理由得到老师的谅解，更有权利得到老师的宽容。宽容是一种信任，更是一种激励，让我们每一位老师都学会宽容吧！

教育是慢的艺术，是等待的艺术。孩子们就是我们手中的花苞，唯有耐心地等待、坚守，等到他们花开之时，才能看到别样的美丽。在等待花开的过程中，我们的职业更加精彩，我们的生命更加明媚，我们的人生更加幸福！

"懒"班主任的独门绝技

吕志敬　山东省利津县北宋镇实验学校

"我们老班真'懒',当别的老班起早贪黑地在班级里转悠时,她在打球;当别的老班在河东狮吼时,她在看书;当别的老班在加班计算班级量化时,她在练笔……""可我们班的各项评比都名列前茅呀!我们老班'懒'是因为她有独门绝技!"要问我这个"懒"班主任的独门绝技是什么,那就是培养班干部进行自主管理。

"学生自主管理,不用老师的约束,这简直就是天方夜谭!"当我提出这种管理模式时,很多人觉得不可思议。十多岁的孩子们,活泼、好动、自我约束力差,老师每天跟在他们的屁股后面,千叮咛万嘱咐,他们才能大错没有、小错不断,时不时地被通报,让学生自主管理,这不是"瞎胡闹"吗?在别人的质疑声中,我接手了这个新的班级——初一(4)班。

新学期开始,班委会建设是必需的。通过自我推荐、民主评议,初一(4)班班委会终于成立了。班委会成员有明确分工,班长负责班级一切事务,享有决策权,并主持召开每周一的班会,对班级出现的问题总结发言并制定整改措施;副班长协助班长处理班级事务,如班长请假,代替班长主持班级工作,并做好班级成员的量化管理,负责评选每月"班级量化管理之星"三名;团支部书记负责班级团支部的一切事务,包括老团员的管理、新团员的筛选、团费的收集,同时还负责班级的宣传工作,特别是黑板报、手抄报等;卫生委员负责班级卫生,及时检查、督促,分配每一项任务;学习委员协调各科代表的工作，负责每次质量调研后班级"学习标兵""进步之星"的评选；生活委员男女生各一名，分别负责男女生饭费的收缴、男女生宿舍的纪律、卫生，用餐纪律、用餐卫生；纪律委员负责班级纪律。班委会下辖 13 个小组长，小组长也可以由班委会成员担任。第一次给班委会成员开会时，我说："你们有明确分工，要各司其职，要善于发现问题，并主动解决问题，不等，不靠。班级是我家，荣辱靠大家，希望我们齐心合力，共铸辉煌!"因为我对学生们还不是很了解，我给每位班委一个月的试用期，在这一个月的时间里，如果哪一方面出现了大的纰漏，我享有罢免权。

一个月的试用期结束，班级各方面的工作都有条不紊地进行着，班委会成员顺利通过试用。在这一个月中，我对各位班委的工作及时给予督促，他们能干的事情，自己绝对不插手，他们需要帮忙的事情，我尽量少插手，给他们充分锻炼的机会。但我会像"间谍"一样观察他们，时不时地搞个突然袭击。"你不是要让学生们自主管理吗？怎么还要搞突袭?"我笑而不语。因为我知道"21 天"这个规律!

期中考试前夕，我到潍坊学习，事先我告诉同学们："我要外出学习几天，希望我不在的这几天，同学们要端正学习态度，彰显我们班的精神面貌，不要让别人认为我们班是在老班的'压力'之下，才有如此骄人的成绩。要让别人看到，我在不在你们一样能做得很优秀，能不能做到?""能!"接着我又单独给班委会成员开会："这次我外出，真是你们绝好的锻炼机会，各位一定要在自己的职责范围内，力所能及地做好自己的事情。"

外出正好是 11 月初，是学生们交饭费的日子，(3)班林老师说："要不我替你收吧!"我笑着说"行!"当我回来时，林老师却告诉我："你们班的两个生活委员真行! 根本没用我操心，他们就自己收齐了，最后只是我帮你们存上的。"当我走进教室时，发现黑板报换成了新的内容，一问才知道，学校布置月初更换黑板报，团支部书记组织班内的几个同学，主动换了，并且在全校的黑板报评选中获得了一等奖。还有政教处布置上交的征文评选，他们也在班长和学习委员的布置下完成，并按时上交了。而周一的班会课班长也根据班级最近出现的问题，给出了整改措施，并且把班会记录上交给了政教处。这还不算，我不在的这几天，班内竟然没有一个通报。同事们感慨：看来学生的自主管理是可行的。你们班的自主管理已经初见成效了!

期中考试时，恰巧我又有事，事先告诉别人如果班级有事，直接找我们班长。忙完后的那天，我向班委询问班级情况。小组评价完成了、期中考试后成绩分析完成了、"学习标兵""进步之星"评选了、本月班级量化计算了、本月"班级量化管理之星"产生了、"优秀小组"按照我们事先的约定也评选了，最不可思议的是他们连在班级内找竞争对手、公开宣战、下战书这个环节都完成了，只剩最后一个环节——发奖。因为他们没有奖状和奖品，我想如果有，他们也会做完的。本想表扬一下他们，没想到他们说："这不就是我们应该做的吗？""老师，您忙时，我们组长们还组织开会了，将加大组长对组员的管理力度，要让每位同学都有集体荣誉感。"这件事之后，同事们相信了：学生的自主管理不但是可行的，而且还是有效的！

因为学生自主管理，我这班主任就有了"偷懒"的机会，读书、反思、练笔、提升自己。学生自主管理的关键就是在学期初始就开始班干部的培养，要敢于放手。而作为班主任的我们还要用信任和鼓励为他们摇旗呐喊、擂鼓助威！

我和我的初一(1)班
——感受集体的力量

郭长清　北京市顺义区张镇中学

　　我又接了一个新班，初中一年级(1)班，学生来自周围的4个小学，共36人。有些学生相互认识，但大多数学生之间还很陌生，如何把这36个人团结在一起，度过三年的初中生活，是个很棘手的问题，搞不好会形成小集团，小集团之间可能还会产生矛盾，甚至出现打架等违纪行为。如何让学生相互团结，彼此协作，由小集团主义、个人主义转变为有班集体意识，有集体荣誉感，共同完成老师交给的任务呢？为了把这些学生团结起来，使他们朝着一个目标前进，我想办法让学生认识自我、认识集体，发展学生的集体主义观。于是，在开学第二周，我精心设计了一节"走木鞋"的主题班会。

　　班会开始了，谁也没有想到我会让大家在操场上集合，并让大家推选出16名同学，选出一名组长。大家要依次站到"木鞋"上，双手拉住提拉绳，在规定的10分钟内走完15米的路程，剩下的学生当啦啦队。当我宣布完规则之后，有些同学就说："这还不容易，两分钟就行了。"我说："先走走看，每个人都会走，但实际可能和你想的不一样。"当选出的学生站上"木鞋"后，我发出开始口令，刚走两步，由于步伐不一致，埋怨声就出现了，"往上提绳呀""我知道，他踩我脚了""你会不会走呀""别推我"，现场一片混乱，有些学生急得冒汗，有些学生干脆放弃，从"木鞋"上下来，蹲在旁边大喘气。这时，我说："大家先冷静一下，思考为什么会出现这种现象，都知道往前走只需要两个基本环节，提绳、迈步。可为什么当咱们 16 个人一起走的时候就不行了呢?"小李说:"要是我和小高,再加上 14 个人上,肯定能走。"听到这种声音,我说:"好,这次你当组长挑人,你觉得谁合适就选谁,看结果会怎样。"小李把他原来学校的同学都叫上了,又找了几个他熟悉的同学凑够了 16 个人。又一次开始了,情况依然是乱糟糟的,结果是没走几步就放弃了。又有人开始埋怨。我让大家从"木鞋"上下来,我对小李说:"不要想当然,要认真思考造成这种现象的原因。"大家安静了下来,都在回想刚才的情形。

小李第一个说:"开始我以为是我们心不齐,故意的,现在看来不是,都想往前走,但就是提不动绳子,是缺乏统一的行动。"

组长说:"我觉得,大家没有统一行动,有人踩着,有人抬脚,怎么提绳也不可能前进。"

小张说:"大家都想往前走,自己顾自己,这是集体的事,个人单独行动肯定失败。"

小王说:"刚才走不动,大家相互埋怨也不对,都想走好,先找原因。不要埋怨别人。"

小刘说:"只要有一个人出现错误,其他人再使劲儿也走不动,要靠集体的力量才能抬起木鞋。"

我说:"大家说的都有道理,那就根据刚才的教训,想想办法。"学生们七嘴八舌议论开了,商讨办法,组长说:"这次听我的口令,我喊一、二,一迈左脚,二迈右脚。"大家又一次上了"木鞋"。但有些同学还没有准备好,组长就喊口令了,结果还是动不了。我在一旁说:"不要着急,组长看大家是否都准备好了,再发口令。"这次,情况好些,随着组长的口令,"木鞋"慢慢向前移动,不过在行进几米后,问题又出现了。由于学生还有些不适应,出现了失误,组长在前面喊"一","木鞋"就是不动。很快,组长从"木鞋"上下来,告诉大家:"不管是什么情况,喊'一'时,大家迈左脚,出错时赶紧调整。"又开始了,这次行进得比较顺利,中间即使出现失误也能及时地调整过来,不到 4 分钟就走完了 15 米的路程。同学们欢呼起来。接着,我又从没参加的学生中选出了 16 人,再走一次,有了经验和教训,这组同学走得也很顺利,不到 5 分钟就走完了规定的路程。

回到班上,我让大家说一说感想,我们要建立一个健康向上的班集体,应该怎样做?

"个人要服从集体,个人能力再强,没有集体的统一行动,也不能完成任务。"

"出现问题时不要相互埋怨，要先找原因，只有找到原因了，才会成功。"

"在集体的行动中，不能光考虑个人，我们每个人的力量只有在集体中发挥才能获得最大效能，要听从集体的安排，否则个人的行为会影响集体的成功。"

"组长起到了很好的协调作用，所以在今后的班级活动中要听从组长、班委的安排，为集体贡献自己的一分力量。"

"小集团也会影响集体的活动，应克服小集体主体，从大局出发。"

发言越来越踊跃，体会越来越深刻，在热烈的发言讨论中，我拿出了准备好的感言卡，说："大家在感言卡上用一句话概括你在集体中的作用，然后大声地朗读出来，并粘在我们的班徽旁边。"

同学们接过感言卡，都认真地写着，然后走上讲台大声念着：

"个人服从集体的安排。"

"从第一步开始，为集体的振兴，贡献我的力量。"

"集体的利益高于一切。"

"36 个人手挽手，36 颗心相印，36＝1！"

这是一个个发自内心的声音。我有力地将"我们的初一（1）班，我们共同撑起一条船"几个大字写在了黑板中间，"这正是我们班会的主题，请大家记住：集体因你而光荣，同伴因你而幸福！"在一片热烈的掌声中，同学们开始了新的集体生活。一个曾经当过大队长的学生在感言中写道："在集体中，没有统一的安排，没有统一的行动，集体就没有生机，我会服从集体的安排，在集体中找到自己的位置，我要为集体贡献自己的力量，让集体生辉。"新的集体就这样诞生了。

"三招"起航

李　娟　北京市顺义区天竺中学

面对初一起始班级，我有"三招"——"一次视频""一个信封"和"一场自荐"，可保班级这艘航船顺利起航。第一招"一次视频"让学生不再留恋于往昔，甩掉包袱，对未来的初中生活充满渴望。待学生放下过去之后，就可进入第二招——"一个信封"。这招引导学生活在当下，并激发学生内在的潜力，激励学生有所作为。待前两招把学生的胃口吊足，让每个人都跃跃欲试之后，这时，班主任要做的是为学生提供实实在在释放能量的机会和平台——"一场自荐"。学生根据自己的爱好和实力挑战班级岗位。这三招工作中的前两招工作必须做好，第三招才能发挥真正的效力，班级这艘船才能乘风破浪，勇往直前。因此，这三招活动应按顺序进行，不可调换次序，否则就收不到预期的效果。下面，我就结合自己的工作实践，揭开这三招真正的面纱。

第一招，组织学生观看一次视频——《成长的足迹》

升入初中的孩子，总是念念不忘自己刚刚走过的童年，刚刚离开的老师和集体。新的环境、新的老师、新的同学、新的班级、新的学习任务……会让他们的内心发生变化。兴奋中又有点忐忑，自信中又有些紧张，甚至会有些小小的恐惧。这种复杂而微妙的心理，使得初一的学生更是对曾经的校园生活念念不忘。只有尽快从这种情绪中走出来，学生才能全身心地投入到崭新的初中生活当中。

面对以上情况，我的第一招可以引领学生放下这种情结，对即将到来的初中生活充满期待。视频《成长的足迹》中的所有内容均来自我刚刚送走的毕业班。此次活动，围绕视频，分三个环节展开。第一个环节是学生追忆小学时的生活，包括自己最喜欢的课程、最要好的同学、最爱戴的老师，其中可以重点谈一谈自己小学时的班主任，说说他们的优点。这个部分我会让学生尽情地回忆、释放，绝不会对学生的情感进行指指点点，而是始终保持真诚。待学生的情感发泄得差不多时，我会适时地引领学生进入下一个环节。在这之前，我会对学生们说，对于刚刚毕业的初三的那些学生们来说，我也是他们曾经的班主任，天竺中学也是他们曾经生活的校园，三年的初中生活里，他们也结交了很多的好朋友，他们和老师之间也发生了很多曲折而又感人的故事。李老师刚刚送走的那个集体、那群孩子，我们彼此也是念念不忘的。那么，他们的初中生活是什么样的，他们会怎样看待自己的集体、自己的同学，他们会怎样评价自己的班主任呢？请同学们观看视频——《成长的足迹》。这段视频，记录了我刚送走的毕业班学生的成长足迹：初一军训、运动会、红五月合唱比赛、跳长绳比赛、拔河比赛、德育主题班会、北京市学生艺术节校园剧汇演、百日誓师、决战中考、毕业分离等诸多成长中的关键节点。这些丰富多彩的活动让初一的新生对即将到来的初中生活充满了希望与期待。这段视频还展示了毕业学生对"我"这个班主任的评价。这项内容，可以让初一新生对我这个新的班主任有一个初步的认识，让他们初步感到"做李老师的学生很幸福"，让他们对我这个班主任充满期待。活动的第三个环节是视频展示毕业学生给新初一学弟学妹们的建议、忠告和希望。这部分内容让学生们感受到了成长中责任的分量，感受到了被人关怀的温暖。

对于今天的孩子们来说，班主任的长篇大论，班主任板起面孔的说教，只能显一时之威，却不能入心入情。不能入心入情的教育，又怎能真正达到引领和教育的目的？

第二招，让每个学生"抽取一个神秘信封"

几十个素不相识的孩子聚到一起，并不就是一个集体。在班级中营造出友善、欣赏、向上的良好氛围，是需要班主任有所作为的。我的第二招是让班里的每个学生抽取一个神秘的信封。信封中有三件宝物——三张卡片。每张卡片上显示不同的内容，第一张卡片上写有一个神秘天使的名字，第二张卡片上写有一条人生格言，第三张卡片要求学生写上自己的学习目标。卡片上的所有内容都是保密的。信封由学生随机抽取获得，信封中的内容由班主任提前准备好。这样做，不但符合初一年级学生的年龄特点，而且还可以让学生更加主动自觉、更加热情自信地投入到新的班级生活中。

第一张卡片上写有班级中一个同学的名字。这个名字的主人将会成为抽到这张卡片的同学的神秘天使。抽到卡片者要用心观察自己天使的表现，寻找天使身上的优点。一个月之后，向全班同学公布自己的天使，并介绍自己天使的闪光之处。班级中的每个人都是别人的天使，关键是每个人都不知道自己是谁的天使。初一的孩子本来就比较好表现，这种神秘感会更加激励学生把自己优秀的一面表现出来。这样就能引导学生多去发现别人的优点，无形之中引领学生在班级中传递正能量。这样，积极、向上的优良班风就悄然形成了。

第二张卡片上写有一句人生格言。班主任根据学生的年龄特点，经过收集、比较，最后整理而成一条条人生格言。每条格言都从一个方面给予学生警示或勉励，帮助学生迈好初中第一步。我们知道，学生在以前的阅读中也接触过格言。但是，以秘密和随机的形式获得的格言就会意义非凡。而且，这是升入初中以来的第一条格言，"第一"也同样赋予了这条格言与众不同的内涵，学生会格外珍视。"格外珍视"就会产生意想不到的效果。一个月之后，每个学生要在全班同学面前大声地背说自己的人生格言。

第三张卡片要求学生写上自己的学习目标。制作这张卡片的目的，一方面是引领学生思考自己的人生，另一方面是让学生带着理想、带着目标来学校，学习会更加主动，同时还能增强学生战胜困难的勇气和力量。这张卡片要由学生亲自交到班主任手里，待一个月之后，由学生自己展示自己的目标，并总结自己的得失。这样做的目的主要是激励。

这三张卡片不但能在学期初发挥效力，在今后的学习生活中的作用也同样不可小视。第一张卡片给学生带来一个现实版的好友，第二张卡片给学生送上一个精神上的好友。有了这两个好友的帮助，再加上第三张卡片上目标的指引，学生定会有更好的发展。

第三招，开展一场学生自荐

进行完前两个活动后，班主任就可以着手进行第三招活动了，即开展一场学生自荐活动。前两招已经把学生表现的欲火烧得旺旺的了，这个时候班主任一定要及时地为学生提供展示的舞台，让学生成为舞台的主角。此外，一个班级，有很多事情要做，班主任不能大包大揽。这样做，在当时会有比较明显的效果，让班级工作马上运转起来，并且好像还井井有条。可是这种立竿见影效果的背后，是学生的能力得不到锻炼。这样做教师自己会很累，在一段时间之后工作效率会越来越低，因为没有让学生成长起来。班主任一个人再能干，也干不过一群生龙活虎的中学生。再有，班主任一味地安排、指派，会使学生觉得这个班集体是班主任的，而不是学生自己的。不是学生自己的东西，学生怎会上心？因此，班级事务一定要调动学生来做。在学生自荐之前，班主任还应该做如下工作：和学生共同商讨班级应该设置哪些工作岗位，每个岗位的要求是什么，然后让学生根据自己的实际情况进行竞选。通过这种方式上岗的学生，工作起来才会有动力，敢创新，创造优异成绩，班级工作才会渐入佳境，最终成为一个优秀的班集体。

巧用心理效应，优化班级管理

阎晶微　北京市顺义区仁和中学

要想真正地教育好一个人，不是一件容易的事，它需要班主任做好长期、艰苦、耐心细致的思想工作，不断深入学生灵魂的深处。人们常说沟通从"心"开始，而班级管理从本质上说也是一个师生"合作"和"交流"的过程。在担任初一年级班主任期间，我巧用心理效应，优化班级管理，达到了事半功倍的效果。

一、春江水暖鸭先知：首因效应

对于中学生来说，年龄特点决定了他们判断事物好与恶的片面性、随意性和迁移性，当第一印象比较好时，他们就会把这种"好感"迁移到以后的学习工作上，这就是所谓的首因效应。班主任老师在接手一个新班时，要留给学生美好的"第一次"，使学生产生一种"先入为主"的心理定势，进而对以后工作的开展产生助力而不是阻力。所以我注重做到了"三个一"。

（一）美好的第一次见面

记得那是一天的下午，我身着一身运动服，扎一条马尾辫，走进了教室，看上去很有活力，学生见到我有的好奇，有的不解，做了简短的自我介绍后，我把美好的祝福与期望一并带给了他们。为了让他们相信我会带领(5)班走向美好，我拿出了精心准备好的一封信，饱含感情地读给他们听。信的核心内容是五句肺腑之言：让别人因为我的存在而幸福；我很重要；我和他们不一样；相信自己，我能成功；把学习当成一件愉快的事情，共计3000余字。从学生的目光中，我读出了希望。最后送上我的礼物——每人一支笔，寓意是师生一起用它记录(5)班的成长足迹，书写明日的辉煌。真挚的话语、美好的憧憬，让我们共同站在了新的起跑线上。

(二)热烈的第一次班会

很快就迎来了开学初的第一次班会，我将主题定为"我努力，我优秀"，告诉他们只要我们愿意、我们努力，就一定能共同建设一个更为优秀的集体，我问他们愿意生活在优秀的集体中吗？孩子们异口同声地回答："我愿意!"我还不满足，要求他们连续三次呼喊出"我愿意"三个字。那排山倒海的气势燃起了他们的斗志。我继续渲染这种气氛，告诉他们，(5)班应该有一个属于我们自己的名称，要能体现出一种大气、一种希望、一种积极向上的精神状态，能使班级成员受到激励并立志成才。孩子们被感动了，个个摩肩擦掌，给自己的班级取了十来个名字：励志班、青春班、力量班等，最后举手表决，定为青春梦想班。然后我们又确定了班歌《我的未来不是梦》，班训"不比基础比努力，不比聪明比进步"，并照了班级全家福，将其制作成标示牌，张贴于教室醒目的位置，时时激励学生。经过协商，我们还相继出台了班规及班级管理条例，明确要求：作为青春梦想班的成员，要执着于自己的追求，要像呵护自己的生命一样，呵护我们这个刚刚诞生的"新生"班级。

(三)难忘的第一次活动

校秋季运动会是一年一度的盛会，我利用这个增强集体荣誉感、凝聚力的机会，带领同学们认真筹划，精心排练。在开幕式特色展示中，他们在凝聚着集体智慧的优美动听的班歌声中拼起了那象征着他们热情、拼搏、勤奋、希望和永不言败气势的五环，放飞了白鸽，震撼了全场，也感动了自己。赛场上，班干部有序指挥，同学们呐喊助威，运动员们奋力拼搏，最终赢得了"文明标兵"和团体总分第二名双重奖项，胜利的喜悦进一步拉近了师生的距离。

二、一枝一叶总关情：情感效应

面对陌生的新任班主任，学生很容易产生排斥和戒备心理。因此，教师必须在第一时间拉近彼此之间的距离，这个距离不仅是时间和空间上的，更是思想上的。

教育家苏霍姆林斯基说过："教育技巧的全部奥妙在于如何爱护学生。"现在的学生感受力很强，他们重感情，强烈要求别人重视自己，每个学生心理上都有一架天平，时时对教师的爱心进行衡量，这是一种细腻的情感体验，学生一旦感受到了这种情感，就会产生心理呼应，这就是情感效应的道理。所以每天我都会以一个和善、友爱的形象出现在学生面前，微笑对待学生，用自己的情绪去感染学生，努力创设一个和谐的、宽松的氛围，正所谓亲其师，信其道。

每天早上，我很早就来到教室，等候同学们的到来，放学后我一定会到教室和住宿生交流一下才放心离开；自习课上我喜欢和学生们泡在一起，和大家一起读书、学习；课间、课外活动时我经常和学生们一起聊天、活动、游戏；生活上，我更是无微不至地关心每个学生，时时提醒学生注意安全；学生生病、受伤，我总是第一时间赶到，精心护理和及时送去就医；学校、班级搞活动，我一直陪着学生，一起经受严寒酷暑，一起感受痛苦和快乐。我还创建了班级博客，并通过飞信平台，与家长、学生架起了一座沟通的桥梁。

不知不觉中，学生走近了我，他们亲切地称呼我"老阎"或"晶晶"，还不时地搞些恶作剧"偷袭我"。在班级接力日记中，我的人气指数也逐渐上升，我自然乐在其中，享受在其中。

三、有心栽花花定开：期望效应

班主任对学生给予合理的期望和充分的信心，学生内心受到极大的鼓舞，进而变成积极努力的行动，这就是期望效应。

在班级管理中，我会根据一些学生的优点及发展趋势，封给某一"官职"，这一举措能给学生以激励，使其朝着称号、职务的最佳境界努力。

一天晚自习前夕，学校王主任从我班查获了一本《诛仙》。我顺藤摸瓜，找出了十余本，更让人惊讶的是，这些书都是周同学一人的，之后及时和家长沟通，彻底调查，发现数量远不止这些，原来他把压岁钱都用来买这些读物了。为了避免被发现，晚上他经常打着手电在被子里偷看，真是痴迷其中不能自拔。周同学还在随笔中写了一首"水调歌头"来怀念他的"亡书"，愤怒之余也反思自己。我没有过多地批评指责，反而任命他为图书管理员，期望他能为班上的图书或是自己喜欢的有益读物、电视栏目等写推荐词，定期在阅览课上和大家分享，这样通过任务驱动促使他广泛涉猎，汲取精华，不仅自己从中受益，也带动了其他同学。阅览课上大家纷纷讲述自己的阅读心得，有时还会进行激烈的思想碰撞，在浓浓的书香之中，获得了丰富的精神收获。学期末周同学被评为"责任之星"。班主任对学生的这种真诚的期待、合理的要求、由衷的信任，是其不断发展进步的动力和方向。

四、乘风破浪直指岸：成功效应

获取成功和产生成就感，是人们的一种心理需求，这种心理可以称为"成功心理效应"。班主任可以运用这种心理现象，在班级中建立一种适用的、实效的激励机制，激活学生内心对成功的欲望，真正地挖掘出学生自身的闪光处，使其达到体验成功的快乐的目的。

（一）目标引领

明确而适当的目标能有效地激发学生的学习动机，调动其积极性，所以我要求学生根据自己的实际情况填写目标激励卡，内容包括：姓名、人生理想、挑战对手（自己要追赶的同学的名字）、人生格言（针对自己的思想弱点写一句医治自己这一弱点的格言）、本次考试各科成绩、下次考试的预期成绩、存在的问题、改进措施。完成后教师和家长要对学习目标激励登记表进行审核，帮助学生调整目标，使各目标趋于合理，然后在班内进行隆重的交流展示。这样的方式不仅仅是让学生追尖子，当冠军，更多的是鼓励学生与自己竞赛，与和自己程度相近的同学竞赛，大家前有榜样，后有追兵，班级便形成了一种你追我赶的学习气氛。

（二）榜样示范

古人云："以人为镜，可以明得失"，说的就是榜样的作用，我们要通过细心的观察和深入的了解努力发现班集体中各方面的榜样，发挥榜样的引领作用。

"追星逐月"之李嘉俊，她的进步在于将大目标分解成一个个小目标，一步一步地去接近、实现大目标。目前成绩很稳定，位列年级前40名左右。

"刻苦高效"之刘宇飞，充分利用课余时间，在6点40分离校前完成所有作业，而且保质保量，每天晚上还要做数学题 10 道，英语完形 1 篇、阅读 4 篇，并看 1 篇作文。

"持之以恒"之甄帅，他面对英语、体育两大弱科，并没有放弃，克服困难，坚持不懈。

榜样的力量是无穷的，通过身边的榜样的作用，同学们自省自纠，不断规范自己的言行，良好的班风逐渐形成。

(三)奖品激励

虽处中学阶段，但孩子们的童心未泯。每次重要的考试后，我的桌子上都会摆满奖状和一些糖果、学习用品，用来奖励学生。为了激发绝大多数学生的积极性，我把受奖范围扩大到了 80％，奖项很多，有优秀奖、进步奖、稳定奖、方法奖、超越奖、责任奖等，留 20％的人不中奖，可以产生最大的促进作用，让大家觉得都有希望，又人人自危，自然个个争着上进了。

(四)活动纷呈

我班还开展了"物品交换""责任伴我成长""我和别人不一样"主题班会，学习经验交流会，及挑战自我极限记忆等比赛。每次活动，都有明确的主题，要求全员参与，既是个人心灵的释放，又是集体智慧的展示，也是在娱乐的同时进行的一次精神洗礼、一次高尚的审美熏陶。

除此之外，师徒结拜、家校合作、任课教师的责任到人，都起到了至关重要的作用，师生合力构建的持续激励机制，不断地激发孩子们的进取之心，使其体验着成功的乐趣。

总之，我就是这样以"心理效应"为基石，以"爱和责任"为突破口，将我的满腔热情春风化雨地倾注给学生，催发一颗颗希望的种子茁壮成长，我想这也是班主任工作的最大乐趣吧。

高中起始年级班主任带班策略

8个"一"让新生快速融入新班级

刘朝晖　浙江省浦江县第三中学

接手新班级，如果第一周工作做得细致、到位，就能为一年甚至三年的工作打下一个良好的基础。经过多年的高中班主任工作实践，我认为，在接手新班级时一定要全力做好8个"一"。

一、开学前做一次精心准备

开学前一天，我首先按姓名、性别、生日、学科成绩、身高等建立学生档案，然后打扫教室，把桌椅摆放整齐，在黑板上书写欢迎词，并在讲台上放一盆鲜花，在教室后面放一盆葱绿的植物。这种做法旨在让学生一进入教室就能感觉到一种整洁温馨的氛围，产生一种家的亲切感。最后，按照学生身高情况安排临时座位，并用彩色卡片纸把姓名贴在座位上。

二、设计一个大方亮相

初次见面，班主任的仪表和气质会给学生留下深刻的印象。开学前，我一般都会修剪好头发。开学当天穿着整洁得体的衣服，以为人师表的仪态、富有亲和力的表情出现在学生面前。学生报到时，我力争能立刻准确叫出学生的姓名，让学生有一种亲近感，让家长有一种信任感。

三、举办一次激情演讲

开学第一天的下午或晚上，班主任一般都会进行讲话。

我把第一次讲话视为"施政演讲"，花大量的时间准备演讲稿，内容包括学校简介、自我推介、对学生的学习生活要求、管理常规、对学生的期望等。在语言上力求幽默风趣，简明扼要，充满激情，尤其要充分展示班主任的特长和工作能力，让学生打心眼里信服。

四、完成一轮心灵谈话

在第一周，我会利用课余和晚自习时间与每个学生谈话。谈话时表情要自然，口吻要亲切，以打消学生的心理防备，谈话目的主要是了解学生的家庭、学习情况和兴趣爱好等。在倾听学生说话时，注意观察学生的行为细节，了解学生的性格和特点，对学生的薄弱学科提出一些建议和期望，以便学生重视薄弱学科的学习。

五、举办一次学生自我展示会

在第一周的班会课和读报写字课上，我会安排每个学生按学号顺序上讲台进行自我展示。一方面让学生相互认识了解；另一方面营造一种欢快的班级氛围，锻炼学生的表现力，增强其自信心。自我展示不少于两分钟，内容除自我介绍之外，其他不限，可以是自己的特长，也可以是自己喜欢的格言、喜欢的一本书等。

六、送出一份意外的礼物

第一周，我会为9月生日的每一个学生送一张生日卡片，送上我对学生的祝福和成长的寄语。当学生收到卡片时，会非常感动，为建立良好的师生关系打下一个坚实的基础。

七、写好第一篇周记

第一周我会向学生提供撰写周记的参考内容，主要包括对学校、新班级的感受和建议，对班主任的建议，对自己一周学习的状况分析，对学习或生活方面的困惑等。同时，我还承诺这将是唯一的一本由我亲自收发的作业本，内容绝对保密，鼓励学生在周记中说心里话，自由表达意见。通过周记，我可以及时了解学生的心理动态。

八、做好一周辛苦的全陪工作

面对新的校园环境、新的班级、新的教室、新的同学，学生大学都会产生一定的不适应感，这正需要班主任走近学生。从心理学角度讲，谁先接近他们，他们就会先悦纳谁。第一周，我会全天陪着学生。早晨，学生来到教室就会看到我迎接他们的身影；食堂就餐时，我会关注他们的就餐情况和饮食偏好；在寝室，我会询问学生的生活需求。全陪工作虽然辛苦，但是会让学生很快适应新的环境，养成良好的学习和行为习惯。

九六班级公约

陈　宇　江苏省南京市第六中学

2010年9月，我告别了相处三年的激情（6）班，接手了一个新班——高一（1）班，我将带领这批学生走过新一轮的高中生活。

刚一开学学校就要求每个班级制定"班级公约"，但我们的班级公约拖了20天才出台。

班级公约是班级文化建设的一部分。我一直在思考一个问题：班级文化应该是在学校和班主任的正确引领之下，在班级运行、发展中逐渐形成的，而不是先有"文化"，再用"文化"去套某个班级。所以，我本来还想再等一等，让班级发展一段时间再说，但是学校的工作不等人，我们必须赶在截稿日前把班级公约制定好。

我带班不搞一言堂，凡事喜欢和学生一起商量，发动大家的力量解决问题。关于班级公约，我的理解是：既然是公约，那就是大家共同约定、共同遵守的事，必须全员参与。于是我向全班学生征集公约条款和内容，让每个人都为班级公约添砖加瓦。很快，学生的建议交上来了，有的详细，有的简单，体裁也五花八门。

建议有了，但我仍然要处理好几个问题。

第一，谁来做主制定班级公约？

毫无疑问，学生是班级的主人，但班级公约又不能完全由学生制定。学生的意见是分散的，而且限于认知发展水平，高一新生对一些问题的认识还比较肤浅，特别是关于个人修养方面。所以，班主任必须通过价值引领，把一些问题的实质点出来，而不是简单的训诫。比如，几乎所有的学生都提到了不准迟到、自习课不准讲话等，其实守时、在公共场所保持安静，既是纪律的要求，也事关个人素质和公德意识。学生想的不会这么深入，作为他们的班主任，应该担负启迪、引领的责任。鉴于此，我决定，班级公约的基本框架由学生来搭建，引领与升华靠班主任。班主任是班级的一分子，班级公约必须由班主任和学生共同制定，所以这个公约里也加入了我的思考。

第二，应把哪些内容写进班级公约？

一个班级用什么样的公约，是根据这个班级所在的年级段、学生基本素质、班级整体情况而定的。不同的班级，应该有符合该班级特点的公约，不能千篇一律。

我看了一些班级的"公约"，很多都是不迟到不早退、按时交作业、上课不玩手机之类的。那么，对于我的新一班又应该有怎样的要求呢？这个班级有它的特点——就全市高中班级的整体水平而言，是比较差的，而就我们所在的学校和年级来说，又算是比较好的。一些学生的习惯并不是很好，能力不强，但和其他班学生相比，还有一点儿优越感。

所以，对于这份班级公约的制定我颇费思量！我的想法是：它既要有基本规范，又要有较高目标的追求；既不能全部是不迟到、不玩手机之类的底线要求，也不能好高骛远、华而不实；既要有关于仪容仪表等基本规范的表述，也要有关于个人修养、公德意识培养的要求。

我把学生提出的班级公约内容做了整理，分成了仪容仪表、文明礼仪、集体活动等几个方面。除了学生的提议之外，我还为他们增加了关于个人修养、交友和责任感培养的内容。高中阶段和什么人交友对人的影响很大，而培养学生的社会责任感，也是教育的重要内容。

第三，以什么方式呈现班级公约？

班级公约应力求短小精悍、简洁明了，内容越多，越不容易记住。班级公约的功能决定了它必须朴实无华，不可能多么出彩。在平凡中体现不平凡，把一件人人都做的常规事务做出特色来，是我的追求。我不喜欢落入俗套，即使内容本身平实，也要尽量与众不同。我在想：班级公约多少年来就是那个老面孔，充满着套话，能否在形式上有所突破？班级公约常常是冷冰冰的铁板一块，充斥着规训、惩戒，人文气息较少，我们的班级公约能否在用词、语气上做一点改变？说同样一件事，不同的表达方式起到的效果是完全不同的。

公约要通俗易懂，好读好记，只有这样才有可能被学生经常念叨，说多了，就印入脑海中了，否则，公约永远是挂在墙上的摆设。

鉴于此，我苦苦思考班级公约的呈现方式，把学生的建议看了又看，希望理出个头绪。功夫不负有心人，一个学生的纸条引起了我的兴趣。他没有用刻板的语言表述规则，而是用类似儿歌的方式说出了他心目中的班级公约。我的脑海中忽然闪过《朱子家训》里的几句话："黎明即起，洒扫庭除，要内外整洁。既昏便息，关锁门户，必亲自检点。"如此浅显通俗，却成为诵读的经典。为什么我们的班级公约不能像《朱子家训》一样有亲和力呢？想到这里，我立即来了灵感——把班级公约的内容全部整合成四字短语。为了好读好记，我还给每句加了韵脚，就这样，一份班级公约就拟定好了。因为只有区区 96个字，故取名"九六公约"。内容如下：

仪容仪表	青春大方
言语文明	举止端庄
谈吐不俗	良好修养
尊重老师	友爱同窗
爱护公物	轻拿轻放
惜时守时	牢记不忘
自习课堂	公德考场
安静有序	无人守望
晨会集会	班级之窗
站姿挺拔	充满阳刚
慎交朋友	积极向上
诚实守信	勇于担当

这份公约最大的特点是高度浓缩、言简意赅、朗朗上口。虽没有面面俱到，但也涵盖了高中学习生活的大部分且详略得当，在该强调的公德意识、个人修养、集体主义培养等方面不惜大费笔墨，而过于基础的要求甚至没有写入这份公约。

从以往的情况来看，绝大多数所谓的班级公约都成了一纸空文。把遵守规则转化为无意识的行为，是需要付出艰苦努力的。教育要实实在在地去做，而不是停留在口头上或流于形式。这次班级公约的制定，只能算是形式上有所创新，而要把公约的内容转化为学生内在的品质，还有很长的路要走……

"说文解字"：上好入学第一课

李玉红　甘肃省兰州市外国语高级中学

如何对高一学生进行入学教育，是我一直思考的问题。

进入高中，面对一个全新的环境，学生们既充满了对高中生活的憧憬，又有着对新环境的惶恐；他们既渴望摆脱父母的管束、老师的说教，站在新的起点上，又感到很迷惘；在紧张疲惫的中考复习之后，经过一个漫长的假期，他们不可避免地会产生松懈情绪。因此我认为，成功的入学教育对学生高中阶段的学习和生活将产生重要的影响。

作为一名语文老师，在入学教育中，我改变了传统的说教方法，尝试用"说文解字"的方式，对6个汉字进行了解说，力求给学生以文化的滋养、思想的启迪和心灵的触动。

一、从"初"到"高"

——消除迷惘，认识自己

古希腊哲学家说："人啊，认识你自己。"可见，人最大的困难是认识自己。

"初"——会意字，指裁衣服的第一刀。学生们来到新的环境，展现在面前的，就像一块漂亮的布料，要用这块布料做一身合体的衣服，裁剪的第一刀非常重要。如果说大家很好地完成了初中学业，那对高中学习生活来说，代表裁好了第一刀；如果初中学习成绩不理想，那就要更加珍惜这个新的起点，重新拿起剪刀，"裁"好新的"第一刀"。

"高"——会意字，形如台观高耸，本义为高处。升入高中，标志着学生们成功地登上了"高处"。但是，山外有山，天外有天，这个"高处"只是相对于以前而言的，在未来的道路上，将有一个个新的"高峰"等待大家攀登。何况现在只是"高""一"。"一"是汉字里面最简单的一个字，又是最难写好的一个字。同样，人生的"一"字也最难写。"一"是起点，是开头，"千里之行，始于足下""万事开头难""良好的开端是成功的一半"……这些格言警句都是对"一"的重要性的最好阐释。

二、从"人"到"众"

——学会合作，肯定自己

学校是一个大家庭，班级是一个大家庭，要想在这个大家庭里面得到温暖幸福，就要齐心协力，付出真情。

"人"——象形字，甲骨文的形状是一个站立的人。因此，一个人，首先要学会站立，要有独立的思想和人格，要打造个人的魅力和光彩。

"众"——会意字，繁体字写作"眾"，本义是在日出的时候很多人一起去干活。三人为众，"众人拾柴火焰高""众志成城""寡不敌众"……说明了团结、合作的重要性。众人在一起，就是一个家，每个人都要爱家，使众人组成的"家"幸福、温暖。

班级是由几十个个体组成的，只有团结协作、互帮互爱才能形成一个优秀的班集体，"家"才能蒸蒸日上，个体才能得到最好的发展。

三、从"思"到"行"

——学会学习，发展自己

进入高中，学习上了一个新台阶，与初中阶段相比，教师的教学方法、管理方式大不相同，如果缺乏足够的心理准备，就会不知所措、丧失信心。很多初中的尖子生进入高中后成绩下滑都与此有关。因此，入学教育应包括教学生学会学习。

"思"——会意字，指"心"上有块"田"。对不同职业的人来说，"田"各不相同。对学生来说，学习便是"心"上之"田"，用心越多，"田"耕耘得越好。哲人说，"人是一根会思想的芦苇""我思故我在""学而不思则罔"，善于思考、用心思考，"心田"便会长出更多的"心"（新）气象，充满生机，创新也就水到渠成，否则便会荒芜，成为沙漠。

"行"——会意字，甲骨文的形状是十字路口，本义是道路，引申为行走、行为。古人说"读万卷书，行万里路""思而不学则殆"。高中学习与初中最大的不同就是要学会自主学习，老师不可能像初中、小学那样耳提面命、订正检查，最重要的是要自己努力学习、实践、感受生活，在学习实践中不断成长。

我的班级管理"突破口"

刘 岩 江苏省新沂市第一中学

一个班级的健康发展，需要科任教师的支持与助力，需要有效的家校沟通与配合，需要班主任通过引导激发学生不断进取的信心与勇气，但实践中我们的突破口在哪里呢？

一、接手新班，以"让科任老师喜欢咱们班学生"为突破口

每接一个新班，我首先要求学生做好三件事：课前将黑板擦干净；将讲台、实物展台擦干净；科任老师一走进教室，全体学生立刻起立，声音洪亮地向老师问好。这样做，几天后就会得到积极的反馈。有的老师说："你们班的讲台真干净，我的笔记本上没有一丝粉笔灰。"有的老师说："你们班学生向老师问好声音响亮、充满热情，不像有些班，老师问好后，学生才有回应。"可见，科任老师已经从这些细节对我们班学生产生了好感。我把老师的夸赞转达给了学生，进而要求他们做到让科任老师走进班里就感到心情愉快。学生们经过讨论，决定从以下几个方面入手：教室打扫十净，物品摆放整齐，见到老师问好，无论什么情况下都不能顶撞老师。有的学生还从家里带来花草装饰讲台。

一次，一位给我们班代课的老师夸奖道："你们班的小孩真好！"原来这位老师上课时站累了，向讲台两边看了看，一个学生便主动将墙角的凳子擦干净送到了老师跟前。这件小事给老师留下了深刻的印象。

当科任教师发自内心地喜欢学生时，上课的状态一定是最好的，看学生的眼神必然是亲切的。学生也会从老师那里感受到关爱，师生关系便进入了良性的循环。有了良好的师生关系做基础，何愁教师不认真教，学生不努力学呢？

二、转化学生，以"让家长感受到孩子进步"为突破口

进入高二，班里转入一个迷恋网络的学生。他曾经因沉迷网络20多天没有上课，家长一提起他就气不打一处来，恨得咬牙切齿。经过一段时间的观察，我发现这个孩子除了对学习不感兴趣外，其他方面的表现都不错。于是我把孩子在学校很听话、能及时完成作业、值日不偷懒等优点通报给了家长。家长听后，对待孩子的态度慢慢好了起来。家长对孩子不偏激，给予理解，有利于孩子的转化。

可是，好景不长。一个周末，这个学生没有回到学校上晚自习。经询问得知，孩子自周五放学后就一直没有回家，家长找了一天一夜才在网吧中找到他，家长非常生气，不让孩子上学了。我了解了原因，原来这个学生周五只是想在网吧玩一会儿，不知不觉时间晚了，半夜回到家门口不敢进家，又返回了网吧。我帮助家长分析，孩子只是一时入迷忘了时间，他知道要回家，知道害怕了，比以前20多天不回家进步多了。我把孩子带回了学校，之后每当这个孩子有表现好的地方，我都告诉家长，让她不要总是责怪孩子，给孩子做点好吃的，买件新衣服，阴雨天接送孩子。慢慢地，家长和孩子的关系融洽了。家长经常在孩子面前称赞班主任，孩子也会更加信服班主任的管理。

对于这样的学生，要注重鼓励。回答问题正确，要称赞；三天没有迟到，要称赞；一周没有上网，更要称赞。在学校，学生总能感受到自己在老师心中的良好印象；在家中，孩子总是能看到家长的好脸色，自然会珍惜这样的局面。

任何人都不愿生活在横受指责的环境中。善于发现学生每一处细微的进步，善于把对学生的鼓励融入一个个平常的细节之中，将会精诚所至、金石为开。

三、超越自我，以"找出小问题，取得小成功"为突破口

军训期间，我带的男生组接连几天内务得分输给女生。我问男生们是否能够超过女生，他们异口同声："不可能！"我说试试吧。我坐镇宿舍让他们彻

底整理内务，第二天分数见涨，然而还是输给了女生。我让他们找评委询问原因，主要是男生的被子叠得没有女生整齐。于是，一个中午，我组织全体男生练习叠被子。再一次内务评比，分数终于超过了女生。男生们都很振奋。我趁热打铁，鼓励他们："许多事情不是不可能做到，而是没有去做。有决心，就能够做到最好！"于是，男生们把所有扣分的环节都找出来，一一整改。此后，男生的内务分数一直稳居前列。

学习也是这样，学生只有强化自己的优势，解决一个又一个细节问题，才能不断进步。每次考试过后，总有许多学生感叹自己粗心，会做的题目没有做对。只有后悔远远不够，还需要针对每一个细节扎实训练。一次次的小成功会提高学生的自信心，让他们满怀信心地投入到下一个挑战之中。成功存在于一个个小问题的解决之中。

班主任工作千头万绪，我们只有选准以点带面的突破口，做好一个又一个细节，才能促使学生在一件又一件小事的实践、体验中不断学习，不断成长。

我和学生做"同桌"

程书森　河南省郑州市新密第一高中

2008 年，我接手了一个高一新班。开学不久，有个叫晓涛的学生很快就进入了我的视线：刚一开始上课，他就发呆，无论怎么提醒，他的注意力就是集中不起来。一段时间过后，他索性一上课便睡觉，老师的授课对他来说好像是催眠曲，经常有老师找我告状。我也多次找他谈话，了解到的情况是，晓涛家庭关系和睦，本人心理也挺健康，就是学习基础薄弱，"上课就像听天书"。谈过话之后，他会稍有改观，可是一段时间之后，他依然是我行我素。结果，期中考试考得一塌糊涂。

为此，我伤透了脑筋，几乎使出了浑身解数，却拿他毫无办法。渐渐地，我也心灰意冷了，把他安排在了教室最后一排的角落里，以免影响老师和其他学生上课的情绪。

有一天，我到班里听课，正好坐在他旁边，和他当起了"同桌"。那是一节物理课，物理老师精彩的讲解，让我听得入神。晓涛呢，因我就在旁边，不敢睡觉，只好强打起精神，翻开书听老师讲课。我用余光时不时地瞄向他，只见他拿着笔，心不在焉地在书上乱画、乱写，偶尔也随着老师的讲解大声敷衍几下，貌似听得很认真……

下课后，我没有急于离开教室，而是主动和他聊起天来。

"晓涛，上课听懂了吗？"

看着我真诚的目光，他先是点点头，随即又摇摇头。

"我不是教物理的，但这一节课讲的内容我听懂了。这样，我先把物理老师本节课讲的重点内容给你复述一下，然后你再给老师讲一遍，好吗？"

他犹豫了一下，很不自信地点了点头。

于是，我简明扼要地向他复述了一遍本节课的内容。接着，晓涛鹦鹉学舌似的把我复述的内容又复述了一遍。虽然是结结巴巴的，但我仍然给予了他很多的鼓励，并告诉他："只要用心听，一定能听懂。"

"晓涛，老师今天没有课，就坐在你旁边给你当'同桌'。咱俩来一个约定，每节课后向对方讲解课堂上老师所讲的内容，怎么样？"他没有说话，想了想，对我郑重其事地点了点头。这一天，在我这个"同桌"的"监视"下，他没有再睡觉，听讲也比较认真，而且在课后给我的讲解中，基本上能把握住本节课的重点。我心中窃喜，看来今天我的工作有效果。

在接下来的日子里，只要没有课，我就扎进教室，和晓涛做"同桌"。慢慢地，我发现他上课不再睡觉了，偶尔坚持不住，他就会站起来听课，回答问题也大胆了。在课下给我的讲述中，他的条理性强了，并且渐渐地能用自己的语言来讲了。再后来，只要哪节课我没有给他当"同桌"，一下课，他就到办公室来找我，给我讲述上课的内容；我外出学习一周回来后，他又主动找到我，把本周各科老师所讲的内容都讲给我听……功夫不负有心人，期末时，他各科成绩均有了较大进步，还被评为了年级"进步之星"。

第二学期开始，我又让晓涛把每周、每月老师讲过的知识用一个本子整理一下，周末、月底拿给我来"学习"，他学习的劲头更足了……

和学生做"同桌"，可能是个笨办法。但我想，教育如何才能走进学生的心灵呢？真正的教育应该像水一样吧，如水之灵动，如水之轻柔，如水之绵延，依山而绕，随物赋形。教育者应该让每个被定格在"后进生"行列中的学生，感受到自己水滴石穿般的真诚和执着。

写名字

——我们班的入学第一课

杜敦帅　山东省青岛市崂山区第一中学

这是高一新生入学的第一课，我简单介绍了一下自己的情况，然后让学生一个一个走上讲台，进行自我介绍。

这是一群"90后"，有着非同寻常的大方和幽默。只是有几个学生的声音比较小，估计是有些紧张。

我突然感到，这样介绍彼此印象不够深刻，于是建议学生把名字写到黑板上。这个建议得到了学生的响应，他们一个一个轮流在黑板上写下了自己的名字。

学生的姓名五花八门，其中三个学生竟然用"火星文"写下了自己的名字，后面用规范汉字做了注释（不做注释的话，我根本看不懂）。

我认真地看着，盘算着该怎样品评这些签名。

这时，负责我班军训的教官走了进来，大家报以热烈的掌声。我也邀请教官把名字写在了黑板上。教官是位20岁左右的武警，在学生的掌声中，他把自己的名字规规矩矩地写在了学生名字的最下面，然后，找到教室最后面的一个圆凳，坐了下来。

我也是这个集体中的一员啊，于是，我也把自己的名字写在了黑板上，一幅完整的名字拼图便形成了。

面对名字拼图，我说道："看到这样一幅名字拼图，我越发喜欢大家了，因为大家的名字起得都很好，而且字写得都很用心。"

学生们脸上漾起了美滋滋的笑容。

"但是，我有一些感想要跟大家分享一下。假如这块黑板就是我们的集体空间，大家要在其中学习和生活三年，那么，看看大家是如何在这个空间中展现自我的呢？"

一些学生开始疑惑起来。

"第一，刚上来的同学把名字全都写在了黑板中央，希望引起别人的注意，获得别人的肯定。这很好，这是积极的心态，也是高中生必需的心态。"

一些学生表现得美滋滋的。

我接着说："只是，这就出现了一个问题——没有考虑后来者。后来者只能非常不情愿地把名字写在犄角旮旯儿；不少后来者不得不踮起脚尖儿，费力地把名字写到黑板的最上方。"

"在一个集体中，首先要学会的是考虑别人，互相体谅关照，如此方可实现共同进步，否则，集体堪忧。"

学生们的表情开始变得严肃。

"第二，换一个角度看，就算别人的名字已经挤满了整个黑板，几乎没有给你留下空间，但你依然可以把自己的名字工工整整地写到黑板上的某个缝隙或者角落——或许，也不难，只需踮一踮脚。"

"所以，在以后的学习和生活中，无论遇到怎样的压力和困难，即便感到前方无路可走了，但只要你坚守信念，脚下一定有路。正所谓'山重水复疑无路，柳暗花明又一村'。"

学生们开始听出点儿味道了，眼睛变得炯炯有神。

"第三，学习教官的谦虚情怀。"

我把目光投到了教官身上，学生们也迅速回头，目光集中到了教官身上。教官反应很快，站起来行了一个军礼。

"教官把自己的名字写到了最下面，而且字写得很小，说明教官虚怀若谷。"

我停顿了一下，接着说，"不像有些同学，上来就把自己的名字写得很大。其实，越是把自己的名字写得小，越能够写得从容，反而能赢得大家的关注，获得别人的尊敬。"

"所以，同学们在学习生活中一定要学习教官的这种谦虚精神，如此方可为自己赢得空间，获得尊重。"

全体学生一齐鼓掌，掌声中饱含了对教官的敬意。

"第四，有几名同学用'火星文'写名字，而且加了括弧做了注释。原本打算彰显个性，表现点'学问'，但是却占用了大家的空间，还不得不浪费气力来做出解释。"

学生们笑了起来。

我紧接着说："所以，同学们，在高中阶段，务必理性对待某些'个性'，学会抵制某些诱惑，否则，一旦偏离了集体正常的生活方式，往往要费时费力做出解释和修正，影响了他人，也浪费了自己的大好青春。"

学生们专注的眼神告诉我，他们已经领会了我的意思。

"第五"，我环视了一下整个教室，然后，转身面对黑板，说道，"如果同学们都有集体观念、纪律意识，一开始就整整齐齐地按着顺序写出名字的话，我想，用不了一半的黑板空间，大家的名字就都能写上，而且很有秩序，很漂亮，不会像现在这样杂乱无章"。

"所以，同学们在今后三年的集体学习生活中，务必严谨守纪，心中有集体，心中有荣誉。只要每一个同学都能这样，我们这个集体就会形成强大的向心力，每个人都会最大可能地实现梦想。倘若各自为政，乱糟糟一团，没有了集体的凝聚力，没有了集体的荣誉感，一盘散沙，每个人实现梦想的机会也就很渺茫了。"

看着学生们专注的神情，我长舒了一口气，缓缓地说道："相互关照，坚守信念，谦虚理性，严谨守纪——这是我们三年后取得成功的保证，请同学们切记。"

教室里响起了热烈的掌声。

有责任的传递
——我的入学第一课

魏　巍　北京市黄庄职业高中

接手的高一新班里，男生较多，思想活跃。军训是他们进入高中后的第一次锻炼机会，我不想错失良机。

我跟学生们说："咱们做个游戏好吗?"一听说做游戏，大家迅速组成4队并选好了队长，围坐成一圈。我宣读游戏规则："第一，游戏过程中不许讲话，只有队长有坐着的权力；第二，游戏过程中若队员出现失误，队长就要被罚做俯卧撑，而且是以2的倍数增长，即第一次1个，第二次2个，第三次4个……依此类推；第三，出现3次失误者，取消游戏资格。由我做裁判，大家听明白了吗?""明白了!"学生们大声回答。

于是，我开始带他们做"数青蛙"游戏："一只青蛙跳下水，咚；两只青蛙跳下水，咚、咚；三只青蛙跳下水，咚、咚、咚……"每人一个字，按顺序说出，说错或说慢便算失误。学生们兴趣盎然。每当有人犯错，大家便哈哈大笑，队长虽然受罚但仍然满面笑容，完全不在意。随着游戏的进行，出错的学生越来越多，有个队长的俯卧撑已经做到了32个，汗水顺着他的脸颊流下来，动作也不如一开始标准。虽然大家都围着看他做，但笑声小了。这组学生开始互相抱怨："都是你，要不是你，他能做那么多吗?"被指责的学生无言以对，喃喃说道："我又不是故意的!"此时，我抓住机会进行了点拨："只因你的不小心、不注意，却让别人代你受过。同学们，认真点，虽然这只是个游戏。大家想想办法，怎样才能不出错?"

在接下来的游戏中，嬉笑声少了，学生们的脸上都带着一抹凝重，大家互相提醒，帮助记忆。"又出错了！"出错的队员赶紧说："对不起！"旁边队员立刻说："下次我帮你。"

当游戏进行到有个队长要做 128 个俯卧撑时，出错者站出来说："老师，是我错的，我帮他做吧。"看到学生难过的表情，我狠下心说："不行，你不是队长，你没有权力代替。"此时，全班学生都将矛头指向我："老师，别让他做了，我们不玩了。"我轻轻摇了摇头，说："错了就要受罚，玩游戏也要遵守规则，何时结束，由裁判说了算。"队长说："老师，您放心，我们组的错我来承担。"这次，学生们都安静了，默默看着他一下、两下……直到趴在地上起不来。

看着学生们的表情，我先让大家坐好，然后问道："知道这个游戏的名字吗？其实它叫'有责任的传递'。"学生们睁大了眼睛，露出了好奇的神情。我接着说："正像游戏名字一样，我们传递的是一份责任，只要你认真就不会给别人带来麻烦。"这时，那些犯过错的学生都低下了头。

"首先，在一个集体里，班干部就相当于我们的队长，虽然他可以坐着，好像挺舒服，可是当你们出错时，他却要受罚，错得越多，罚得越重。好多人幸灾乐祸，哈哈大笑，对吗？"学生们都笑了。"所以，大家不要只看到别人享福的一面，而要多考虑别人的难处。只有学会从别人的角度看问题，我们才能够互相体谅，才能够实现共同进步。否则，集体堪忧。"

"其次，那些被罚出场的同学也许是不小心，并非故意，但生活不会因为你的不小心犯错而原谅你，唯有责任心与认真对待才能让你干好每件事而不会被淘汰。"

学生们专注的眼神告诉我，他们已经领会了我的意思。

"再次，为什么大家不能代替队长做俯卧撑？因为你们不是队长，没有这个权力；你们也不能终止游戏，而是由裁判说了算。所以请大家记住，即使是游戏，我们也应该遵守规则，坚信只有做好分内之事才是对别人最大的帮助。我很高兴看到同学们能由埋怨、指责变为互相帮助。只要我们团结，我们的集体就会形成强大的向心力，每个人都会最大可能地实现梦想。"

学生们若有所思，他们已经开始自我"检讨"了。

"最后，这 4 个队长没有因为受罚而退缩，勇敢地完成了几百个俯卧撑，他们有担当，这正是老师要告诉大家的：相互关照、严谨守纪、有责任、有担当、坚守信念——这是我们军训也是今后三年取得成功的保证，大家能不能做到？"

"能！"学生们的喊声响彻云霄。

"致远 23" 班级标识诞生记

梁 岗 四川省成都市石室中学

班级标识是班级文化的重要标志，班级标识的建立过程是班级文化创建的过程，需要在师生交往、班级发展，甚至一些特定条件下逐渐生成。班主任的任务就是要想方设法促进它们的诞生。

一、"抛砖引玉"，引出班名，填写班歌

在创建 2012 届(23)班班级标识之初，我特意召开了一节主题班会——"'魅力 28'的风采"，激发学生制作班级标识的兴趣。"魅力 28"是我所教的 2009 届(28)班的班名，我将刚刚毕业的学生们开展的精彩活动制作成视频，配上或舒缓或活跃或激昂的音乐，在视觉与听觉的双重冲击下，引发学生强烈的共鸣，进而产生创作自己班级标识的欲望。我把这一招叫作"抛砖引玉"，每次接新班都会使用，屡试不爽。

"他们唱的是什么歌?"

"快看，他们每个人都戴着一条红色领带!"

"哇，他们还有自己的 LOGO!"

……

视频中，熟悉的校服、熟悉的教室、熟悉的校园，演绎着不一样的精彩，每一处精彩都拨动着新班级成员的心弦。

我在一边不紧不慢地回答着学生的问题:

"哦，他们唱的是自己选出的班歌，是汪峰的《怒放的生命》，可惜有点缺乏创造力。"

"红色领带漂亮吧，可不是街上几块钱买来的，是'魅力28'的女生一针一线缝制的，那上面还绣着同学姓名的汉语拼音全拼。"

"LOGO确实漂亮，花费了学生不少心血。"

……

15分钟的视频，在高考前我与所有学生紧密拥抱的合影中结束，却在新班级的每一个学生心中激起了"惊涛骇浪"。

"'魅力28'太厉害了!"一个学生发出了感叹。

"我相信你们会做得更好。"我说。

"对，我们一定能超越'魅力28'，等到您下一届带班的时候，就该展示我们的风采了。"

"对，我们也要有自己的班歌、班名!"

"我们的LOGO一定比'魅力28'更精彩。"

……

学生们热情高涨，我顺势说道："大家的确有很多超越'魅力28'的潜能，但现在还只是潜能。我们需要的不仅仅是说，还得做，精彩不是凭空想出来的，是努力创造出来的。"

"好，老师，我们照您说的做。"

"那可不行，你们什么都照我说的做，那不就成了我自己的精彩了吗？我们要一起来完成。"

"好，现在就征集班名和班歌。"班长挽了挽衣袖，好像要大干一场的样子。

"对，我们班叫'猛虎班'怎么样？学生个个威猛如虎。"

"那还不如叫'蛟龙班'，龙比虎厉害。"

……

一时间，学生们各执一词，争执不休。我示意大家安静下来，然后缓缓说道："取班名可是大事，想想你们的名字是怎么来的？那是父母甚至爷爷奶奶绞尽脑汁想出来的，里面蕴含了长辈们的殷切希望。班名也是一样，绝不是随口喊出来的，班名应该是有生命力的、神圣的，应该蕴含着全班同学对班级发展的愿景与努力的方向。我们应该取一个怎样的班名呢？"

经过讨论，大家商定，每个小队取一个班名，附上对班名意义的阐释，最后召开班会交流各小队初拟的班名，再由全班投票确定。一周后的班会课上，经过三轮投票，最终确定班名为"致远23"，寓意为：

(23)班是一个由 72 个怀揣梦想的少男少女组成的大家庭。在这个温暖、和谐的大家庭中洋溢着幸福，充满着欢声笑语及为梦想奋斗流下的汗水和家人之间的鼓励。我们为梦想而共同努力，从现在走向未来，我们把这个家叫作"致远"。宁静而致远，人只有内心宁静，一心奋斗，才能够走得更远，飞得更高。

"致远 23"班名诞生后，学生又借用《北京欢迎你》的曲调填上了新词，经过全班学生合力修改定稿，产生了班歌《致远欢迎你》。摘录歌词如下：

我班大门常打开
散发青春活力
同学绽放灿烂笑容
老师充满朝气
我在致远 23 里
认真而又风趣
见了面就有了默契
你会爱上这里
校园广大都是朋友
请不用拘礼
同学们都很聪明
老师很热情
迎接每一道晨曦
带来全新空气
勤奋思考提出问题
我们奋斗到底
用心闯出一片天地
证明我自己
一路上互相鼓励
永远不放弃
致远 23 欢迎你
和你一起努力

让我们彼此付出真心意
致远23欢迎你
我们共同经历风雨
用勇气去创造奇迹
……

这首班歌寄托了全班学生对自身、对班级发展的希望和在班级中幸福成长的向往。每一次唱班歌，学生都满怀真情，然后激情似火地投入到班级生活中。

二、"树上开花"，海选班徽，定制班印

在班名、班歌的创建过程中，学生们享受到了创造的乐趣，创建班级标识的火种被点燃了。没过几天，班长和团支部书记一起向我请命面向全班征集班徽。

"什么是班徽，为什么要征集班徽？"我故作不解地问。

"班徽就是班级徽章，班级作为团队，需要专属于自己的 LOGO，如同企业有自己的商标、家族有自己的标识、国家有国徽一样。这是团队建设必不可少的。"团支部书记解释道。

"是啊，我怎么没有想到？好主意！你们准备怎么做？"我欣然答应。

学生们商定采取全班海选的方式征集班徽，每个学生都是评委，每人限投一票，得票最高者当选。

一周过后，班徽海选大会如期举行。没想到，马柯同学竟然也带着手绘的班徽作品走上了讲台。这是一个从实验班"落难"到"致远23"这个普通班的学生，开学以来一直闷闷不乐、沉默寡言。他向大家介绍了自己设计的班徽寓意：

班徽外围设计为圆形，象征（23）班是一个和谐温暖的大家庭，飘舞的丝带象征着班级72人同心合力，蕴含的数字代表永远的（23）班。班徽侧看为两心相连的形状，大的心形代表老师，小的代表72名学生。整个图标象征在敬爱的老师的带领下，班级不断拼搏，努力向前，走向辉煌。

在一阵热烈的掌声中，马柯的班徽设计方案成为"致远23"的班徽。之后，

学生们又将班徽定制成班印，作为发布班级通知、公告和制作班级证件的"公章"。最后，全班学生一致同意由班徽的设计者马柯保管班印。我代表全班学生，将班印正式交到了马柯手中。马柯的脸上露出了灿烂的笑容。

这一次，我不仅收获了班徽和班印，还借此帮助一颗从实验班"落难"到普通班的失落之心找回了自信与自尊。

三、"顺水推舟"，舞动班旗，缝制班标

两个月后，学校举办阳光体育运动节，"致远班"因队列整齐而入选了彩旗方阵。学生提议制作班旗，我照方抓药，激励学生自己设计制作班旗。在运动节入场仪式上，出现了一面印有橙色"致远23"LOGO的白底大旗，成为仪式上最亮丽的风景线。运动会开始后，几乎每个学生都争相扛着大旗为班级同学呐喊助威。这届运动会，我们班总分比上一届大有进步，我想这就是"旗帜"的力量。

学生们还自发购买了纯蓝棉布，缝制成领带，并在新生体操比赛中佩戴，又一次成为运动场上的亮点。这条凝聚了"致远23"每一名学生心血的蓝色领带也成为一个班级标识。每当学校举行大型活动，都会有系着蓝色领带的学生热情地为大家服务，得到了无数的赞扬声。学生们说："当系上这条蓝色领带时，我代表的就是'致远23'这个优秀的班级，我就要全力展现最美的风采。"

就这样，旗帜成为班级精神的外显，蓝色领带成为优秀班级成员的象征。通过班旗与领带的引领，学生们认真检视自己的行为举止，朝向更加优秀的方向迈进。

四、"水到渠成"，班服诞生，班标升华

我原以为班歌、班名、班徽等产生后，班级标识的创建任务就基本结束了。直到高考临近，我才明白，只要班级文化创建没有结束，班级标识的创建就不会终止。

高考前，为拍摄毕业照，学生们策划制作了班服。班服采用马柯设计的图案，一件白色T恤衫，男生前龙后凤，女生前凤后龙，非常漂亮，代表"致远班"在高考中龙凤齐翔，金榜题名。

我决定以班服作为高考动员会的重要载体。这天上午，我们以"高考，我来了"为主题召开班会。班会分为三部分：第一部分，我发表即兴演讲《高考，

谁的抉择》，引导大家思考"是我们选择了高考，还是高考选择了我们，我们应该如何面对高考"；第二部分，举行隆重的班服发放仪式，特别邀请马柯介绍班服图案的含义；第三部分，借助学生穿上班服的热情劲儿，全班学生齐声诵读《高考誓言》，班会在激昂的《怒放的生命》歌声中结束。

将班服的发放设计为仪式，成为主题班会的重要环节，不仅让学生体验到了生活在"致远23"这个班集体中的快乐和幸福，更为重要的是，借助对集体的归属感和自豪感巧妙地缓解了学生的压力。

拍摄毕业照那天，我们班再一次成为全年级的焦点——全班学生身着班服，拍摄了一张洋溢着幸福与自豪的"全家福"。

高考前一周，班里的女生利用周末亲手制作了72条红绳手链。手链编织发起人在发放仪式上说：

> "致远23班"的72名兄弟姐妹即将奔赴考场，实现人生的梦想。虽然我们分布在不同的考场，但72颗心永远连在一起。这条红绳手链，象征着我们的心永不分离，同时也祝愿我们快乐应考，幸福应考，借助高考，实现梦想。

这种表达是对班级标识的一种升华，由外显之物内化为心灵的动力。这样的集体动力最能激发一个人的斗志，在高考前的最后时间蓄积心理能量，在考场上淋漓尽致地发挥。

班级标识的建立切忌"凭空想象"，不能"越俎代庖"，更不能东拼西凑，应急而生。它深深地植根于班级文化的土壤中，并随着班级文化的发展渐次生成，不断陶冶、浸润学生的心灵，推动班级向着更高的目标不懈努力。

主题月引导：高一班级建设新策略

张　颖　北京市大兴区第五中学

高一学生来自不同学校，个体差异很大。面对一群有思想、有感情的学生，如何将素质教育的目标转化为学生内在的素质，是高一班级建设的核心问题。"好的开始是成功的一半"，高一是高中三年的起点，高一第一学期班级建设的成败对高中三年都起着至关重要的作用。我通过设计主题月活动，夯实班级建设的根基，助力学生健康成长。

一、"你的心语讲给我听"学生情况了解月

为了尽快了解学生，我在开学初设计了"你的心语讲给我听"学生情况调查表。

通过调查表，我了解了学生的学习、生活、心理和初中的情况，对学生有了全面的认识，从而为下一步的教育奠定了基础。

二、兴趣爱好发现、培养月

兴趣是学生发展进步的动力。为了使学生尽快适应新的生活、新的环境，让学生"学海无涯乐作舟"，就必须培养学生的兴趣爱好。因此，我把对学生兴趣、爱好的发现和培养作为第二个主题月的主题。

（一）课堂展示学科魅力

高一学生在开学初会对新的环境、新的教师产生好奇心，

我协调全体任课老师，在每个学科的第一、二节课上充分展示各学科的魅力，创造机会拓展学生视野，最大限度地激发学生对高中学习的兴趣。

(二)墙报宣传学科趣味故事

我将学科故事制作成墙报，把历史、自然、数学、天文等知识寓于故事之中，供学生在课间阅读，激发学生对各门学科的兴趣。

(三)设置科普图书角

我在教室设置了科普图书角，购置了科普图书，并请任课老师对相关书籍进行介绍，以方便学生阅读。对于教学中的难点章节，由教师向学生推荐阅读一些相关的图书，以激发学生的学习兴趣。

三、名人事迹宣讲月

如果说兴趣的激发可以由外界刺激在短时间内实现，那么兴趣的保持则需要依靠学生自身的努力与坚持。如何培养学生百折不挠、积极向上的精神呢？我采取了名人榜样教育法。

我根据开学初的"你的心语讲给我听"调查表中学生的反馈情况，从学生的兴趣爱好出发，挑选那些对学生的身心健康成长有所帮助的各行各业的名人，利用每天早上或者班会时间请学生介绍这些名人的事迹，或者请学生办墙报向其他同学介绍自己的偶像，以强化学生对名人优秀品质的理解，教育学生学习名人的优秀品质，从而促进学生学习成绩的提高及思想认识的提升。

四、职业理想树立月

高一学生对职业和社会缺乏全面认识、职业价值观偏颇、规划意识淡薄，教师要对学生的职业生涯规划进行初步的引导，以期对将来填报高考志愿和做好人生规划起到参考作用，帮助学生树立职业理想。

为了帮助学生科学地进行职业规划，我挑选了不同职业的家长和社会名人，邀请他们到校对学生进行相关的职业介绍。为了上好"职业引导课"，达到预定的教育目标，我事先制定了教学提纲，内容大致如下：

(1)从事职业的名称、工作内容。

(2)参加工作以来的主要成就，该类工作的乐趣，遇到的困难。

（3）做好该类工作所需要的知识储备、能力要求。

（4）与该类工作相关的专业介绍、大学介绍。

（5）对学生的人生寄语。

通过这种活动，大多数学生确立了自己的职业理想或高考目标，了解了实现理想要具备的条件及自身条件与理想之间的差距，坚定了实现理想的信心，激发了学习动力。

五、假期自我丰富月

怎样才能让学生度过一个内容丰富、形式多样、心情舒畅的假期呢？我联合任课老师、学生制订了假期计划模板，旨在促进学生的全面发展，让学生过一个有意义的假期。

主要内容如下：

必修项：极少量的学科作业；准备开学后的"假期精彩有我"个人展示资料。

选修项：任课老师推荐阅读相应学科的拓展书籍、资料或网站，学生按兴趣自主选择。如，"艺术老师推荐专版"由音乐、舞蹈、美术老师推荐适合学生的假期艺术培训、参观、艺术入门书籍或专业书籍；"体育老师推荐专版"由体育老师推荐适合季节选择的体育运动娱乐项目，分发相关的运动娱乐训练资料。

此外，还有推荐电视节目，推荐旅行线路，推荐假期义工或打工项目（可由学校或个人事先联系），推荐厨房拿手菜（教师可给出菜谱），推荐歌曲、中外电影等。学生可以根据兴趣选择相应的内容。

假期结束后，我利用开学第一天开展了"假期精彩有我"个人展示，包括拿手菜试吃、才艺展示、打工经历演讲、旅游摄影展览、课外阅读推介等内容，并由学生投票选出一、二、三等奖。学生们在热闹、活泼的气氛中进行了交流，在增进师生、生生感情的同时，完成了由假期生活向新学期学校生活的平稳过渡。

每月一个主题，每月一次提升，在高一的第一个学期，经过"互相了解—兴趣培养—自我激励—树立理想—自我丰富完善"这五个阶段，逐渐培养了学生科学的学习态度、浓厚的学习兴趣、刻苦的学习精神，一个优秀班集体的诞生自然水到渠成。

第一天的见面礼

邹　晔　浙江省宁波中学

至今我还清晰地记得，刚参加工作时得知要当班主任的忐忑心情。刚刚从象牙塔走出来，觉得自己还是个孩子的我马上要遇见第一批学生，而且还是一批特殊的学生——来自遥远的新疆的不同民族的孩子。

在那个炎热的暑假，我阅读了几本关于班主任方面的书，其中李镇西老师的文章《第一天的见面礼》深深地触动了我。他在与学生第一次见面时准备了自己的书、赠言，其中还夹了一封信。我也想提前给他们准备一份见面礼，于是我给他们写了下面这封信。

亲爱的＿＿＿同学：

你好！欢迎加入宁波中学预科(2)班，以后这里就是你们的新家。从今天起，我们就是好朋友、好姐妹、好兄弟。能成为你们的班主任，我感到非常的荣幸和兴奋。

三天前，你们踏上火车，开始了74小时的漫长之旅。那时我就开始设想，我的第一批学生们会是什么样子？昨天，我怀揣着一颗激动的心到美丽的苏州去迎接带着纯真气息的你们。作为朋友，第一次见面，我要送你们一份礼物，这份礼物其实就是三句话："战胜自己！""让人们因我的存在而感到幸福！""我们和他们不一样！"

你们当中的绝大多数人，都是第一次远离父母，远离熟悉的家乡、朋友，来到一个完全陌生的城市，我明白你们的

◆ 244 ◆

心情，就像当初老师只身一人挎着包拖着沉重的行李到千里之外的广州求学一样。但是，人总归要长大，要独立，要慢慢适应新的环境，要战胜自己。当然，在这个过程当中，老师会一直陪伴着你们。

所谓"让人们因我的存在而感到幸福"，就是你要让班上的每一个人都因为有你这个同学而开心。现在我们都远离家乡，身边的同学就是自己的兄弟姐妹，谁有了困难，你第一个走到他的身边说"别着急，有我呢"，他会因你而幸福；做清洁的时候，你为班上争得一面流动红旗，全班同学会因你而幸福；平时常常向家里打个电话问候一下，爸爸妈妈会因你而幸福！做一个给别人带去幸福的人，你自己也会很幸福！这句话是我以前的老师送给我的，我一直将它视为自己的座右铭，现在老师把它送给你们。

而"我们和他们不一样"，是因为和以前的同学相比，你们获得了更优越的学习环境，及国家对你们的高度关注和重视。既然获得了这样的一个机会，就不能辜负家长、社会对你们的期望。希望在若干年后，你们能成为一个有价值的能为社会做贡献的人。我们应该在这四年中，随时提醒自己："我们和他们不一样！"

要真正理解这三句话，可能需要很长时间，而实践这三句话，则需要一生的行动。老师写这封信，就是希望大家可以时刻提醒自己。还有，既然是一家人，就要各抒己见，互相帮忙，你们是我的第一批学生，因此老师也需要你们的意见和建议。所以，现在老师就请你们帮我第一个忙——写一封信给我，信中至少应该有这样几个内容：第一，你遇到过的哪个老师最让你敬佩？他或她有什么最突出的优点？请告诉我，以便我向这位老师学习，好吗？第二，你希望在这学期中老师怎样带好这个班？你给我出出主意好吗？第三，写出你的特长、爱好，曾经获得过什么奖励和担任过什么学生干部，以及你的生日。还有，说说你需要老师给你什么样的帮助或是你目前的困惑，总之你们想和老师说什么、提什么要求都可以。

记住：在未来的每一个日子里，老师都会陪着你们，在学习上、生活上或情绪上有任何问题都可以找我，我会尽自己最大的努力让你们因我的存在而感到幸福，我想我也会因为你们的存在而感到幸福。

你的朋友　邹晔

这封信中的三句话出自李镇西老师的书，我结合自己的感想和他们的实际情况完成了书信，然后认真地在一个个信封上写上学生的姓名，并且在信封里装入饭卡、电话卡。然后，带着 42 封信和忐忑又兴奋的心情前往苏州火车站迎接我的第一批学生。

站在火车站的月台上，看到孩子们一个个从火车上走下来，两只手都提着重重的行李，一脸的疲惫和不知所措。那个时候，我的内心只有一个声音：我一定要更爱他们！在回宁波的大巴上，我简单地介绍了自己，并将准备好的东西分发给他们。

两天后，我收到了所有学生的回信，他们的回信比我想象得要认真很多。

"老师，我喜欢的班主任平时随和亲切，但遇事很有原则性。"

"我喜欢的那位班主任是数学老师，上课上得非常好，我们都很信任他！"

"我初中时担任过班长、班主任助理，班主任不在的时候，我就代替班主任做工作。"

"老师，没想到您还会给我们写信，突然觉得您好亲切，像是一个朋友一样。"

……

至今，我依然保留着这些信件，因为它们是我走上工作岗位之后的第一手资料。我不仅看到了很多优秀班主任的特质，也了解了每一位学生的大体情况，这为我后续工作的开展打下了良好的基础。

开展"珍惜"系列活动，
建设"卓越班级"

毕　姗　北京市广渠门中学

学生从初三进入高一，不仅意味着升入一个新的年级，而且意味着无论从知识层面还是从心理层面，都开始步入一个自我意识更加觉醒，对外部世界的认知更为成熟，同时对社会、家长、老师渐渐产生怀疑的阶段。他们不再愿意轻易相信身边长辈的教导，而是更加认同自己和同龄伙伴们的想法。那么，如何在学生出现抗拒的心态下进行有效的教育呢？我开展的"珍惜"系列活动取得了不错的效果。

一、我的珍惜，是潜心求知

开学不久，学校组织学生去国家博物馆参观学习。为了避免学生走马观花，我们在出发前进行了活动任务安排。我将学生按照高一所学学科分为语文、数学、英语、物理、化学、地理、历史、政治、音乐、美术等小组，要求每组学生在参观的过程中根据所在小组的相关学科知识，编不少于20道的趣味选择、填空题，题目既要体现国家博物馆最珍贵的一些展品的魅力，还要好玩儿、吸引人。参观结束后，我们举办了"我用珍惜谢谢你——高一(3)班国博文化之旅知识竞答"活动。学生们的兴致非常高，出的题目也很有意思，真正实现了本次出行的意义。

二、我的珍惜，是用心守护

12月底，学校要举办大型的新年联欢会，要求以班级为单位报节目。学生们的热情非常高，因为表现好的班级将会受到专门的表彰。为了实现全员参与，也因为我班学生确实没有什么突出的特长，所以我们决定报名合唱，一展歌喉。接着，唱什么歌成为主要的问题，似乎没有一首歌足以表达孩子们对青春的感受。一番争执之后，班里的才子才女们选择了《北京东路的日子》这首歌的曲调，自己填词，并命名为《白桥大街的日子》："可是从过去到现在的距离其实并不遥远，可是新的老师脾气很好笑容也很甜，各种想家的压力都别担心有人来劝解，各种小伙伴的善意真心有温暖感觉……"孩子们唱着自编的歌词，每天一遍遍练习，对班级的亲密情感渐渐深厚。高一末分班之时，孩子们又唱起了这首歌，一个集体的温暖和力量，在歌声中得到了最好的表达。

三、我的珍惜，是热爱生命

走进野生动物园前夕，我为学生布置了一项观察作业：以小组为单位，在园内任意观察一种动物的生命状态，猜想它的生活感受，想象它的精神世界，回来之后每组写一篇动物小说。带着这样的作业参观，孩子们不仅懂得了要保护动物，更是通过对动物的近距离观察，对生命本身有了新的认识。有位学生在小说末尾这样写道："生活就像是一场梦，文章所描写的就是这一只动物园里的动物的梦境，人也是动物。走过很远的地方，经历过许多的事情，你终究会想珍惜此刻拥有的。没有人能逃开现实的束缚，所以才会有人期待着新鲜的事物，别急，它们总会到来。在现实生活里，我们总有一些时刻会感到绝望，有时候你会觉得你就像动物园里的动物一样困顿，但是请你一定要坚持向前，不空想、不虚度，这是你走向成功的必经之路。"

四、我的珍惜，是分享美好

4月23日是世界读书日，由于我们班学生都非常喜欢阅读，也希望能和身边的同学们一起品味书香，分享书墨，因此我们班在全校发起了"给你我最珍惜的世界"世界读书日主题活动。每位学生拿出自己最喜欢的书，在扉页写上想与他人分享的关于阅读这本书的感受。读书日当天，我们在学校的操场上用旧的红条幅摆出了大大的"4·23"字样，所有学生交的书都摆在了条幅上，然后学生们再拿着自主设计印制的活动纪念书签进入场内，挑选并带走自己喜欢的书籍。整个活动的设计与实施过程都由我们班学生主导。这次活动的开展，既锻炼了学生们的组织能力，也增强了学生和他人分享美好的意识，学生对阅读的认同和向往也因为自己主办的活动而愈加强烈。

通过高一一年的以"珍惜"为主题的系列活动教育，我们班学生对新的学校、新的集体产生了发自内心的认同和喜爱，集体凝聚力大大增强，成为全年级最阳光、最有爱的"卓越班级"（荣誉称号）。

用文字走进学生的内心世界

程瑞芬　北京市和平街第一中学

8月13日，高一年级新生报到，我和孩子们共处了半天。

8月15—22日，高一学生参加军训，我和孩子们在军训基地共处了7天半。

到今天，当我拿起笔写下文字标题时，我才发现我和孩子们一起共处的时间只有短暂的8天。从时间上说，我和孩子们的接触并不多，可为什么我对孩子、孩子对我早已无陌生感了呢？孩子们勇于坚持，敢于挑战自我，班级荣誉感强，表现非常突出，他们相信老师，愿意亲近老师……所有的这些，我想有相当一部分都要归结为"文字的力量"。作为语文老师的我，总试图在有限的时间里，用文字，用丰富多彩的、干净温暖的文字与孩子们交流。借助文字，我静静地走进了学生的内心世界……

一、见面礼：写在彼此相识的第一天

在高一新生报到的前一天，我拿到了分班名单，看到了属于我的31个可爱的孩子，他们来自18所不同的初中校，彼此之间并不熟识。看到照片上他们稚嫩的面孔，我想明天报到时我要给每位同学一份文字礼物，我要用这份礼物拉近我们彼此的距离。

于是，我给孩子们写了封信，装在信封里，签上了我的名字，并在放学时放到了每个孩子手里。

写在彼此相识的第一天

我们彼此相识于 2014 年 8 月的盛夏时光，室外骄阳似火，正如你们火热的青春。

美妙的缘分将我们聚集在一起，从今天起，我们将拥有一个共同的名字：高一(5)班。它不是一个遥远的番号，也不是一个冰冷的数字，它是由 32 个生动的人构成的，是 31 个正当年华的你们和希望永远年轻的我的组合。

你们，一群年轻的水手，从今天起，将踏上船扬帆起航，而我，就是那个船长，只有我们同舟共济，才能到达成功的彼岸；

你们，一园带着朝露的花儿，从今天起，将竞相开放，散发幽香，而我，就是那个园丁，只有我们齐心协力，才会春色满园；

你们，一个个生动的音符，从今天起，将组合在一起，而我，就是那个指挥，只有我们彼此配合，才能奏出气势磅礴的美妙乐章。

孩子们，从今天开始，我们就是一家人。

是一家人，就要以诚相待；是一家人，就要共同担当；是一家人，就要相亲相爱。

接下来的日子，我们会从陌生到熟悉；接下来的日子，我们将有欢乐也有哀愁，有幸福也有抱怨，有误会也有宽容，有努力有坚持也有奋斗，有泪水也有欢笑……

共同期待属于我们的高一(5)，闪耀着青春之光的高一(5)！

这个礼物送出之后，当天，我就收到了很多学生和家长的短信，他们在短信中表达了自己的感动，对新班级的期待，对教师的感激与祝福。我从这些文字中看到了一个团结努力、积极向上的班集体正在形成。

二、军训日记：抵达学生心灵的文字

军训的日子是非常辛苦的，尤其是对娇生惯养的城市孩子来说。我想通过军训，可以熟悉每个学生，磨炼学生的意志品质，培养孩子的服从意识、集体意识、纪律意识和大局意识。因为孩子们白天训练，由教官全权负责，老师只能在孩子们休息时到队伍里跟他们聊几句，但休息的时间非常有限。于是，我就想到了"军训日记"的方式。孩子们在训练之余，在日记里写下自己每天的所见所闻所思所感，我每天批阅，在了解孩子们的思想动态的同时，也利用我的批语与他们交流，让孩子们通过老师温暖干净而又鼓舞人心的文字达到"亲其师，信其道"。

班里有个男生，性格比较孤僻，在休息时，其他同学都跑到阴凉地儿喝水，唯独他，一屁股坐在地上，任凭阳光暴晒，显得非常不合群。看到这样的情况，我都主动去跟他聊几句，问问身体状况，发现这的确是一个少言寡语且处处提防的孩子。他的军训日记也呈现出这样的特点。总是用简短的几句话概括一下今日的训练内容，别无他话。因此，我在日记后面，总用红笔给他写大段文字，与他交流，我告诉他："老师观察到你站军姿时特别挺拔，汗水顺着发梢滴下你根本不去擦；你的动作领悟能力特别快，你的马步扎得尤其稳，你在打武术操《英雄少年》时的一招一式特别酷……"我给他的文字，总是充满着肯定与鼓励。这样持续了三天，终于在第四天时，他主动找到教官，说他愿意在台上做示范，并帮助其他同学纠正动作。军训第五天，他当上了方队长，训练休息时基本看不到他在骄阳下静坐的孤独的身影。军训结束，他被评为优秀学员。我想这个孩子最初的表现主要是由于在陌生环境中相对缺乏自信，从而不敢和同学们交往。老师的文字鼓励给了他向前冲的力量。

三、反思：文字的力量

通过以上案例，我认为在有限的时间内，班主任要想走进起始年级学生的内心世界，文字是一种很好的媒介。在这里，我试将文字和言语做以下比较。

首先，文字比言语更清晰，文字能够娓娓道来，教师经过冷静思考写下的文字，比言语更加客观、公正。其次，文字比言语更长效。虽然言语有时也能够起到振聋发聩、醍醐灌顶的作用，但是毕竟不具有物质形态，而文字则因为有物质作为载体，方便长久保存。再次，文字比言语更有针对性。文字往往是针对某一个人或某一件事所写，是对某一个孩子进行的"私人订制"。最后，文字比言语更适合抒情。一些话，说出来彼此都不好意思，但变成书面语后就会比较自然。

当然，文字的即时性和互动性相对比较差，它不可能成为师生交流的全部。但我们在用言语和学生进行沟通之余，也别忽略了文字这种载体。我在开学这8天的教育实践中发现，几乎所有性格脾气的学生都爱看老师写给他们的文字，尤其是内向的学生，非常乐意用这样的方式与老师交流。

很庆幸自己有一支笔，在手上，在心头。我希望它是一把舵，引领孩子前行的方向；我希望它是一线阳光，照亮孩子青春的心房；我希望它能化为一滴滴甘露，滋润孩子的心灵……我要用笔写下那些长长短短深深浅浅的美丽文字，伴随孩子们的青春成长，从而永远镌刻在他们有关青春的记忆中。

良好的开始是成功的一半

——我和我的高一新班

苏　杭　北京市海淀外国语实验学校

班主任作为一班之"魂"，不仅仅是学生知识的传授者，更是学生人生路上的方向标。特别是初高中阶段，身心尚未成熟的学生受班主任的影响是非常深远的。这个阶段的班主任工作，任重而道远。班主任如果想真正守住班级的"魂"，就要牢牢抓住一个新的班集体形成最初的"黄金时期"。

一、改变"心理预期"，各个击破

首先作为一个起始年级的班主任，面对陌生的学生，要改变自己的"心理预期"。学生来自不同的班集体和家庭，之前的环境与所受的教育有所差异，因此他们会表现出不同的行为习惯，有些是你无法预料甚至无法忍受的。不要奢望你即将带的"兵"有多么高的素质、多么规矩的习惯、多么融洽的集体氛围。因为，他们真的需要你的帮助。面对他们的问题，切忌"心急"，切忌"眉毛胡子一把抓"，要各个击破。

带过班的班主任都知道，一个班的卫生情况至关重要，它是一个班级的门面，也会潜移默化地影响学生的学习。因此，在开学的第一个月，我集中培养他们的卫生习惯。即使是高一的学生，他们的卫生也不过关。每次进班，我会督促他们将桌椅摆齐、低头捡纸、将书包统一挂在椅背上。同时，在桌子的外侧挂上垃圾袋，班级不再设垃圾桶。通过这种方式告诉学生，班级卫生不仅仅是值日生的责任，而且是"人人有责"。对于多次达不到要求的学生就由其负责班级常规值日和周五大扫除，作为"惩罚"。班主任一定要定好规矩，奖惩分明，使学生明白班主任要求的事情一定要做到。

二、抓住几个"第一次"

(一)和新生第一次见面

高一学生在他们的学生生涯中和很多班主任打过交道，他们已经学会了观察和比较。因此和新生第一次见面之前，一定要做好充分准备。不要毛毛躁躁丢三落四。注意自己的着装，不要邋邋遢遢。学生对你的第一印象很重要。我刚接手高一新生的时候，曾经由于经验不足、准备不充分，在新生报到的时候表现得过于毛躁，之后用了很长时间才扭转了自身的形象。

(二)第一次在全班面前讲话

很多班主任非常在意第一次在全班面前的讲话。他们面对一个个新面孔，要么过度和蔼地"讨好"学生，要么给他们"下马威"，声色俱厉地提一堆要求，其实这些都是策略性错误。除非你能保证你会一直用微笑和吼声征服学生，否则极端的态度都不利于今后的班级管理。

(三)开好第一次班会

班主任要精心准备第一次班会。第一次班会的主题很重要，它反映了班主任最在乎的事情。我的第一次班会就是"35＋1＞36"。班级一共有 35 个学生，加上我这个班主任为 36 人。在这次班会上，我和学生们都做了生动的自我介绍，拉近了彼此的距离。他们都表达了时刻为集体着想、以集体利益为重的决心。"＞"表示我们每一个人都会竭尽全力为班级做贡献。班会结束后，班级的凝聚力有所增强。

(四)"珍惜"第一次发火的机会

班主任第一次发火要掌握时机，不能随意发火，引起你发火的事情必须是值得的，可以是学生撒谎、不诚信、屡教不改等你容忍不了的事情。发火不能图一时之快，一定要有后期教育，一定要解决问题。这样学生就了解了你的底线，就会敬重你。我班有一个小男孩儿特别爱撒谎。我们是寄宿学校，不让带手机，带了手机一定要上交。有一次，他带了手机却没有上交。我和他的家长都严厉批评了他，他也写了检讨，认识到了自己的问题。我针对此事开了一次班会，教育了所有学生，给予这个孩子班级警告处分。此次事件之后，学生偷偷带手机的情况有所改善。

三、培养一支强有力的班级"领导班子"

班主任不要为了省事儿，在刚进校的军训期间就指定班干部。一定要慎重，要长时间观察。可以先找几个孩子当代理班干部，并跟他们说明情况。军训结束正式上课后，可以多和科任老师聊聊孩子们的情况，确认班委名单。期中之后根据民意调查进行微调。刚接高一这个班的时候，有一个小姑娘很有想法，敢干。第一周军训刚结束我就在全班进行了班委竞选（其实这样不太可取）。她很健谈。由于其他学生也不太了解她，被她开学初的优秀表现和夸夸其谈的口才所感染，都投票选她当班长。后来才发现她是一个我行我素、很不合群的孩子。虽然成绩不错，但是想干什么就干什么，不顾及老师和其他人的感受，不完成作业，不爱参加集体活动。可见，她暂时还没有当班长的素质。期中考试后，班级改选了班长，但是由于这个头没有开好，班级的班风和凝聚力一直都存在问题。

另外，定好班级"领导班子"之后，要让他们明确职责，层层负责。班长管理各个部长，部长管理各个部员。例如，班长直接管理学习部长，学习部长管理学习委员，学习委员管理课代表……学生管学生，我逐渐被解放出来。班级哪个方面出了问题，我就直接去找负责人，因此感觉越来越轻松。

四、建立公平的竞争机制

即在整个班级实行小组评比制度，定好评分原则和分值（包括学习、卫生、三操、纪律、特殊贡献等几个方面，可以视班级情况酌情增减）。每周、每月、每学期进行奖惩。对于十六七岁的孩子来说，他们喜欢这种小组合作竞争的方式。他们会主动帮助组里学习有困难的学生，并严格要求自己。渐渐的，课堂活跃了，犯错误的少了，学生的自律能力增强了。

五、教育也讲究"私人订制"

想必大家都看过冯小刚的电影《私人订制》，教育也讲究"私人订制"。面对班上三四十个孩子，班主任和孩子们待在一起的时间比家长还长，因此我们要帮助家长们记录每一个孩子的成长点滴。从入学开始，这项工作就要开展起来。每次活动给每一个孩子拍张照片。大型考试后让孩子们写心得体会并保存下来。将学生的每一次改变或者进步记录下来，积累他们在校的成长点滴，定期和家长们分享，共同关注孩子的成长。充分利用微信和 QQ 群等互联网工具，及时给家长发照片、成绩，分享孩子们的喜怒哀乐。这样一来，拉近了班主任和家长之间的距离，统一了战线，简化了班主任的工作。上个学期，我带着学生去四川参加社会实践，条件很艰苦，家长们很担心。每天我都会往班级群里发很多照片，争取拍到每个学生。家长们很放心，很感激，回来后我们的关系更近了，配合得也更加默契了。班级的事情，家长们都争抢着帮忙；孩子出问题，我们也能一起静下心来共同解决。因为家长们知道，我和他们一样是爱着孩子的。

六、提高业务水平也是硬道理

班主任也是班级的授课老师，因此，我们也可以用知识来征服自己的学生。例如，我是教英语的。除了日常的班主任工作外，我会抓紧一切时间提高自己的教学水平，琢磨新颖的教学方法，耐心辅导学困生。因为我清楚地知道，孩子们如果喜欢我的课，他们也会更加喜欢我。上好课也是我管好班级的一个突破口。

班主任是学生的良师益友。班主任的工作琐碎，却会带给人无限的快乐。起始年级的班主任工作更加任重而道远，更加讲究管班的策略。"管"是为了"不管"。我会在今后的工作中努力成为一个学生喜欢的、敬重的并会在多年后感谢的好老师！

精心策划，做好"一传"

——浅谈高一班级的前期管理

王　阳　北京矿业学院附属中学

在排球比赛中，二传手是否能组织起有效的快速进攻取决于一传的发挥，所以决定比赛胜负的关键因素是一传的稳定性。做好高中起始年级班级的前期管理就像赛场上的"一传"，它是班级管理中最重要的一环。它不但能够充分展示班主任的能力，而且也决定了班级管理的基础与方向。这个环节持续时间将近三个月，分两个阶段。

第一阶段：新生报到与军训期间——了解学情，方能做一名合格的"教练员"

不少班主任认为班级管理工作从 9 月 1 日才正式开始，从而错过了班级前期管理的有利时机。事实上，开学前的新生报到和军训恰好为教师了解班级学生提供了良好的契机。在这个阶段，我通过学生填写的三张评价表初步勾勒出了学生们的整体画像。

第一张表是"他人评价"：8 月 7 日新生报到前日，我借来班中 39 名学生的中考档案，翻阅并记录了初中班主任的评价和学生的家庭情况。在新生报到的家长会上，我请父母为自己的孩子写一封介绍信，介绍在父母的眼中他们的孩子是什么样的。通过这些措施了解他人眼中学生的基本性格特点、爱好、特长。

第二张表是"自我评价"：8 月 8 日新生报到，我发给学生一份调查问卷，包括以下六个问题：（1）自我性格特点评价；（2）列举自己最值得骄傲的事件、特长、个性等；（3）你希望在什么样氛围的班级中生活；（4）你对班主任和任课教师有什么期待；（5）你希望为班集体做出什么贡献；（6）希望大家帮助你在什么方面继续提高（性格、学习等）。我要求学生回家后认真思考，坦诚地面对自己、面对未来。在设计和发放这份问卷时，我注意在用词和语气上体现出真诚和慎重，所以学生对这份问卷的答复表达了学生很多方面的真实想法。

第三张表是"初次评价"：新生报到的主要内容是交费、量校服尺寸、入学典礼。在这个过程中，我以观察为主，并将重点放在两类学生身上。一类是主动协助老师工作、体现出一定管理能力的学生。这类学生往往在初中时担任过班委或有意愿担任班委，他们将来会成为班级工作的主要参与者和合作者。另一类是性格活泼、与不少同学自来熟、在作为新生的第一天有些小的违规行为以此来试探教师底线的学生。这类学生在班里往往有一定的影响力，做好这些学生的工作将是今后管理的重点。

8月10日军训开始，我一边阅读和记录学生父母的评价信和学生的调查问卷，一边利用军训的机会观察班级学生。10天的军训除了让我有机会旁观他们在军训场上的表现，还给了我充分的时间和条件与学生接触。我每天在军训日记中与学生沟通，在军训之余与学生交谈，帮助关心学生，鼓励督促学生。这些措施不仅使师生间的陌生感消失了，同时还在我们中间注入了一种同甘苦共患难的情感，为后期的管理打下了坚实的情感基础。这段时间里，我对学生的性格特点、身体状况、处事能力、人生目标等有了比较全面的了解。根据这些信息我临时安排了班委会、班级值周管理小组，初步排好了班级座位表。事实证明，因为对学情的准确把握，在开学后的管理中，我所做出的绝大多数工作安排都是比较合适的。

第二阶段：开学至期中考试期间——各尽其才，才能成为一名有力的管理者

高一新生来自不同的教育环境，纪律意识和习惯都大不相同。10天的军训当然可以磨砺他们的品性，但如果班主任就此便认为学生已经被同化了，就会错过一个强化管理、养成习惯的好机会。这个阶段应将在军训过程中形成的严格的纪律要求理念转移到班级管理中来。但只是让学生被动遵守、被动管理是万万行不通的。叶圣陶老先生曾说："教是为了不教。"应该逐步将学生自主管理的理念渗透到班级德育工作中去，培养他们自觉遵守纪律、主动

纠正错误的良好习惯。因此，我采用了班级值周管理小组的管理方法。

除了由临时班委会负责开学第一周的一些事务外，从第二周开始，主要的班内管理工作全部由值周管理小组轮流负责。全班 39 人，共分 6 组，每组 6～7 人。第一轮组长和组员由我指定。组长是军训中人际关系处理得较好、自身素质也比较出色的学生，组员是根据学生个性特点进行搭配的。第一轮之后的组长由学生自行推选，组员也将自由组合。每周由值周组对各组进行纪律考勤、卫生保洁、文明礼貌、学习态度、学习成绩、收发作业、课间操表现等方面的分数量化评价。学期末每个小组的平均分计入小组成员的德育学分。

因为每个学生都会担负班级管理的责任，同时也是被管理的一员，所以在开学第一周，每个学生都积极参与了班级管理评价准则的讨论，从班级纪律、学习、保洁三大方面进行了细致的可行性规划。下面以值日方面的六细则为例：

1. 小组提前做好分工并记录在黑板右下角。

2. 早晨"两拖四擦"：拖室内室外地；擦窗台、讲台，三角柜，室外墙围，校公共卫生区。

3. 课间"两擦一查"：擦黑板、讲台附近地面；检查地面整洁。

4. 午间两时段：

第一时段：吃完饭后，简单清洁室内室外不洁物，擦黑板、讲台。

第二时段：13:00 扫地，拖地（室内外），倒垃圾。

5. 放学后：扫地、擦黑板、倒垃圾。

6. 平时要提醒同学们注意周围环境卫生的保持。

经过一周的讨论，学生的参与意识、纪律观念、是非认知程度都得到了很大的增强，没有空洞的说教，这一环节促使每个学生都主动地去规范自己的行为。

当然这并不是说班主任就可以高枕无忧了，恰好相反，在每个小组第一次值周时，班主任都要提前一天与小组成员确定一周的管理责任、细则、任务等，每天与组长或者组员及时沟通，进行指导，帮助学生去适应，去磨合，去改进，去提升。每个小组都会遇到需要班主任出面处理的尴尬问题，但每周我都会惊叹于学生们的创意。以班级值周日记为例，刚开始学生们只是中规中矩地记载每天发生的琐事，然而慢慢地，学生加入了一些自我特色：有的用漫画或诗歌表达心情；有的用幽默故事阐述班中趣事；有的用微辣的杂文手法对班中的某人某事提出规劝或建议……给学生们几支画笔，他们就会给你一个奇迹，果然如此。

期中考试结束后，值周小组完成了为期两个月的第一次大循环。结合期中考试，我们对本阶段值周小组的管理进行了总结。学生们根据这两个月的表现，投票选出了班委会正式成员和新一轮值周小组组长，并结合这段时间的经历，调整班规细则，尤其加强了自主学习意识的提升，为下一阶段的管理做好了铺垫。此时，学生们的思想认识达成了一致，团队协作意识大大增强，自主化管理逐步形成。至此，一个团结奋进的班集体的基础已经打好，起始年级班级的前期管理顺利结束。

面对刚升入高中的学生，我们不能像对待初一学生那样进行保姆式的教育和管理，班级管理的起始工作应紧紧围绕培养学生自主管理能力来进行。当然，做好"一传"工作只是班主任工作的第一步，要想让这支排球队大获全胜，还需要班主任更多的精心构思和无私奉献。

我和班级共成长

萧　潇　北京师范大学密云实验中学

苏联杰出教育家苏霍姆林斯基曾说："只有当教师在共同活动中做孩子们的朋友、志同道合者和同志时，才会产生真正的精神上的一致性。不要去强制人的灵魂，要去细心关注每个孩子的自然发展规律，关注他们的特性、意向和需求。"在接高一(12)班时，我就和学生讲，我既是他们的老师，也是他们的朋友，更是他们的同行者。我们是相亲相爱的一家人。开学初，我举办了以下几个小活动来促进班集体的建设。

一、树立"家"的意识，营造"家"的氛围——设计班徽

刚刚成立的新班，最缺乏的就是学生的主人翁意识，而老师面临的最大问题就是怎么提高这种意识。我在开学初的第一天就告诉学生："是缘分让我们相聚在高一(12)班。这里就是我们共同的家，我是家长，大家都是兄弟姐妹。家长永远是爱孩子的，这种爱无私无畏，不容置疑。兄弟姐妹之间要互相帮助，有点小矛盾、小摩擦，也要大度一点，互相体谅。"另外，我还向学生灌输"我荣家荣，我耻家耻"的观念，人人都不能给家抹黑，而应为家增光。这样的教育使"家"的概念深入每个人心中。什么最能体现我们班的精神和特色？我让学生自己设计班徽，对征集的作品进行初步筛选。然后举行全班投票并征询专业老师的意见，选出其中最能体现班级特色的班徽草图，再集班级各路高手之智慧，精心修改完

善，最后确定班徽。

值得一提的是，本次征集班徽的活动得到了全班同学和家长的积极响应。在征稿过程中，大家互相交流、切磋，互相欣赏，有的是几个人合作，有的是和家里人商量，都非常用心。我们高一（12）班的同学，并不具备美术设计的专业特长，所以作品水平有限，有的还比较粗糙、简陋。但是，我们通过这个活动激发了大家的主人翁意识，培养了学生"我爱我班"的精神。有的学生提供了电子稿，有的学生提供的是手绘稿，有的同学提交了多幅作品，等等。我认为，为自己班级设计班徽的过程，就是为自己的班用心的过程。水平是次要的，积极地关心和参与才是最重要的。这也是我发起这次活动的初衷。

二、引导学生自我管理，加强班级学风建设——"小院士"活动

"班级院士"代表全班学习的最高水平，所以，当选"院士"是很高的荣誉。入选者都是各路高手，是同学们眼中的"学霸"，理应对自己提出更高要求，保持自己在优势学科上的领先位置，精益求精。我发起成立了班级学习委员会，一来是想给大家组建一个团队，高手之间多交流切磋，互相鼓励，互相帮助，取长补短。二来是想形成一个领先的群体，引领全班同学共同进步。一枝独秀不是我们的目标，应全班共同推进，所有人都是受益者。将各科成绩突出的学生选出来后，我制订了如下具体的活动计划：

（1）每周集中活动大约半小时。在组长的带领下，每次安排一个主讲人，研究本周的学习内容，交流学习心得，包括对一些难题的想法等，互相切磋。主持人做好记录。文科一次，理科一次，"院士"必须参加本组的研讨（文科、理科组），不是本组的也可以参加，不强求。活动时间可以灵活一些，由组内"院士"商订，但要保证一周至少聚会一次。

（2）落实导师制。每位"院士"找一两个帮助对象，我们也会要求班里学习能力较弱的学生找他们结对。一周内完成结对工作，做记录，学期结束时考察结对效果。效果好的要表彰，效果不好的也不会批评，只要大家认真做就可以了。结对可以是全科的，但最好明确一两个具体学科，"院士"在自己的强项上找"徒弟"，带"研究生"。

（3）平时"院士"之间要加强联系，包括课间、午休时间、放学后，有问题及时研究，有难题共同攻关，形成一种研究学问的氛围。

(4)"院士"利用课余时间开展辅导答疑，同时承担一定的习题讲解任务。

(5)"院士"轮流准备微型讲座，介绍自己的学习经验和心得，与全班同学交流，回答大家的提问。

三、关注学生的点滴，促进师生情感交流——生日祝福

刚开学时，我做了两件事。第一件事是买了很多贺卡，放在抽屉里，以便在需要的时候能马上拿出来送给学生或同事。第二件事是把全班学生的生日都记下来存在电脑中。16岁，一个值得纪念的年龄，对于每一个孩子来说，当赋予它特殊的含义。写生日卡是我当班主任这些年来总结出的跟学生拉近距离的最好方法。

开学第一周我给一个孩子的生日祝福是：

> 在老师眼里你是个敢说、敢做的女孩子。今天你16岁了，我从不期待你从一块小石头成长为一块璞玉，但总要成长为一道独特的风景线吧？生命繁忙，我们都在变化，你在不断成长，我和你的家长在不断变老。不管是渴望辉煌，还是期待平实，都要给自己一个目标、一个方向，并一路坚持。

四、发掘正能量，树立榜样——"班级之星"评比

为了开展"班级之星"评比活动，我们成立了"班级之星评审小组"，成员为班委代表、学生代表和班主任，共7人，负责每周"班级之星"的推荐、评审以及撰写颁奖词、设计表彰海报和发放奖品证书等工作。"班级之星"每周推出，不限人数，个人、团队、组合均可参选，小组推荐候选人，评审小组审核确定或组织投票确定最终结果。

五、全员参与，提升班级文化氛围——设计板报

教室是一切教学教育的主阵地。一个整洁、明亮、温馨的教室环境，可以陶冶情操，给人以启迪。高一年级的班级文化环境是根据班级学生思想及情感状况，结合学校的活动设计的。让教室的四面墙壁生动起来，变成同学们人人参与、共同享受的一块精神乐园，是我接手高一班级工作时的一个思路。我强烈感到班级文化建设不能流于形式。为此，我和全班学生共同参与

到班级文化建设中来：我策划总体思路，由学生自己设计方案，班委收集，集体审核，班主任把关，最后由学生分工实施。在班级文化建设设计方案的征集活动中，学生们参与的积极性很高，集思广益的结果是：侧面是"班级之星"的宣传栏和学习进步专栏；后黑板两侧一面是梦想天空，贴上个人的高中目标，另一面是学习园地；黑板报分成两块，一块是班级口号，同时辟出一块由学生课间随意涂鸦，既可以缓解学生的学习压力，又可以发挥他们的想象力，我把它戏称为"学生自留地"，同学们则起了个名字叫"我的地盘"，言外之意，大概是"我的地盘我做主"吧！由学生共同参与的班级文化建设，获得了学生的认同，提升了学生的自主管理意识，激发了学习积极性。

总之，作为班主任，应该给学生营造一个轻松愉快的、具有竞争氛围的学习环境，在他们失意的时候帮助他们抬起头来，在他们得意的时候教会他们平视前方。

高一年级学生相互适应类主题班会的系列化探究

钱家铎　兰州大学附属中学

主题班会是在班主任的指导下，围绕一个专题或针对一个问题而组织的班集体全体成员共同参与的教育活动。作为班级教育活动的主要形式之一，主题班会以其针对性强的特点，在起始年级班级文化建设方面发挥着重要的作用。作为一名青年班主任，我在第一次高一带班的过程中发现，由于初高中跨度较大，学生需要从学习方法、学习习惯、人际交往等多方面去适应新的高中生活。可供高一年级主题班会选择的主题非常丰富，但选题的丰富却给我带来了一个困惑：每周的班会主题有时是"走进校园"，有时是"放飞理想"，有时是"学习方法指导"，有时是"知识竞赛"，看似丰富多彩，但实际上这些主题都是相对独立、不成系列的。结果是学生接收到的是零散的思想教育，教育的延续性非常缺乏，效果也大打折扣。作为班主任，疲于设计每周的主题班会，一学期、一学年下来，工作量极大，总体的德育工作目标却没有达成。通过反思，我觉得导致这个结果出现的原因有两点：一是没有从整体上去构思主题班会。起始年级的班主任应该有一个总体的教育目标设想和主题班会的长远规划，即在某个阶段应该达成怎样的教育目标，应该安排什么样的主题。要围绕这一核心，对主题班会进行整体安排和部署，将其有序地连接起来，形成主题班会的系列化。二是缺少对一节主题班会的后续追踪和教育效果的强化。一节主题班会开完后，学生受到的启发、思想行动发生的变化，应该通过其他相关的主题班会进行进一步强化，形成一系列前后呼应的主题班会。只有做到以上两点，才能在提高主题班会实效性的基础上，有效地解决学生发展中可能出现的阶段性问题，以达到良好的教育效果，进而促进班级文化的建设。

结合高一起始年级学生发展、学校教育的基本特点，我认为"适应"是高一第一学期学生成长发展的关键词，也是班主任教育工作的中心词，即教师适应新学生，学生适应新学校、新教师、新同学。围绕"适应"二字，我在第二次承担高一年级班主任工作时，提前规划了高一第一学期每周班会的主题。例如，在学生适应新学校方面，重要的工作之一便是促进学生良好习惯的养成。开学第一周的班会主题便定为"细节决定成败，习惯铸就终身"，旨在帮助学生了解学校、班级的规章制度，学会约束自己的行为，以养成良好的行为习惯。在学期中段（第十二周左右）召开"规范自我行为，争创文明班级"主题班会，引导学生对前半学期的行为习惯进行自查，并结合学校文明班级评选活动，将在学期末获得文明班级称号作为学生下阶段规范自我行为、促进班级发展的目标。这样，在学期初有规章制度的介绍与行为习惯的要求，在学期中有行为习惯的自查与反思，在学期末有争创文明班级的目标驱动，一系列的主题班会，有效地将学生行为习惯养成工作贯穿于学期工作的始终。

能否让高一新生迅速适应彼此、融入集体，是检验高一起始年级班主任工作能力的重要内容。当学生之间彼此熟悉、彼此接纳时，班集体的凝聚力自然就会增强。为此，结合自己带班的经验教训，我将促进学生相互适应的班会进行了系列化设计（如下表所示）。

第二周	相聚是缘
第七周	我眼中的运动会
第十二周	欣赏他人，相信自我
第十九周	感动班级人物评选

在"相聚是缘"主题班会上，我没有采用以往由学生依次上讲台进行自我介绍的办法，而是结合班级开展小组管理考核的需要，将学生分为若干小组，每组5～6人。班会上，各小组组员首先在组内进行自我介绍，然后商议拟定小组的组名、组徽、组训和组歌，最后请各小组依次上台展示。以小组为单位、成果展示为形式的班会，使每个学生都能积极参与其中，在完成任务的过程中加深了组内学生的认识，在展示的过程中加深了组与组之间学生的认识。

校运动会是高一年级学生参加的第一项大型学校活动。离开了教室，学生能以放松的心态参与，更能加深彼此的认识。可以在运动会结束后开展"我眼中的运动会"主题班会，不仅要对运动会上我班学生的表现进行总结表彰，更要让学生发现彼此的优点。班会前，我要求每个学生推荐一个运动会上值得你称赞、尊敬的人，他（她）可以是参赛的运动员，也可以是后勤保障人员甚至是观众，只要你觉得他（她）有一个举动打动了你，就可以推荐并写出自己拟颁发的奖项及颁奖词。班会上，推荐学生给被推荐学生颁奖，这种颁奖形式并不多见，当学生得到的认可和赞赏来自同学时，这种教育效果有时会比来自教师要好得多。

"欣赏他人，相信自我"是前两次学生相互适应类主题班会的延续。我带学生来到操场，围坐成一个大圈。然后，每个学生依次走到圈子中央，由围绕在四周的所有学生依次对他（她）说一句："我欣赏你，因为你……"要讲出欣赏的原因，赞美对方的优点。我仔细观察每一个站在圈子中央接受大家赞美的学生，脸上无不洋溢着幸福、感动和自信。如果在开学初举行这样的班会，学生欣赏对方的原因很可能是皮肤白、个子高甚至冥思苦想也不知道对方有什么值得自己欣赏的。而现在，我发现学生们大多都是从性格、为人等方面发自肺腑地表达自己对他人的感受。通过这种令人信服的内在美的赞赏，学生们都深深地感受到了每一位同学对自己的接纳。欣赏别人对你来说也许只是一种表达，但当你体会到同时被很多人欣赏时的那种自信和感动时，人与人之间的距离也就被拉近了。

"感动班级人物评选"是高一第一学期学生相互适应类主题班会的总结。整个班会依然彰显了以学生为主体的理念，由学生举荐、集体投票、拟写颁奖词，与中央电视台"感动中国"的颁奖典礼环节大致相同。

从开学初的相遇、相识、相知，到学期末的相互感动，学生之间相互适应的目的达到了，学期德育教育的目标也基本达到了，系列化主题班会的效果也实现了。第一次在起始年级带班中以"适应"为主题设计系列化主题班会起到的积极作用远远超乎我的预期。在高一第二学期，班级的凝聚力空前高涨。集体活动时，大家能拧成一股绳，以高度的责任感全力投入。处在这样一个集体中，你会时时感受到集体的温暖，更会感受到集体带给你的能量与震撼。所谓和而不同，尽管每个学生都有自己的个性，但当集体需要大家付出时，没有一个人选择逃避和退缩。这也使我更加坚信，将高中主题班会分门别类地进行系列化的探究实践，将为班主任德育工作的有效开展提供强大的推动力。

新生入学教育的五把利器

赵冰心　北京市外事学校

对于中职学校来说，新生入学教育是让新生尽快了解校园生活、了解学校、了解专业，适应环境，确立奋斗目标，做好职业生涯规划的重要途径，为学生在学习、生活、做人、技能方面做初步的引导，同时也是师生之间、生生之间初步接触了解的机会，是创建新班集体的大好契机。

有一句经典名言是："你给别人第一印象的机会只有一次。"我历来重视这第一印象的塑造。下面就以我校酒店专业14-1班为例，简述我在新生入学教育期间的做法。

利器一：欢迎卡

陌生的学校、陌生的教室、陌生的老师、陌生的同学……当一个十五六岁的孩子，独自面对这些新鲜事物时，或多或少都会有不安、局促感。怎样才能迅速消除他们的紧张呢？我设计了"三合一"欢迎卡。

一张A4硬纸，被我折成了　　形，集名签、亲笔信、调查表功能于一身。我利用自己的书法特长，在名签正面用毛笔工整地书写上学生的姓名——这是学生进入教室之后唯一熟悉的事物，减少了询问、寻找的环节，增加了学生的存在感。此外，名签便于班主任迅速把姓名与新生本人对应起来。

名签的背面，是一封简短的亲笔信："某某学生，欢迎你成为北京市外事学校酒店管理专业14-1班'大家庭'中的一员!"

直呼姓名，可以让学生感觉是在与老师做一对一的交流；

写出学校、专业、班号，增强了学生的归属感；

"大家庭"，让学生体会到温暖的亲切感。

在欢迎卡平铺的部分，我设计了调查问卷，包括：你的联系方式；你的兴趣爱好；你愿意为新班集体做哪些工作。我用短短三个小问题，完成了班主任对新生信息的收集工作，便于班主任初步了解学生。

30 张欢迎卡，全部由我亲笔书写，亲笔信减少了冷冰冰、程式化的距离感，使学生多了一些亲切感和受重视感。

利器二：欢迎词

初入中等职业学校的学生，绝大多数曾是老师眼中的"坏孩子"，在学习上、行为习惯上或多或少存在着问题。相当一部分人有自卑心理，有些甚至已经自暴自弃了。他们对自己所选择的专业知之甚少，还有相当多的人对自己将来的职业存在幻想。

第一次见到新学生，我送给了他们一句特殊的欢迎词——低着头进来，抬起头做人，昂起头出去。

通过介绍师哥师姐们的成长故事，帮助他们树立"天生我才必有用"的成才观，认识到"最适合自己的职业就是最好的职业"；通过对中国酒店行业的介绍，使他们对自己未来的职业生涯充满信心；通过对酒店专业师资、设施、课程的介绍，使他们意识到学校为他们提供了学习的机会，搭建了展示的平台，促使他们产生刻苦学习、苦练技能、立足社会的愿望。这一切使学生原有的灰暗的人生观渐渐向勤奋乐观、积极进取、奋发向上转变。

一句话也许并不能产生多大的作用，但我希望它能敲醒头脑、刺痛心灵，让学生开始思考：我究竟应该怎样度过我的职业高中阶段？

利器三：QQ 群

网络文化是我们教育工作者必须了解和利用的一种新型文化，QQ 作为一款网络即时通信软件，在飞速发展的互联网时代，改变了许多人沟通与生活的方式。作为班主任，应该巧妙使用 QQ 这个强大的工具对学生进行深入的研究和耐心的指导，使网络更好地服务于我们的教育和我们的学生。

入学教育的第一天，我就把新建的"外事 14-1 班"QQ 群号公布给学生，要求学生们加入班级群。截至当晚 11 点，只有 5 名学生没有加群。而我，一直在群里，欢迎每一位新入群的学生。在学生的眼里，老师始终是站在讲台上一脸严肃、不苟言笑的教育者。当老师和学生面对面交流的时候大部分时间都是老师在说，学生在老师面前会有一种无形的压力，有时候很多想说的话不能说出来。与课堂上老师的一言堂不同，在 QQ 群中，学生们发言异常踊跃，成了群的主角。他们有的互相沟通玩的游戏，有的介绍自己的宠物，有的相约打球，但大多数学生都在向老师提各种各样的问题：学校管得严吗？吃盒饭还是在食堂吃？不想理发怎么办？学校有篮球队吗？组织春游、秋游吗？谈恋爱学校管吗？英语就是学不会怎么办？穿高跟鞋会不会崴脚？选修课收费吗……五花八门的问题反映了学生对新学校、新生活的向往和兴趣，而他们能够畅所欲言，说明师生之间已经建立了初步的情感。

对于每个学生的提问，我都耐心地认真作答，帮助他们尽快地熟悉、了解学校的环境、课程、规章制度、行事作风。同时，通过与学生们的交流，我收集到了许多学生信息，学生的形象逐渐立体、丰满起来。

我想，QQ 群一定会在我日后的班主任工作中成为班级管理手段的补充及延伸。

利器四：家长会

我校在入学教育的第三天安排了家长会，主要目的是通过介绍学校、专业、各项规章制度，在以后的教育活动中得到家长的支持与理解。我认为，正好可借家长会之机，进一步了解孩子的情况和家庭环境。虽然这个年龄段的孩子有其共同特征，但每个孩子又因身体条件、成长经历、教育环境等的不同而各有特点，教育要有针对性，对不同的孩子应有所区别，不能千篇一律。

家长是孩子的第一任老师，更是孩子终生的老师，家长的一言一行无时无刻不影响着孩子、教育着孩子。我特别希望能了解家长的想法，这对我全面把握孩子的情况、处理好每个孩子的独特问题、丰富教育方法等都非常重要。

我设计了简单的调查问卷，涉及学生在家的生活、娱乐、劳动情况，家长眼中的孩子、家长对学校的要求、家长对孩子的期望等内容。通过仔细研读调查表，我对学生的了解进一步加深了。

当晚我和几位家长在微信上进行了交流。家长们说，把孩子交到我的手中感到踏实和放心，并表示一定会全力支持学校和班主任的工作，共同教育好孩子。我取得了家长们的信任与支持。

利器五：家访

苏霍姆林斯基曾说："教育过程中要充满爱和期待，如果把一份爱心放在家访中，就会取得意想不到的效果。"家访在增进和加强家校间的沟通和联系方面起着非常重要的作用。

我班有个学生家庭环境比较特殊，从小跟姥姥一起生活，父母因工作原因从来不管孩子。我便利用假期进行了家访，了解了学生的生活环境、成长历程、性格特点，介绍了学校、专业的情况，解答了学生与家长的问题，与学生、家长做了进一步的沟通。

我认为，班主任放弃节假日休息时间走访学生家庭，其中所体现出的责任心和爱心必然会受到家长的热诚欢迎，取得家长的理解和支持，家访也能够促使师生之间建立牢固的感情。

后　记

2014 年 9 月 1 日，新生正式入学的第一天，我站在教室门口，亲切、准确地呼唤着每一个学生的名字，同时检查他们的仪容仪表，细心地为他们整理领带。教室里，学生之间像老朋友一样互相问好，热情交谈。融洽的师生关系、学生关系，通过新生入学教育已经初步建立了起来。